皖籍思想家文库

刘飞跃 主编

曹操 卷

CAO CAO JUAN

赵威 著

全国百佳图书出版单位

ARTTIME
时代出版传媒股份有限公司
安徽人民出版社

图书在版编目(CIP)数据

曹操卷/赵威著.—合肥:安徽人民出版社,2019.9

(皖籍思想家文库/刘飞跃)

ISBN 978－7－212－10647－8

Ⅰ.①皖…　Ⅱ.①刘…　②赵…　Ⅲ.①曹操(155-220)—思想评论

Ⅳ.①C　②K827＝342

中国版本图书馆 CIP 数据核字(2019)第 189174 号

皖籍思想家文库·曹操卷

刘飞跃　主编　赵　威　著

出 版 人:徐　敏　　　　　　　　　　责任印制:董　亮

责任编辑:李　芳　　　　　　　　　　封面设计:陈　爽

出版发行:时代出版传媒股份有限公司 http://www.press-mart.com

　　　　　安徽人民出版社 http://www.ahpeople.com

地　　址:合肥市政务文化新区翡翠路 1118 号出版传媒广场八楼　邮编:230071

电　　话:0551－63533258　0551－63533292(传真)

印　　刷:安徽新华印刷股份有限公司

开本:710mm×1010mm　　1/16　　印张:16.25　　字数:260 千

版次:2019 年 9 月第 1 版　　2019 年 9 月第 1 次印刷

ISBN 978－7－212－10647－8　　　　定价:46.00 元

绪　论

安徽这片文化沃土，自古就广袤而绵延。她山水秀丽、历史神奇、文化丰厚，先后孕育了道家哲学、建安文学、魏晋玄学、新安理学、徽派朴学、桐城文学、现代新学等，诞生了许多享誉中外的思想家，他们在中国思想发展史上，乃至世界文明史上，都产生过重大的影响，具有独特的思想文化价值。

安徽省委省政府、省委宣传部及学界，历来十分重视安徽的地域性文化研究、文化宣传和文化建设，提出了"文化强省"的战略，在打造"文化安徽"品牌、努力让安徽文化"走出去"、为提升我国的文化软实力和人类精神文明建设服务的同时，也扩大了安徽文化的对外影响。如已经出版的"徽学丛书""安徽文化精要丛书"及《安徽文化史》《安徽历史名人辞典》《朱子全书》《方以智全集》《戴震全书》《朱光潜全集》等。这些分别从安徽文化发展史和安徽个别思想家的角度，进行了开拓性的研究和整理，但是集中展示"皖籍"思想家的思想、文化及其研究成果的文献还没有。

"皖籍思想家文库"则填补了这方面的一个空白。

"皖籍思想家文库"首次较为广泛、系统、集中地展现了两千多年来"皖籍"思想家的思想原貌、文化精髓和研究水平，是一个思想长廊，是"文化安徽"的底蕴体现和实现"文化强省"目标的战略举措，也是安徽对外宣传的重大文化品牌，展示了安徽文化自信的源来，更为主要的是落实了习近平总书记系列讲话精神——传统文化是独特的战略资源，是最深厚的文化软实力；中华优秀传统文化是中华民族的精神命脉，是涵养社会主义核心价值观的重要源泉，也是我们在世界文化激荡中站稳脚跟的坚实根基；要认真汲取其中的思想精华，深入挖掘和阐发其"讲仁爱，重民本，守诚信，崇正义，尚和合，求大同"的时代价值。

"皖籍思想家文库"从政治、经济、文化、教育、哲学、美学、宗教、军事等方面，从众多皖籍思想家中选择了管子、老子、庄子、刘安（《淮南子》）、曹操、嵇康、陈抟、朱熹、朱元璋、方以智、戴震、王茂荫、李鸿章、陈撄宁、陈独秀、陶行知、胡适、朱光潜、宗白华、方东美、王稼祥、赵朴初等 22 位自先秦至近现代在我国思想史上有重大影响和代表性的"皖籍"思想家，以"文化皖军"方阵的形式，从思想研究"本论"和思想原典"文选"两个方面加以整理、研究，既呈现了其经典的思想，又展示了其研究的水平，使资料性、学术性、现代性得以统一，实现了对优秀传统文化的创造性转化、创新性发展。

这也是本文库的两大特色。

"皖籍思想家文库"所谓的"皖籍"，包括祖籍或本籍在皖。如淮南王刘安，其祖籍为江苏沛县，但刘安一生都在淮南，属于本籍在皖；朱熹是福建人，但他的祖籍为当时的徽州婺源，属于祖籍在皖；宗白华的祖籍是江苏常熟，但是他出生及幼年都在安徽安庆市，属于曾经本籍在皖。

"皖籍思想家文库"由安徽省社会科学院组织本院哲学、史学、文学、经济学、社会学等方面的专家学者负责指导、编撰，并特邀部分省内，乃至全国"皖籍"思想家研究方面的专家学者参与，如《老子》研究专家华中师范大学刘固盛教授，《淮南子》研究专家安徽大学陈广忠教授，宗白华研究专家首都师范大学王德胜教授，陈独秀研究专家安庆师范大学朱洪教授，胡适研究专家安徽大学陆发春教授，方以智研究专家陶清研究员，方东美研究专家余秉颐研究员，朱光潜研究专家钱念孙研究员，管子研究专家安徽省管子研究会龚武先生，曹操研究专家亳州市文化与旅游局赵威先生，陈抟研究专家亳州市陈抟研究会修功军先生，王茂荫研究专家黄山市社会科学联合会陈平民先生，王稼祥研究专家中共安徽省委党史研究室施昌旺先生等。

"皖籍思想家文库"是 2017—2018 年度中共安徽省委宣传部重大文化建设项目，共 22 册，包括《管子卷》《老子卷》《庄子卷》《刘安卷〈淮南子〉》《曹操卷》《嵇康卷》《陈抟卷》《朱熹卷》《朱元璋卷》《王茂荫卷》《方以智卷》《戴震卷》《李鸿章卷》《陈独秀卷》《陈撄宁卷》《陶行知卷》《胡适卷》《朱光潜卷》《宗白华卷》《方东美卷》《王稼祥卷》《赵朴初卷》等，每册 25 万~30 万字，包含"本论"和"文选"两部分内容，其中思想家思想研究"本论"部分 5 万~10 万字，思想家思想选录"文选"部分 20 万字以内，共约 550 万字。

　　由于时间仓促、课题容量限制，还有一些重要的皖籍思想家，如桓谭、杨行密、包拯、刘铭传、杨文会等，本辑未能收录，期待续集纳入。

　　"皖籍思想家文库"的申报、编撰、审阅、出版，分别得到中共安徽省委宣传部的主要领导及安徽省社会科学院、安徽人民出版社有关专家学者及编委和多位编辑的大力支持。

　　在此，表示衷心的感谢！

　　书中如有不妥不当之处，敬请读者朋友批评指正。

刘飞跃

2018 年 12 月

绪

论

目　录

绪论 / 001

前言 / 001

第一章　曹操生平简介 / 001

　　第一节　初登仕途　三起两落 / 001

　　第二节　匡扶汉室　稳定大局 / 004

　　第三节　统一中原　剪平割据 / 010

　　第四节　南征受挫　孙刘坐大 / 017

　　第五节　老骥伏枥　壮心不已 / 021

第二章　曹操思想研究 / 026

　　第一节　曹操思想产生的时代背景 / 027

　　第二节　曹操的政治思想 / 035

　　第三节　曹操的经济思想 / 063

　　第四节　曹操的军事思想 / 068

　　第五节　曹操的文学思想 / 081

附录　曹操文选 / 093

　　第一部分　曹操诗歌选编 / 094

　　第二部分　曹操文章选编 / 114

　　第三部分　曹操《孙子兵法》注 / 221

参考文献 / 250

后记 / 251

前　言

　　《皖籍思想家文库·曹操卷》的书稿完成后，内心升腾起无限的感慨，想起去年接受任务时，自己忐忑不安的心情来。说实话，想为曹操做点事情，是近十年来我之所愿。但是要写一本关于曹操思想的书，又确实感到为难：一是世人对曹操太熟悉了，几乎是家喻户晓，妇孺皆知，从什么角度写，怕把握不准。二是曹操这个人争议太大，而且一争就是近两千年，如何在争议中立一家之言，没有底气。三是写曹操的书太多，仅国内恐怕就有几千部，据《曹操新传》的作者章映阁先生统计，仅裴松之为《三国志》作注，就涉及两百多部相关书籍。对于这些资料所涉及的历史事件，如何辨清真伪，难度太大。四是专门研究曹操思想的专著为数不多，特别是作者手头上掌握的资料太少，担心写不好方家见笑。五是笔者才疏学浅，学养和理论功底难以胜任等。总之，信心不足。好在有安徽省社会科学院领导和专家的支持、鼓励，勉强完成了撰写任务。

　　本书所用资料，除了古籍之外，大多是近年来研究曹操的最新成果；这些资料的使用，在书中都加了标注。

　　曹操的思想博大而精深，本书试图把曹操的思想系统化、理论化，主要介绍了曹操的政治思想、经济思想、军事思想和文学思想。由于受篇幅的限制，有些思想可能论述得不充分、不深刻、不严谨。这有待于以后再进一步研究提升。

　　作为曹操的家乡人，笔者可能比别的地方的学者，对曹操多一份乡情，由此可能影响到对曹操评价的真实性。不过平心而论，主观上没有拔高曹操的意图，所有论点都有文献资料佐证。向读者介绍、论述一个真实的曹操，是本书的出发点。尽管如此，不妥之处肯定还有，请读者在阅读时给予谅解和斧正。

本书"曹操文选"部分是以夏传才先生的《曹操集校注》为底本。夏先生长期从事曹操研究工作，成果丰硕。他先后有两部《曹操集注》问世，这本出版于 2013 年的《曹操集校注》是他最新研究成果，也是迄今为止收集曹操诗词文章最全的文本。本书在编辑时，对原释文做了必要的修改和增补；对一些不影响曹操思想理解的残篇断句，没有收入；注释中有关考证资料也没有辑入，目的是使注释更加简明扼要，也是为了更好地突出曹操思想。另外，阮瑀、路粹为曹操代笔写给孙权、刘备、孔融的信，考虑到虽然是曹操的意见，但不是曹操的亲笔，所以不再作为附录保留。

本书对读者了解曹操是否能有所帮助，只有读者清楚。本人在此只想请读者了解一下作者的苦心就行了。当然如果能得到读者及专家学者的批评指正，更是本人所期盼的。

赵威

2018 年 10 月

第一章　曹操生平简介

第一节　初登仕途　三起两落

曹操（155—220），字孟德，乳名吉利，又名阿瞒，沛国谯县（今安徽省亳州市谯城区）人。曹操自称是汉初名相曹参的后人，他的曾祖父曹萌（史书上多写为曹节，属笔误。因节萌字形相近而误传，今据侯康《三国志·注》改。另汉献帝皇后，曹操的女儿名曹节，也进一步证明曹操的曾祖父名曹萌，而非曹节），是一位宅心宽厚，友爱乡邻的贤达之士，史书对此多有记载。曹萌生有四个儿子，分别是伯兴、仲兴、叔兴、季兴，季兴就是曹操的祖父曹腾。

曹腾自幼入宫当了宦官，由于他秉承了其父的为人之道和品行，行事严谨缜密，致使他在朝中先后侍奉四个皇帝，为官三十多年无大错而为朝中上下所称道。不仅如此，他还向皇帝推荐了大批人才为官，并且从不计个人恩怨，只要有才，即便是反对过自己，甚至诬陷过自己的人，也照样推荐。比如时任益州刺史的种暠就曾经举报过他，说他有接受贿赂之嫌。曹腾不但没有记恨种暠，还屡次赞扬他，向皇帝推荐他，后来种暠官至司徒。种暠时常感叹说：自己能有今日，全托曹常侍（腾）之福。后来曹腾因策立汉桓帝有功，被封为费亭（今河南鹿邑东北，与谯县为邻。一说河南永城西南，也与谯县为邻）侯，大长秋（皇后居住地长秋宫的总负责人，是最高级别的宦官，俸秩仅次于丞相和太尉，高于中常侍），加位特进。魏明帝曹叡继位后于太和三年（229年）追封其为高皇帝，于是曹腾成为中国历史上唯一一位获得皇帝名号的宦官。

曹腾无后，他的晚辈曹嵩过继给他为子（上海复旦大学李辉团队2013年11月11日发布最新科研成果，证明曹嵩确系曹氏后人，既不是夏侯的血脉，也不是曹参的后人）。曹家到了曹嵩这一代，家境非常显赫，不仅有官家背景，还是富甲一方的望族。史书记载，曹嵩善于经商，广积财富，现在亳州市区曹巷口街据传就是当年曹嵩经商的大本营。不仅如此，曹嵩在朝中也官高位显，到汉灵帝继位时，曹嵩已官至司隶校尉、大司农、大鸿胪。汉灵帝中平四年（187年）曹嵩又不惜高于十倍的价钱，用一亿钱买了个太尉（三公之一，为最高级别的行政官员）的职位，并继承了其父曹腾的爵位。

青少年时期的曹操是在京城洛阳和老家谯县度过的，这可以通过他的朋友圈得到证实。青少年时期的曹操是一个什么样的人，史书记载很少，只是笼统地说他好飞鹰走狗，游荡无度，不治行业；好的方面是幼而智勇，少机警，有权术。说曹操青少年时期不治行业恐怕不是事实，他至少是一位博览群书，文武兼修，虽然顽皮，好恶作剧，但志向高远，才华横溢，交际广泛的俊杰名士，不然位居三公的桥玄和名士何颙不可能在曹操没有出仕前就高度评价曹操，认为将来能够拯救国家的唯有曹操，桥玄、李瓒等人甚至还把身后之事托付给曹操。曹操二十三岁能因"好学明经"被征拜议郎，和文学大家蔡邕成为忘年交，也证明了青少年时期的曹操，绝不是终日"飞鹰走狗，游侠放荡，无所事事"之辈。

汉灵帝熹平三年（174年），不满二十岁的曹操被家乡推举为"孝廉"。"举孝廉"是汉代选拔官吏的主要制度，始于汉武帝，即推举孝子廉洁之士出来做官。被举之人必须是孝顺父母，行为清廉（有些书上将这种制度误称为"考举人"，实是大错）被举为孝廉后，就取得了为官的资格。曹操被推为孝廉后，又以孝廉选为"郎"（郎，东汉时尚书台置尚书郎，为最下层的官职。自光武帝时起，凡取得孝廉资格的人，一般当官都要从郎做起）。时任尚书右丞、京兆尹的司马防（司马懿之父）看中了曹操，举荐曹操做了洛阳北部尉。北部尉相当于现在的公安分局局长，是曹操平生获得的第一个有实际权力的职位。北部尉虽然是个小官，但曹操却干得风生水起，他在这个职位上任职不到三年，却政绩卓著，史书上说在他的治理下"贼不犯界"。任内曹操干的最有名的一个案例，就是他下令棒杀了汉灵帝身边的宠幸宦官蹇硕的叔父。由于棒杀蹇硕叔父，引起蹇硕等权贵的愤恨，不久朝廷就以曹操有"大才"为名，将曹操赶出京城，外放到顿丘（今河南清丰县西南）任"令"。

可能是因为曹操在洛阳北部尉任上表现得太突出，在到任顿丘令不久，又被朝廷召回，拜为"议郎"。曹操任议郎的第二年，即汉灵帝光和元年（178年），又因他的堂妹夫宋奇涉及宋皇后案而被牵连，受到"从坐免官"的处分。被免去职务的曹操回到了故乡谯县，娶了二十岁的歌妓卞氏为妾（曹操踏入仕途前，已娶谯县大户人家丁氏女为妻）。曹操在家乡一年多的时间里，常和议郎蔡邕切磋学问，与桥玄研讨时局，受益匪浅。光和三年（180年）朝廷又以曹操"能明古学"，第二次拜他为议郎。

曹操第二次任议郎一到任，就上书朝廷，为在"党锢之祸"中，被宦官害死的大将军窦武，太傅陈蕃申冤，检举"三公"所举不当。这一下又得罪了朝中权贵，受到打压，这使得曹操看清了当时"世风日下"，政治腐败到无公理可言的客观现实，于是曹操决定"不复献言"。

汉灵帝中平元年（184年）二月，爆发了大规模的黄巾军起义，"旬日之间，天下响应，京师震动"。时年二十九岁的曹操被授以"骑都尉"，俸命赴颍川征讨黄巾军。这是曹操第一次到军中任职，也是曹操初显其军事才能的"关键点"。由于曹操在征讨黄巾军的战争中，战功卓著，得到了提拔，升任"济南相"。国相是诸侯王国中实际的统治者，是由皇帝任命的实权职位。济南国当时下辖十多个县，县官长吏大都贪赃枉法，并且都有强硬的后台，所以历任国相都不敢管。曹操一到任，一下子就奏免了八个县的县官，从而使济南国内大小贪官"震怖"，邪恶之徒纷纷逃窜到其他郡国，济南国大行政教，国内清平。济南国自汉初为城阳景王刘章立祠起，几百年间，立祠之风越演越烈，以致成为当地的一大公害，使国内（包括相邻郡国）淫祀之风日盛，地痞流氓（奸宄）横行，老百姓苦不堪言。因为权贵、世族和贪官污吏相互勾结，竟无一人敢于出面禁绝。曹操一到任就下令把那些祠堂统统拆除，禁止官吏民众再搞所谓的"祠祀"活动。曹操的这一政策受到了老百姓的支持和响应，所以很快境内就出现了"禁断淫祀，奸宄逃窜，郡界肃然"的大好局面。

曹操出仕以来的行动，特别是在济南相位子上的行动，虽然得到了老百姓的拥护和支持，但引起了朝野权贵们的强烈不满，他们上下沆瀣一气，决计要对曹操实施打压排挤手段，于是就在曹操下决心要在济南实施进一步治理计划时，接到了朝廷的调令，调他到东郡任太守。曹操接到调令后，深感在"权臣专朝，贵戚横恣"的政治生态下，要实现把一个地方治理成"政治清廉，百姓幸福"的理想，是不可能的了。于是他权衡再三，决计以身体有病为由，辞去东郡太守的职务，回到故乡谯县，在城东五十里处的一片低洼地里，垒土建造了一所优雅别致的书斋，试图过上一种"春夏读书，秋冬射猎"，闭门谢客式的"归隐"生活。曹操在这里生活了两年多的时间，并于他三十三岁时，生下了他的第二个（卞夫人所生第一个）儿子曹丕。

汉灵帝中平五年（188年）八月，为了确保京师的安全，汉灵帝决定自己直接掌控禁军，并在西园成立一个新军统帅部，下设八个校尉，曹操被任命为八校尉之一的典军校尉。就这样曹操结束了"归隐"生活，又重新登上了政治舞台，并且进入朝廷的权力核心机构。

第二节　匡扶汉室　稳定大局

中平六年（189年）四月，汉灵帝驾崩，立十四岁的刘辩为汉少帝，刘辩的母亲何太后临朝，舅父何进秉政。何进为了增加自己和宦官斗争的实力，召并州牧董卓进京相助。不料董卓尚未进京，宦官张让等设局将何进诛杀。董卓进京后，收编了何进的军队，实力大增，于是在朝中大权独揽，一手遮天，很快就新立九岁的刘协为汉献帝，并改元"初平"。由于曹操的声望和在军中的地位，也为了拉拢曹操，授曹操骁骑校尉，并试图将曹操收为自己的心腹。在官场打拼十余年的曹操，对董卓的所作所为，不仅不赞同，还清楚地认识到董卓绝不会有好的下场。于是在这一年的十二月，曹操改名换姓，离开洛阳东归，打算联络四方豪杰，共同起兵讨伐董卓。

曹操死里逃生到达陈留时，正好遇到已罢官回家，正在陈留己吾打理自家产业的父亲曹嵩。父子商定为避战乱，打算把家临时搬到徐州琅琊去，同时拿出一部分家产供曹操招兵买马，讨伐董卓。曹操的行动不仅得到了陈留郡太守的支持，还得到了当地孝廉卫兹的大力帮助，很快就拉起了一支五千人的队伍。就在这时，曹操家乡的儿时伙伴夏侯渊、夏侯惇、曹仁、曹洪以及侄子曹真、曹休等带领一支一千多人的队伍和资财来到曹操身边，和曹操共创大业。卫国人乐进也慕名前来投奔曹操，并带来了一支千人的队伍。于是曹操卫兹一干人马在己吾扯起了讨伐董卓的旗帜，并积极与各方联系，共同讨伐董卓。然而各路讨伐董卓的队伍，虽然推袁绍为盟主，并授曹操行奋武将军的头衔，但各怀鬼胎，相互观望，他们只想借机扩充实力，扩大地盘，谁也不敢真的与董卓为敌。无奈曹操带上自己五千多人的队伍，独自踏上了西征的征程，陈留太守张邈怕曹操有闪失，派卫兹率三千人马尾随策应。曹军从酸枣（属陈留郡，在今河南省延津县西南）出发，一举打下成皋，进军荥阳，在汴水与董卓的大将徐荣相遇。面对十倍于己，来势汹汹的敌人，曹操沉着应战，从晨至晚，苦战一整天，终因寡不敌众，吃了败仗，士卒死伤严重，曹操本人也身负重伤，无奈只好暂回家乡谯县。这次战斗，徐荣虽然取胜，但也使他看到了反董军队的战斗力很强，不敢贸然推进，只好引兵返回。

回到家乡的曹操，将各家的家丁佃客武装起来，训练成一支队伍，有一千多人。随后曹操又和曹洪、夏侯惇等赴扬州（治所在今安徽寿县）招兵买马，共募集四千余人，但在返回到龙亢（今安徽怀远县西）时，发生哗变，只有五百多人愿意继续跟随曹操征讨董卓。返回的路上，在铚（今安徽宿县西南）、建平（今河南永城西南，与亳州接壤）两地收得兵众一千余人，加上谯县原有兵力，有三千余人。曹操带着这支队伍又返回盟军大本营河内（在今河南省武陟县西南）袁绍处，欲与盟军一道，与董卓再战。

曹操一到河内，就听说盟军军粮耗尽，各路盟军不仅准备散伙，而且还相互火并了起来。曹操这时如果再单独讨伐董卓，已是力不从心，只好待在袁绍处静观其变。第二年，即初平二年（191年）初春，盟主袁绍不去谋划如何讨伐董卓，却与曹操商量，要立幽州牧刘虞为帝，曹操坚决反对，并说，如果你们一定要这么干，那么就请诸君向北，对刘虞称臣，我自向西效力于汉献帝。由于曹操的反对和刘虞坚决不干，这场闹剧才算收场。二月，破虏将军领豫州刺史孙坚一举收复洛阳，董卓胁迫朝廷迁都长安，各路诸侯的火并也愈演愈烈。就在各路诸侯疯狂开展割据战的同时，河北十万黑山军在于毒、白绕的率领下，进占了东郡（在今河南省濮阳市西南），东郡太守落荒而逃。袁绍想趁机据有东郡，于是派曹操带兵到东郡镇压黑山军。曹操一路上势如破竹，很快就占领了濮阳，袁绍于是任命曹操为东郡太守。曹操趁机扩充训练了一支特别有战斗力的队伍，并一鼓作气，将黑山军赶出东郡，控制了东郡的全部区域，至此曹操才算拥有了一块真正属于自己的根据地。曹操收复东郡，名声大震，荀彧、李典、李乾、典韦等一批重量级的人才，纷纷来投，曹操的实力很快得到了提升。这一年的四月，残暴不仁的董卓在长安被王允等人设计处死，五月青州黄巾军，以百万之众打进兖州，斩杀了兖州刺史刘岱，整个兖州顿时大乱。由于和朝廷失去了联系，于是兖州的地方官员，在鲍信、陈宫等人的游说下，决定共同拥曹操为兖州牧，主政兖州。

曹操就任兖州牧后，立即调集军队对黄巾军开战。寿张（今山东东平县）战役初战失利，曹操的好友齐北相鲍信战死。曹操于是调整战术，布设奇兵和黄巾军开展了大规模的决战。最终黄巾军大败，曹操乘胜将黄巾军追击到济北（今山东长清南），迫使黄巾军乞降，曹操共接收降军三十万，男女民众百万。曹操将降军中精锐部队改编为"青州军"，形成了"曹家军"的主力。

初平四年（193年）春，曹操屯兵鄄城（今山东省鄄城县北），野心勃勃的袁术进军陈留，屯兵封丘（今河南封丘）。陈留是兖州下辖的一个郡，袁术进军陈留，实际是进犯曹操的兖州，曹操于是调集部队，在匡亭（今河南省长垣县西南）与袁术的军队遭遇，一战大破袁术，袁术退封丘，逃襄邑（今河南省睢县），奔宁陵，被曹操一路追杀到九江（治所在今安徽寿县）。曹操在彻底打败袁术后，还军定陶。这年秋，曹操派人去琅琊郡（今山东临沂北）接其父等家人回兖州，路上遭到徐州牧陶谦的部属张闿的抢劫，并且杀死了曹操的父亲曹嵩、曹嵩的小妾、曹操同父异母的弟弟曹德等人。曹操得到噩耗后，决定以陶谦助阙宣谋逆为由，东征陶谦。曹军势如破竹，一连攻下十多个城池，直捣徐州首府彭城（今江苏徐州市），陶谦逃到郯（今山东郯城）。曹操也因粮草不济，于兴平元年（194年）二月引兵回到鄄城。经过一段时间的休整，这一年的初夏，曹操再次攻打陶谦，连拔五城，直至东海。这时陈留太守张邈和部属陈宫叛变，迎吕布入兖州，由于荀彧、程昱等人的固守，吕布只好屯兵濮阳。曹操得知消息后，迅速撤军自救。

兴平元年（194年）八月，曹操发兵攻打吕布，战争相持月余，互有胜负。这时发生了蝗灾，秋粮绝收，双方因粮草不济，暂且收兵，曹操回到了鄄城，吕布回到乘氏（今山东巨野西南），遭到巨野人李进的阻挡，遂屯兵山阳（今山东金乡西北）。与此同时陶谦病死，刘备代为徐州牧。兴平二年（195年）正月，曹操在定陶袭击吕布军，斩杀吕布大将薛兰，屯兵乘氏。五月吕布率一万多人来战，当时曹操的部队都在外地收麦，在乘氏的守兵不足千人，曹操只好上演了一出真正的"空城计"：他命令妇女上城墙防守，自己亲率留守将士坚守营屯。吕布见后以为有伏兵，不敢进城，引军后退十余里。第二天吕布又来攻城时，曹操的部队已经回到乘氏，曹操命大军隐藏在城外的大堤内，用少量的兵力引诱吕布进入伏击圈，然后分兵合围，步骑并进，吕布大败，连夜向徐州逃跑。曹操不仅再次占领了定陶，而且还平定了附近各县，整个兖州又重新回到曹操的手里。这一年的十月，朝廷正式任命曹操为兖州牧。

曹操正式就任兖州牧后，一方面打听天子的下落，准备营救天子；一方面着手解决汝南、颍川的黄巾军问题。第二年即建安元年（196年）正月，曹操率军南下，兵临武平（今河南省鹿邑西北）时，袁术任命的陈国（今河南省淮阳县）相袁嗣率众投降。二月，曹操兵至汝南、颍川，很快将黄巾军首领黄邵斩杀于阵前，其余皆向曹操投降。曹操自此将势力范围扩大到豫州，并以许（今河南省许昌东）为新的指挥中心。同时派杨武中郎将曹洪西进奉迎天子,结果遭到卫将军董承和袁术的部将苌奴阻拦,无法西进,无功而返。

董卓一把火烧了京都洛阳,裹挟汉献帝迁都到长安。王允计杀董卓后,董卓的旧部以"复仇"为名开进长安,继续胡作非为。凉州马腾、韩遂等军阀也打着"勤王"的旗号,进入长安,一时间京城内外,军阀混战,狼烟四起,汉献帝在长安已无法安身,提出东归洛阳的想法。于是各路军阀围绕着是否东归,如何东归又开展了一系列文争武斗,最后在征东将军张济、安集将军董承、兴义将军杨奉、后将军杨定等人的支持下,汉献帝等文武官员于兴平二年(195年)七月踏上了东归的路。一路上打打杀杀,饥寒交迫,死伤无数,终于在年底到达了安邑(今山西省夏县西北)。这时各方在朝廷向何处去的问题上,又展开了激烈的争斗,直到第二年即建安元年(196年)五月杨奉、韩暹才继续奉帝东归,七月到达洛阳。由于洛阳宫室已被烧尽,百官只能以野菜充饥,献帝也只能临时住在中常侍赵忠的家中。

早在初定兖州时,毛玠就向曹操提出今后发展的两大战略方针:奉天子以令不臣,修耕植以蓄军资,曹操深以为然。建安元年(196)八月,曹操在得知京城及天子的情况后,经过集思广益,认为应尽早实施早就确定的"迎天子"的计划,于是曹操决定亲自到洛阳迎接天子。在董昭的斡旋下,汉献帝听到这个消息后,喜不自禁,封曹操为镇东将军,袭费亭侯。曹操一到洛阳,就奏请献帝,以纵兵抢劫罪治了居功自傲的韩暹的罪,对有妄贪非常之功的杨奉、张济也要处理。因汉献帝念及这些人护驾有功,让曹操不要再追究这些人的罪责了,曹操也趁势卖给皇帝一个人情,表示不再追究,韩暹畏罪去梁(今河南商丘)投奔杨奉。献帝于是"假太祖节钺",任命曹操为司隶校尉,录尚书事,把管理朝政、卫戍京师、维护治安的大权全交给了曹操。

曹操上任后,针对摇摇欲坠的朝廷现实,决心要除恶扶正,整顿朝纲,重树朝廷的权威:杀了横行不法的尚书冯硕、议郎侯祈、侍中壶崇,震慑了朝中不法之徒;提议封卫将军董承、辅国将军伏完等十三人为列侯,获得汉献帝的批准;追赠射声校尉沮俊为弘农太守,对其他护驾途中死节的大臣也一一进行了表彰。鉴于当时京城王公大臣食无粮，居无房，穿无衣，用无具的实际情况，经与董昭等大臣协商，献帝同意，决定迁都于许，并于曹操任司隶校尉后的第九天起驾东迁。九月曹操护驾献帝到许，汉献帝为了表彰曹操的忠心和迁都护驾之功，也为了拉拢曹操，一到许地，就亲赴曹操军营，封曹操为大将军，武平县侯（原为费亭侯）。至此自朝廷西迁长安以来的混乱局面才告一段落，宗庙社稷制度重新建立，朝廷秩序能够正常运转，曹操也在政治上完全掌握了主动权。

当时许都外围最危险的势力，是屯兵于梁的杨奉、韩暹，他们虽经皇帝讲情，没受到处理，但与朝廷离心离德，随时都有攻击许都的可能。因此曹操把许都的事情基本办完后，立即对杨奉、韩暹用兵。曹军一到，杨奉属下唯一能带兵打仗的徐晃率部投诚，杨奉、韩暹只好到扬州投奔袁术，曹操顺利得到了梁地。十月献帝下诏谴责袁绍谋私利、树私党、擅征伐、不勤王，同时又授予袁绍太尉之职，封邺侯。由于太尉是个虚职，地位又在大将军（曹操）之下，袁绍不肯屈就。为了维护大局，经汉献帝同意，曹操主动让出大将军一职给袁绍，自己就任司空，行车骑将军事。

许都外围的危险排除后，曹操着手理顺朝廷内部事务：以荀彧为侍中，兼代尚书令，帮助管理政务；程昱为尚书，拜东中郎将，领济阴太守，都督兖州事；毛玠为东曹掾，与崔琰共同负责官员的选拔和任用；满宠为西曹掾，兼许令；荀攸为军师，参谋军国大事；郭嘉为司空祭酒（曹操的首席参谋官）；钟繇为御史中丞，迁中尚书仆射，成为荀彧的副手；董昭为河南尹，领冀州牧；孔融负责管理制作供应皇室的器物及修建宫室事务……总之，曹操在短时间内发现、选拔、任用了一大批才俊，从而使朝廷实现了稳定。

许都初步稳定后，最大的问题是粮食和军需。按照原定方略，现在具备了"修耕植以蓄军资"的条件，根据枣祗和韩浩的建议，决定在许下推行"屯田"政策，很快这一政策就得到了朝中大臣的一致认同。曹操任命他的堂妹夫任俊为典农中郎将，"屯田"的首倡者、羽林监枣祗为屯田都尉，开始兴办屯田。枣祗、任俊把土地，耕牛和劳动力合理搭配，按照军事组织架构,组建起一支战时打仗,闲时种田的特殊军队。许下屯田当年(197年)大见成效,收获超过一百万斛。后来又创造了"军屯"和"民屯"的组织形式,并在其他郡县推行,从而,曹操不仅有了雄厚的物资基础,还牢牢地掌握了土地、农民、财政三大立国之本。

第三节 统一中原 剪平割据

曹操迎天子都许和屯田的成功,为他实现"统一天下,结束动乱"的政治理想,提供了可能,于是他开始把扫平割据作为自己最重要的政治任务。就在曹操忙于迁都屯田之时,被他赶跑的吕布趁刘备出兵抗击袁术之机,夺取了徐州,并自称徐州牧。刘备回兵,被吕布打败,无奈只好带着关羽、张飞等到许都投奔曹操。曹操念刘备是英雄,遂有爱才之意,奏请献帝任刘备为豫州牧,并给刘备增加兵力,供给军粮,请他到沛县牵制吕布。

这时盘踞在弘农的军阀张绣(张济之侄,张济死后,张绣统帅张济的兵马)与南阳刘表结为军事联盟,并南下屯兵南阳,对许都构成了严重的威胁。汉献帝建安二年(197年)一月,曹操决定南征张绣。当曹操的军队到达清水(一说淯水,今河南白河)时,张绣知道不是曹操的对手,于是率众投降,曹操率一部分将士进入宛城,其余大军屯驻城外。由于太顺利,曹操对张绣放松了警惕,再加上曹操收了张绣的婶子(张济之妻)为妾,重金收买张绣的亲将胡车儿,使得张绣既感到羞耻,又怕曹操加害自己,于是与谋士贾诩设计,以自己的军队需要经过曹营迁出城外为名,对曹军采取突然袭击。曹军仓促应战,典韦(曹操的侍卫长)、曹昂(曹操的长子)、曹安民(曹操的侄子)战死,曹操身负重伤,十一岁的次子曹丕侥幸逃脱,曹操只好退守舞阴(今河南省泌阳西北)。张绣乘胜追击,被曹操击败,退兵到穰(今河南省邓州市),与刘表合兵。曹操乘势占领了南阳、章陵(今湖北省枣阳市东南),随后回师许都。

曹操回到许都后,一方面认真总结这次征讨张绣的教训,主动承担了责任;另一方面对在这次南征中立有大功的于禁等人进行表彰,封于禁为益寿亭侯。九月在寿春（今安徽省寿县）称帝的袁术，进犯陈地，被曹操一举击败。这时曹操的老乡谯县许褚率一支队伍投奔了曹操，曹操立即拜为都尉，接替典韦，做了曹操的贴身侍卫。十月南阳、章陵诸县又叛变曹操，改拥张绣，张绣刘表也不断袭扰。于是曹操于十一月率大军南下，第二次征讨张绣，很快就占领了湖阳（今河南省唐河县南）、舞阴。建安三年（198年）一月，曹操班师回朝休整，三月曹操第三次出征讨伐张绣，但由于张绣与刘表相互支持，加之袁绍的谋士田丰劝说袁绍偷袭许都，使曹操这次南征无功而返。建安四年（199年）十一月，在贾诩的劝说下，张绣主动降曹。曹操不计前嫌，为子曹均娶了张绣的女儿为妻，拜张绣为扬武将军；拜贾诩为执金吾，封都亭侯，迁冀州牧，因冀州未平，留参司空军事。

建安二年（197年）一月，盘踞在寿春的袁术，趁曹操讨伐张绣之机，在淮南称帝。袁术称帝遭到袁术阵营内外的一致反对，袁术寻求徐州吕布的支持，结果袁术派去联络吕布的使官韩胤，被吕布抓住交给了曹操，曹操杀了韩胤，褒奖了吕布。袁术分兵七路攻打吕布，结果吕布按照陈珪主张，离间了袁术的部属韩暹、杨奉，袁军落荒而逃，吕布率军一路狂追，直至钟离（今安徽省凤阳县东山）。吕布此举不仅削弱了袁术的兵力，还掠获了大批军需物资。袁术的属下，会稽太守孙策也起兵反对袁术称帝，曹操即表孙策为讨逆将军，封吴侯。孙策奉召讨袁，大败袁术于海西（具体地点不详）。这时的袁术已成内无粮草、外无援兵之势，派人到豫州陈国求粮，遭到陈国相骆俊的拒绝。于是袁术发兵攻打陈国，杀死国相骆俊和国王刘宠。朝廷得知这一消息后，决定立即征讨袁术。建安二年九月，曹操亲率大军东征袁术，袁术弃军逃往淮南。建安三年（198年）一月，袁术在淮南实在生存不下去了，就一把火烧了宫室，奔潜山投靠自己的老部下雷薄、陈兰，遭到了拒绝。无可奈何的袁术，只好于建安四年（199年）六月，取道徐州，奔青州投靠袁绍的儿子袁谭。结果路上又遭到曹操的截击，袁术掉头向南就跑，在距寿春还有八十里的江亭，走投无路的袁术急火攻心，吐血而死。

素以反复无常著称的吕布，在袁术大势已去的情况下，于建安三年夏，趁曹操用兵张绣之机，又与袁术勾搭，派中郎将高顺和北地太守张辽攻打刘备，刘备向许都告急，曹操派夏侯惇救援，结果被高顺、张辽打败，还失去了一只眼睛。九月高顺、张辽攻下沛城，刘备撇下将士妻子，只身逃到梁地。曹操得知消息后，决定立即出兵，东征吕布。为了有效地打击吕布，确保许都安全，曹操采取了三大战术：安抚关中，由钟繇西入长安，恩威并施，使关中军阀马腾、韩遂各送一子为人质，保证了关中的安定；稳住袁绍，主动向袁绍示弱，不向河北示兵，使袁绍安心攻打公孙瓒；瓦解吕布，重用吕布属下陈珪、陈登父子，给陈珪增秩中二千担，拜陈登为广陵（今江苏省扬州市）太守，陈登父子答应曹操攻吕布时做内应。建安三年九月，曹操亲自率军东征吕布，在进军到梁时，与刘备相遇，这时关羽、张飞也来到梁地。于是刘备一行与曹操一道随军东征。当部队到达彭城时，陈珪父子积极配合，一举拿下彭城。接着进军下邳，吕布几次亲自出城作战，均被曹操打败，吕布再也不敢出城交战，只好困守下邳。十一月，因下邳久困不下，曹操只得下令，掘城西的沂水、泗水灌城，一个月后，吕布被迫投降，和陈宫、高顺一道被曹操绞杀。吕布属下张辽、臧霸归降，皆加官晋爵，封陈登为伏波将军，镇守广陵。任命车胄为徐州刺史，刘备等随曹操回许都，拜刘备为左将军，关羽、张飞为中郎将。刘备在许如坐针毡，借截击袁术之机，返回徐州，杀了车胄，夺回徐州，为了对付曹操，开始与袁绍联盟。

曹操为了剪灭袁绍，决定先打刘备，曹军一到徐州，刘备又是弃众而逃，直奔青州，通过袁绍之子袁谭，投靠了袁绍。曹操尽收刘备的兵力，掳掠了刘备的妻子。接着进军下邳，生擒了关羽，击败了昌豨，徐州又重新收归朝廷管辖。

朝廷和曹操十分清楚地认识到，要扫平割据，统一天下，河北袁绍是最大的障碍。特别是在解决了南面和东面的问题后，解决北面袁绍的问题就迫在眉睫了。为了彻底剪灭袁绍这一最大的割据势力，建安四年（199年）八月，朝廷决定要对袁绍用兵。为此曹操做了精心的战略和战术方面的准备：命琅琊相臧霸率精兵入青州，从东面牵制袁绍；命平虏校尉于禁屯兵河上，驻守延津（今河南省延津县北），东郡太守刘延驻守白马（今河南省滑县东），以阻击袁军南下；命夏侯惇屯兵敖仓（今河南省荥阳北）、孟津（今河南省孟津县）作为西面的策应力量；以裨将军徐晃、张辽率精兵万余人在官渡（今河南省中牟县境内，黄河岸边）布防，防止袁绍突然袭击；争取关中各股势力中立，使治书侍御史卫觊镇抚关中，派谒者仆射监盐官、司隶校尉钟繇移治弘农，加强对关中的控制；争取荆州牧刘表中立（袁绍刘表原为军事同盟），刘表明确表示既不支持袁绍，也不支持曹操；命河内太守魏种备战于西，兖州知事程昱屯兵鄄城，备战于东；为防意外，免除后顾之忧，命厉锋校尉曹仁驻守阳翟（今河南禹县）；以扬武中郎将曹洪驻守宛县，以防刘表；以裨将军李通和汝南太守满宠驻守汝南，以防孙策；命荀彧留守许都，都督后方诸事。就在曹操精心布防的同时，袁绍大军压境，建安四年十二月，曹操率军进驻官渡。袁绍则向全国发出讨曹檄文，并于建安五年（200年）二月进军黎阳（今河南省浚县东北），至此讨伐袁绍、统一中原的"曹袁大战"正式开始。

袁绍一到黎阳，就立即派郭图、淳于琼、颜良渡过黄河，攻打驻守在白马的东郡太守刘延，围白马月余。四月曹操引军到延津（今河南省新乡市东南），做出要攻击袁绍后方的态势，袁绍不知是计，分兵向西拦截曹军，曹操则率轻骑直奔白马，颜良仓促应战，被关羽斩首，曹操用声东击西的战术获得了首场胜利。袁绍大军进至延津以南，曹操驻营南阪，下令骑兵解鞍放马，把从白马撤下来的辎重都放在路上，这时袁绍大将文丑和刘备的五千多骑兵到来，争先恐后地抢劫辎重，曹操率不满六百骑的精兵，纵兵出击打得刘备落荒而逃，文丑被斩，曹军回师官渡，曹操用诱敌深入之计再胜一场。连战连败的袁绍则屯兵阳武（今河南省原阳东南），寻找与曹操决战的机会，八月又将大军向前推进至原武（今河南省原阳）、官渡一线布防，东西联营数十里，试图一战而全歼曹军。这时汝南黄巾军刘辟等背叛朝廷，响应袁绍，袁绍派刘备前去支援。曹操派曹仁前往平叛，刘备被曹仁打败，逃回袁绍大营。这时汝南另一支以龚都为首的黄巾军又起兵响应袁绍，袁绍再派刘备前往接应。曹操则派蔡扬率部进讨，被刘备杀死。袁绍闻讯，精神大振，命令军士堆砌土山，筑起高台，居高临下，箭射曹营。曹操则建造"霹雳车"，发石击毁袁军高台。袁绍又挖地道，偷袭曹营。曹操则在营内挖深沟，以截击由地道入侵之敌。如此相持月余，曹操派徐晃率兵火烧袁绍运粮车千乘，袁绍只好于十月，再派淳于琼护送粮食，并将粮食存放在袁绍大营北四十里的乌巢。就在这时，袁绍的谋士许攸因不被袁绍重用，加之家人犯法，只身投靠了曹操，并向曹操献计：火烧乌巢。曹操依计而行，烧了乌巢，袁绍则派一股小部队去救淳于琼，派重兵进攻曹操大本营。曹操虽腹背受敌，但率军奋击，大破袁军，立斩淳于琼，大将高览、张郃反袁投曹。袁军全线崩溃，袁绍和他的儿子袁谭带着八百骑兵渡河北逃，一直跑到黎阳北岸，才喘过气来。曹操乘胜一路狂追，收缴大批辎重物资，冀州诸郡大多举城投降。

曹操并没有因此胜利而大意，他清楚地知道，袁氏父子尚有能力反扑，因此曹操马上开始了再征袁绍的准备：建安六年（201 年）四月，曹操领兵进击袁绍的仓亭（今山东省阳谷县北古黄河边）驻军，袁军大败，被迫离开黄河一线；为了解除后顾之忧，九月曹操回到许都，稍加休整，就南下征讨刘备，收复汝南，刘备又是立即带上关羽、张飞、赵云等逃到荆州，投奔刘表。与此同时，曹操派夏侯渊、张辽围困东海郡昌豨，昌豨归降曹操；建安七年（202 年）一月，曹操把部队带回老家谯县休整，在城东南三里筑一高台，台上建有八角亭，因此命名为八角台（现残台尚存，已辟为八角台遗址公园）。曹操登台检阅部队，并发布文告，体恤死伤战士，慰问家乡父老。经过休整，军队士气大振，于是将部队开往浚仪（今河南省开封市西北），下令整治睢阳渠，开通运粮通道，派使者祭祀桥玄。然后把部队开到官渡。五月袁绍病死于邺城，儿子袁谭、袁尚矛盾加剧。曹操念与袁绍的旧情，决定等袁绍过百日祭后，再向河北用兵。九月曹操渡过黄河，进攻袁谭，袁谭连战连败，只好向袁尚求救。袁尚亲自带兵帮助袁谭，二袁在黎阳城下与曹操开战，直到第二年（建安八年）二月，二袁被曹操围在黎阳城内，再也不敢出战。在曹操强大的攻势面前，走投无路的二袁弃城逃跑，曹操紧追不舍，直至邺城。为了更好地利用袁氏兄弟之间的矛盾，五月曹操撤军回许都，并摆出向南用兵的假象，让二袁放心内斗。二袁果然势不两立，袁谭攻击袁尚，被袁尚打败，袁尚在平原（今山东省平原县）将袁谭围住。愚昧的袁谭竟派辛毗向曹操救助。曹操立即挥师北上，十月兵至黎阳，袁尚闻讯，只好退守邺城，袁尚的部将吕旷、高翔归降。

建安九年（204年）一月，曹操为征讨袁尚，截断淇水，使之东流，注入白沟，以便运粮。二月袁尚再次进攻袁谭于平原，曹操趁机直捣邺城，军威大振，河北郡县纷纷投诚。五月曹操引漳河水灌城，但围而不打，七月袁尚回援，行至距邺城还有十七里的滏水岸边，被曹军围住，袁尚乞降不允，部属马延、张顗投诚，袁尚败逃中山（今河北省定州市），后又被大哥袁谭打败，只得向二哥袁熙治下的幽州逃亡。曹操进驻邺城后，对袁绍家眷给以优待，并亲临袁绍墓地祭拜，同时下令免除河北当年的税赋。这时，袁绍的外甥，并州刺史高干，怕曹操移兵攻打并州，向曹操表示归降。建安十年（205年）一月，曹操进攻驻守在南皮（今河北省沧县西南）的袁谭，袁谭兵败被斩，青州、冀州全部收复。

在袁谭败亡的同时，其二弟袁熙部下焦触攻打袁熙后，自领幽州刺史，并率诸郡县太守、令长向曹操投降。袁熙、袁尚无奈，只好奔走辽西，投奔乌桓。曹操在收复河北之后，为了彻底荡平北方的分裂势力，决定征讨乌桓。为此曹操动员民工，开凿了平房渠和泉州渠，作为运粮通道。建安十年四月，黑山军张燕率众十万余人投降曹操。十月高干听说曹操出征乌桓，趁机又叛离曹操。曹操派大将乐进、李典进讨，连战皆胜，高干凭险固守壶关（今山西省长治市东南）山口，一时难以攻下。建安十一年（206年）一月，曹操亲率大军，一举攻下壶口，高干无奈只有向匈奴求救，被匈奴单于拒绝，高干只好带着数骑南投荆州刘表。结果高干一行走到上洛（今陕西商洛市商州区），即被上洛都尉王琰捕杀。并州平定。

曹操拔壶口定并州后，自西而东，长驱至淳于（今山东省安丘东北），派乐进、李典讨伐长广（今山东省莱阳东）起义军管承，管承逃入海岛；派于禁去东海讨伐昌豨（昌豨系降而复叛），昌豨被斩，至此北方大股割据势力均已扫平。建安十二年（207年）二月，曹操自淳于回邺，下《封功臣令》，大封功臣二十余人，均为列侯，极大地激励了全军将士。平定北方和大封功臣，为征讨乌桓奠定了军事和精神基础。

汉献帝初平（190—194年）年间，乌桓（乌丸）大人丘力居的从子蹋顿任乌桓首领。总摄辽东、辽西、右北平三郡。建安初年，蹋顿向袁绍求和求亲，与袁绍结成军事同盟。袁绍以朝廷的名义赐各部大人皆为单于，并以义女嫁给蹋顿。正是因为袁绍厚待蹋顿，所以袁绍的儿子们兵败后才投奔了他。乌桓势力本来就为袁氏所用，现在袁氏兄弟又来加盟，顿时就成了朝廷北方重大的威胁。于是朝廷决定，立即出兵北伐乌桓。建安十二年（207年）五月，曹操率大军行至易地（今河北省雄县北），郭嘉建议应轻兵急进。曹操于是下令，部队轻装快速急进，很快部队到了无终（今天津市蓟州区）。时值夏雨季节，军队无法前行，及至七月，雨水更大，诸多要塞关口都有乌桓兵把守，部队很难通过。曹操根据田畴的建议，决定从卢龙（今河北省喜峰口）至柳城（今辽宁省朝阳市南）的山间小路行进，并做出从无终撤军的假象。八月当曹军行进到距柳城只有二百里的白狼堆（今辽宁建平县南）时，盘踞在柳城的蹋顿和袁氏兄弟才得到消息，吓得惊慌失措，匆忙组织抵抗，与曹操大军激战于白狼山下的汎城（今辽宁省朝阳市附近）。张辽一马当先，横冲敌营，曹操挥兵跟进，杀得乌桓兵东逃西散，曹军追至柳城，胡汉兵二十多万人投降，少数将领和二袁逃到辽东太守公孙康处。曹操料定公孙康不会容纳二袁，所以也没有继续追讨，而是在柳城休整。九月当曹操下令自柳城班师南还时，公孙康派人送来了二袁和乌桓主要将领的人头，并表示服从朝廷。于是曹操封公孙康为襄平侯，拜左将军。

曹操平定三郡乌桓，威名远扬，十一月曹操回师至易水（今河北省易县西）时，代郡（治高柳，今山西阳高县西北）乌桓单于普富卢、上郡（治肤施，今陕西榆林市榆阳区东南）乌桓单于那楼率领属下和礼物来向曹操庆贺，表示服从朝廷。这时曹操想起了自己的老友蔡邕之女、才女蔡文姬也在南匈奴，为了慰藉老友的亡灵，为了使才女重获新生，决定花重金赎回蔡文姬。后来蔡文姬成为著名的文学家，并且抢救了一大批古籍文献，应该说"文姬归汉"起到了关键作用。

曹操平定三郡乌桓，剪灭袁氏残余势力，又不战而威服辽东，北方的边患至此全部消除。这场事关能否实现中原统一的"曹袁大战"前后历时八年。这是曹操军事生涯中最精彩、最辉煌的一段历史。这场战役最终以袁绍大败，袁氏一族被灭，曹操大胜而告结束。这场历时八年的统一中原大战，是曹操统一北方最为艰苦卓绝的战争，也是曹操政治、军事才能得到最充分的施展，从而成就曹操人生辉煌，奠定曹操历史功绩的战争。

第四节　南征受挫　孙刘坐大

北方的统一，只是国家实现统一的第一步，要真正实现国家统一、人民安康的政治理想和历史使命，五十四岁的曹操深感任重道远，时不我待。于是曹操平定北方，回到邺城后，就立即开始了南征刘表、孙权、刘备的战略、战术准备：在邺城开玄武池训练水军，以解决北方士兵不熟悉水战的问题；派张辽屯兵长社（今河南省长葛市东），于禁屯兵颍阴（今河南省许昌市），乐进屯兵阳翟（今河南省禹州市），以保许都安全；表前将军马腾为卫尉，以马腾的儿子马超为偏将军统帅马腾的部队，迁马腾及家属到邺城（实为人质），以消除西北方向的隐患；恢复西汉初年的中央权力架构，废除太尉、司徒、司空三公，设立丞相、御史大夫，进一步控制中央权力；做了必要的人事安排，杀了旧官僚和复古派代表人物孔融，选拔重用了一批以崔琰、毛玠、司马朗、司马懿为代表的年轻有为的俊才，为南征提供组织和人事保障。

就在曹操做南征准备的同时，孙权趁刘表病危之机，以为父报仇为名，一举击灭了刘表的夏口守将黄祖，并有夺取荆州的动向。这时的刘备也请出了诸葛亮参谋军务，并且重病的刘表已将荆州托付给刘备。曹操闻讯后，决定必须抢在孙刘之前，拿下战略重地荆州。于是建安十三年（208年）七月，曹操亲率大军南下，取道宛城、叶县，轻军在前，大军继后。在曹军南下途中，刘表病死，小儿子刘琮继位。九月曹操到新野，刘琮在蒯越、王粲等人的劝说下，举州投降。刘备听到刘琮投降的消息后，急忙从樊城南下，以避曹操之势。曹操来不及抚慰荆州降将，立即率精骑五千，以一日一夜行军三百里的速度，急追刘备，终于在长坂坡追上了刘备。刘备的队伍与曹军一接触，就溃不成军，刘备急忙撇下妻儿，命张飞断后，自己带着诸葛亮人等数十骑，向汉水边奔逃。刘备逃到汉津，与关羽相遇，这时又得到江夏太守刘琦的接应，才到了夏口（今湖北省汉口）。曹操兵到江陵（今湖北省江陵县），暂时停止了对刘备的追击，立即对荆州吏民进行安顿：任命刘琮为青州刺史，封蒯越等十五人为侯，文聘为江夏太守，统兵如故，令荆州官民投诚。至此，曹操顺利地收复了南阳、章陵、江夏、南郡等荆州四郡。这时曹操又命刘巴过江招纳长沙、零陵、桂阳三郡，任命金旋为武陵太守，荆州八郡全部收复，收编荆州降军近八万人，战船一千余艘，并斩获了大量的辎重和军需物资。

收复荆州后，曹操威名大震，远在西蜀的益州牧刘璋向曹操表示臣服，愿意为朝廷大军提供粮饷和兵员，并派别驾张松前来致贺。这时的曹操因为胜利来得太容易，慢慢地滋长了骄傲情绪，慢待了张松，致使本来想投靠曹操的张松改变了主意，回成都后，力劝刘璋与刘备联合，断绝与曹操来往，抗拒朝廷。

曹操顺利地收复荆州，使孙权认识到仅靠自己，绝不是曹操的对手，必须与刘备联合。刘备为求自保，在诸葛亮等人的建议下，也愿意与孙权联手，共同抗拒曹操。遗憾的是被胜利冲昏头脑的曹操没有认识到孙刘联合的危险性，特别是对北方士兵不适应南方气候，有可能感染疾病，丧失战斗力的潜在危险没有充分的认识，还是一味地进攻和恐吓。曹操占领江陵后，给孙权写了一封恐吓信，希望孙权能成为第二个公孙康，同时也做了一些继续进攻的准备：命曹仁和夏侯渊驻守江陵，曹洪驻守襄阳，以巩固后方；令一部分水陆部队由襄阳沿汉水南下夏口，以防刘备从背后偷袭，自己则率所部及荆州新附之众沿江东下，给孙权施压。当曹操的部队行至赤壁（今湖北赤壁市境内，长江南岸，江北是乌林）时，遇到了孙刘联军，曹操将部队驻扎在江北乌林，江面上布满了战船。这时曹军大营内出现了曹操未能预料的情况：不少人因不服水土而染上疾病；将士们经受不住江面上的风浪，在剧烈颠簸的船上，呕吐晕船现象十分严重。为了增加战船的稳定性，曹操下令将战船用锁链相互连接起来。这件事被周瑜的部将黄盖发现了，于是向周瑜献上火攻之计，并利用前往曹营诈降的机会，火烧曹营和战船。曹操对黄盖的诈降信以为真，直到发现水寨起火，才知道中计，可是为时已晚，瞬间江面上和乌林大营一片火海，曹操连还击的机会都没有了，只好冲出火海向江北撤离，为了不给敌人留下可以利用的战船军资，下令将所有船只辎重全部烧掉，然后取道华容，向江陵转移。

　　赤壁之战后，曹操的头脑冷静了下来，开始认真总结这次失败的教训，以免再犯同样的错误。建安十三年（208年）十二月，正当周瑜、刘备率领联军水陆并进，追赶曹操至南郡的同时，孙权为了配合西线作战，率军围攻合肥（今安徽省合肥市）。曹操一到江陵就得知合肥告急，于是立即留下南征将军曹仁，横野将军徐晃保江陵，折冲将军乐进守襄阳，自己率兵返回北方，派大将张喜率一千骑兵驰援合肥。张喜一到合肥，孙权不知曹军实情，加上西线战事吃紧，于是急促撤离合肥。后来因曹仁在江陵被联军长期围困，伤亡严重，曹操只得命曹仁放弃江陵，退守樊城。从此襄阳至樊城一线就被曹操牢牢地控制住，成为朝廷在南方的重要屏障。

　　建安十四年（209年）三月，刚回到许都不久的曹操，新年一过就率大军回到谯县老家。下令在谯县造战船，利用涡河宽阔的水面，训练水兵，为再次征孙权，伐刘备，长期驻守江淮防线做军事准备。经过四个月的训练和准备，七月取水路由涡河入淮河，再经北淝河至合肥。曹操这次南下合肥的目的，主要是检验水军训练的成果和战斗力；抚慰淮南将士；体恤阵亡伤残的将士和家属。曹操一到合肥就下了《存恤从军吏士家室令》，要求地方政府对生活困难的死难者家属，给予生活救助。同时对淮南郡县进行调整，为政权的巩固提供组织保证：把扬州治所由寿春迁往合肥；任命熟悉军事的温恢为扬州刺史，任命素有"文武全才"之称的蒋济为扬州别驾；启用一批能吏任调整后的郡县主官；以仓慈为绥集都尉，负责屯田和整修芍陂、茄陂等老旧大型水利工程，从而使淮南成为主要的粮食生产基地。这期间曹操又派张辽率张郃、牛盖等讨平在庐江一带发生的陈兰、梅成叛乱。曹操留下张辽、乐进、李典统兵七千镇守合肥，形成一条合肥—襄阳—樊城从东到西的南面防线，曹操集团与孙刘的军事对抗也由军事进攻，改为军事防御。曹操把淮南的事情安排好后，于十二月率军回到谯县。

赤壁之战后，曹操清醒地认识到，孙刘联盟已成气候，短时间内再无力量解决他们，因此对他们采取战略防御方针。残酷的现实促使曹操暂时把主要精力转移到内部整治、充实提升上来：广泛地开展屯田，推广许都屯田经验，并亲自在家乡谯县县城东西各筑一座观稼台（今东西观稼台遗址尚存），以查看庄稼长势，激励地方官吏和农民发展农业生产；把屯田和戍边相结合，进一步扩大屯田成果；整肃、扩大、发展兵力，进一步提升部队战斗力；建安十五年（210年）春天下发《求贤令》，要求各级官员，各界人士要广泛地选拔人才，使用人才，提出了著名的"唯才是举"的用人方针，从而形成"谋臣如云，武将如雨"的兴旺局面，为以后的统一大业提供坚实的人才保障；建安十五年十二月，曹操下了一道《让县自明本志令》（即《十二月己亥令》），表明态度，统一思想，笼络人心，安抚政敌，提升高层的凝聚力和影响力。经过近两年的休养整顿、军事训练、部队扩兵和粮秣等军需物资的储备，特别是人才的扩充和政权的巩固，朝廷又具备了继续实施统一战争的条件。

鉴于当时孙刘通过联盟已经坐大，马超、韩遂陈兵西北蠢蠢欲动，周瑜劝孙权与马超、韩遂结盟的形势，曹操决定要先对西北用兵，以解决统一战争中的后顾之忧和障碍。但是马超、韩遂都是朝廷命官，要对马韩用兵，必须有正当的理由。于是决定先讨伐汉中的张鲁，因为征讨汉中，军队必须经过马韩驻守的关中，这样有可能激起马韩的反叛，从而找到讨伐的理由。建安十六年（211年）三月，曹操命司隶校尉钟繇进讨张鲁，派征西护军夏侯渊率兵，出河东与钟繇会师共进。结果引起关中马超、韩遂等十部叛乱，反兵十万屯据潼关。曹操立即以征南将军曹仁行安西将军，自襄樊一线驱师北上，督诸将与马超等隔潼关相对，但不许与马超开战。与此同时，曹操迅速安排朝中大事：命五官中郎将曹丕留守邺城，奋武将军程昱参曹丕军事，门下督徐宣为左护军，负责协调留守诸军；以国渊为居府长史，负责统一协调留守事务。七月，五十七岁的曹操跨上战马，再度亲率大军出征。

第五节　老骥伏枥　壮心不已

建安十六年（211年）八月，曹军到达潼关，与马超的部队夹关相持。曹操实地查勘发现，马超凭险而据，很难正面进击。于是决定派徐晃、朱灵率步骑四千人绕道蒲阪（今山西省永济市东南）津，暗渡黄河，然后再西渡黄河扎营，向南进攻马超。当徐晃北上时，遇到马超派来的五千精兵的拦截，被徐晃打败，顺利到达河西，黄河蒲阪一段全被曹军控制。闰八月，曹操的大部队开始自潼关北渡黄河，再渡河西，然后向南进发。马超只得退守渭口（渭水入黄处，今陕西省潼关县北），曹操设疑兵趁夜在渭南结营，马超遣使求和被拒，九月曹军全部渡过渭水，采用"冻沙为城"的办法，解决攻防设施问题。而此时马超的队伍则陷入了极为混乱的状态：时而率兵挑战，曹操不理；时而固请割地，并愿送子为质。面对毫无章法的马超，曹操在谋士们的提议下，想到了解决马超的办法：伪许请和，离间马韩。曹操利用与韩遂是同年孝廉和老相识的关系，与韩遂套近乎，示友谊。而对马超则表示出极大的不信任，并以武力和其父为人质相恐吓。很快原本就互不信任的马超、韩遂之间就出现了内讧。曹操抓住机会，与马韩联军约定日期会战。由于联军没有统一指挥，又士气低迷，所以战斗力较弱。会战一开始，曹操先用轻兵挑逗联军，进一步迷惑敌人，然后步骑大军夹击，敌军很快就败下阵来，马超、韩遂逃亡凉州，大将杨秋逃到安定。曹操追到安定，杨秋投诚，曹操恢复了杨秋的爵位，命杨秋留守安定，招抚流民，兴复县邑。十二月，曹操自安定返回邺城，留夏侯渊屯兵长安，以议郎张既为京兆尹。

建安十七年（212年）一月，曹操回到邺城，开始了再次讨伐孙权的谋划工作，除了军事准备外，还命记室令史阮瑀以自己的名义给孙权写了一封长信，希望通过威胁利诱能使孙权与刘备割裂，不战而降。孙权不仅不降，还在前一年（建安十六年）将治所从京口（今江苏省镇江市）西迁至秣陵（后改名建业，即今南京市），并修筑工事，随时准备与曹操开战。建安十七年十月，曹操再一次亲率步骑四十万人马，东征孙权。出征前曹操向汉献帝表请他的亲家荀彧到谯县慰劳将士，然后以侍中、光禄大夫持节、参丞相军事的身份随军出征。就在出征的路上，荀彧染上重病，曹操将荀彧留在寿春养病，自己率军继续东进。没有几天，五十岁的荀彧在寿春因病不治身亡。建安十八年（213年）一月，曹操进军濡须口（今安徽省无为县东北），一举击破孙权在长江西面的大营，活捉了孙权的都督公孙阳。孙权得知消息后，急率七万大军前来迎战，双方相持月余，再无战机可寻。于是曹操下令班师，于当年四月回到邺城。返回邺城前，曹操做了如下部署：命张辽、乐进、李典率兵七千屯守合肥，以防孙权北进；遣庐江太守朱光屯兵皖城（今安徽省潜山市），一方面广开稻田，增加军需，另一方面呼应合肥；派出间谍诱招鄱阳地区的农民起义军首领，以增加南方的兵力，使其成为将来南下的"内应"。曹操回到邺城后，五月汉献帝封曹操为"魏公"，加九锡（皇帝赐给有功大臣的最高礼遇：车马、衣服、乐器、朱户、纳陛、百人虎贲士、斧钺、弓矢、秬鬯）。建安十九年（214年）七月，曹操因孙权夺取了皖城，决定再次征讨孙权。这次出征前后不足三个月，十月再回邺城。这次出征军事成果不大，但震慑了孙权，促使孙权将主要精力转移到与刘备争夺荆州上。同时实地察看了合肥的地理环境，以及守将之间的关系及各自的特点，为以后固守合肥掌握了第一手的材料。建安二十年（215年）三月，曹操用兵汉中，征讨张鲁。八月孙权趁机率十万大军再攻合肥，由于曹操提前做了安排，并派护军薛悌携"教令"前去合肥督战协调。合肥守将依曹操教令而行，逼迫孙权围攻十余日后无功而返。孙权在撤退中遭到张辽的追击，险些被捉，而后双方相持多年，孙权再也不敢贸然行事。

马超被曹操赶到凉州后，又迅速地纠集羌、胡之众数万人，侵扰冀城（今甘肃省甘谷县东南）等地，曹操派夏侯渊进讨，马超南投张鲁，后又投奔刘备。韩遂也逃到金城（今兰州西），后又逃到西平（今青海省西宁市），第二年被部将杀死，整个西北实现了稳定。

为了在统一的道路上再前进一步,针对孙权、刘备都有意于汉中的现实,曹操在平定西北,巩固东南的基础上,决定讨张鲁、据汉中。建安二十年三月,开始了征讨张鲁之行,一路艰辛万苦,攻破氐王的层层防御,于七月到达阳平关(陕西省勉县西)。张鲁见大军临近,欲举郡投降,其弟张卫不同意,于是张鲁派张卫、杨昂率军数万人据关坚守,沿着山势筑城十余里。曹操正面进攻困难,就派夏侯惇、许褚向山上的士兵喊话,劝他们下山,以麻痹敌人,暗地里密遣解瓢、高祚乘险夜袭,大破张卫,张卫夜遁,张鲁则逃往巴中。因张鲁有意投诚,所以走前安排封存宝货仓库,以便日后交给国家。曹操入驻南郑,见府库封藏完好,就知张鲁有归顺之意,于是派人前去慰问。九月,巴七姓夷王朴胡、賨邑侯杜濩率巴夷、賨民归附,曹操遂分巴郡,任命朴胡为巴东太守,杜濩为巴西太守,皆封为列侯。十一月张鲁来降,曹操亲自出迎,任命张鲁为镇南将军,五子皆封为列侯,并为儿子曹彭祖娶张鲁之女为妻。同时命夏侯渊为护将军,督张郃、徐晃等守汉中,任命丞相长史杜袭为驸马都尉,留督汉中事。

汉中之事安排好后,十二月曹操自南郑回师,第二年,即建安二十一年(216年)二月曹操回到邺城,五月汉献帝晋封曹操为"魏王",仍以丞相兼领冀州牧。七月匈奴南单于呼厨泉入朝来拜贺魏王曹操,曹操留他住在邺城,派匈奴右贤王去卑回去替他监国。曹操待单于如列侯,允许子孙承袭封号,并把南匈奴分为左右前后中五部,安置在并州诸郡,各立其贵人为帅,选汉人为司马以帮助监督他们。建安二十二年(217年)二月,曹操再次亲率大军南征孙权,迫使孙权与他修好讲和。四月汉献帝下诏,命魏王曹操设天子旌旗,出入称"警跸"(天子出行称警,即警戒以行;入称跸,即清道以止行人)。十月立五官中郎将曹丕为太子。

汉中是益州的门户,刘备对汉中早就垂涎欲滴,只是惧怕曹操而不敢妄动。曹操回师邺城后,刘备开始准备进攻汉中,建安二十二年末,刘备派张飞、马超、吴兰进驻下辩(武都郡治所,在今甘肃省成县西),以牵制曹军,配合主力进攻汉中,刘备则亲率主力部队进兵汉中。曹操闻知刘备来犯,便立即派曹洪、曹休和辛毗率军迎战张飞、马超、吴兰,张飞等大败，大将任夔被斩，吴兰在逃亡中被氐人杀死，张飞、马超败走汉中。刘备的主力进驻阳平关，曹操派夏侯渊、张郃、徐晃与之相持，前后达两年多，互有胜负。曹操逐渐认识到，短时间内不仅不能扫平刘备，连保汉中都十分困难，再加上朝中及地方不断出现变故，特别是定军山一仗，夏侯渊战死，促使曹操下决心放弃汉中，退守长安。把防线建在汉中至关中的交通要冲陈仓，派曹真去武都迎接曹洪屯兵陈仓，因而有效地扼住了蜀军北进。

建安二十四年（219年）七月，关羽率军进攻驻扎在樊城的曹仁，曹操派于禁、庞德前去支援曹仁。八月，连续十多天的大雨，于禁所率七军全部困于水中，关羽趁势乘大船进攻于禁，于禁被迫投降，庞德因拒降而被关羽杀害。关羽擒于禁，斩庞德后，不仅重兵围樊城，还派吕常率兵围困襄阳，一时间关羽"威震华夏"。荆州刺史胡修、南乡（分南阳郡置）太守傅方投降，许都以南地区纷纷起来响应关羽。面对如此严峻复杂的形势，曹操按照丞相军司马司马懿、西曹属蒋济的意见，一方面派徐晃救援樊城，一方面派使者去江东联络孙权，利用孙权和刘备之间的矛盾，希望孙权袭击江陵，事成之后，把江南的统治权交给孙权。这时的孙权也正在为关羽围困襄樊而深感不安，所以很快就答应了曹操，孙曹联合，夺取荆州，并亲自给曹操回信，表示愿意为曹操效劳，偷袭江陵和公安（今湖北省公安县），希望曹操能够保密。曹操接信后为了加速孙刘分裂，影响蜀军情绪，让徐晃分别将孙权的信射入樊城和关羽大营。曹操统兵进驻摩陂（今河南省郏县东南）观变，同时再派兵给徐晃，以待时机反攻。

孙权给曹操的信被射入樊城后，曹军驻守官兵立即群情振奋，而关羽是退守荆州，还是继续围困襄樊，一时间举棋不定。徐晃抓住战机，主动出击，关羽大败，徐晃乘胜冲入敌营，斩杀敌首多人，包括胡修、傅方。这一仗蜀军伤亡惨重，士气受挫。就在这时，关羽得到了公安守将士仁、江陵守将糜芳等都投降了东吴的消息，便立即向南撤退。十一月关羽撤到麦城（今湖北省当阳市东南），被孙权派兵团团围住。十二月，关羽从麦城突围，被吴将马忠擒获，连同他的儿子关平、都督赵累一起被斩，孙权则夺取了荆州。

　　曹操为了巩固与孙权的联盟，实现自己对孙权的许诺，上表汉献帝拜孙权为骠骑将军，领荆州牧，封南昌侯。孙权受封后，立即派使者到朝廷上贡，并将关羽的人头送给了曹操。不仅如此，孙权还再次上书曹操，劝曹操早登大位，"称说天命"，自己愿臣服于曹操。曹操接信后说：孙权这小子是要把我放在炉子上烤啊，这时朝中大臣也都纷纷进言，劝曹操"应天顺民""宜正大位"。曹操不答应，并说：如果天命在我，我愿做现代的周文王，要求各位大臣以后不要再讲这样的话。

　　建安二十五年（220年）一月，曹操从摩陂回到洛阳不久，一病不起，于一月二十三日抱憾病逝于洛阳。临终曹操留下《遗令》："天下尚未安定，未得尊古也。葬毕，皆除服。其将屯戍者，皆不得离屯部。有司各率乃职。敛以时服，无藏金玉珍宝。"这就是一个大政治家的遗嘱，到死都心系天下，而对自己则能简则简，能省则省，连一件送老的新衣服都不准置办，这在当时可谓是"前无古人"，在封建社会里也是"后无来者"。

　　曹操去世后，曹丕立即继位为丞相、魏王。曹丕即位后对朝中之事稍加安排，就把父亲的遗体运回邺城。建安二十五年二月，遵照曹操的遗令，在邺城西面的高岗上，西门豹祠的附近安葬了曹操。一代叱咤风云，一生以周公为人生最高目标的名相，从此永远安眠于此——高陵。

第二章　曹操思想研究

　　曹操是历史上争议最多的人物，他的思想丰富，涵盖面广，但他本人没有留下系统的思想理论著作。后人虽然热衷于对曹操的评价，但对于他的思想研究也没有形成体系性的成果，这就为曹操思想理论的介绍带来一定的难度。笔者虽然有意于给曹操的思想理论建立起一个体系，但由于学识浅陋，理论功底不强，所以做起来也十分困难。但这毕竟是一件非常有意义的事情，所以还是试图将曹操的思想系统化、体系化。

　　曹操，大家公认的政治家、军事家、文学家。这在历史人物中已经是少之又少了，最近研究曹操的专家还从健康美食、规划建筑、音乐书法等角度阐释曹操的历史成就。如果把这些东西都纳入曹操的思想体系中去，显然是一个庞大而复杂的工程，而且有一些成就未必就形成了相关的理论。因此，本书只从政治思想、经济思想、军事思想和文学思想四个方面加以介绍。其余的思想内容，留待以后的学者们再归纳总结。

　　任何一种理论和思想的产生，都必然是当时社会状况的一种反映，也是当时社会的客观需要。只有正确地反映当时社会的客观状况，适应当时社会的客观需要的理论和思想，才是有生命力、有价值的理论和思想。曹操的理论和思想，之所以被当时和后人广泛赞同和研究，正是因为他的这些理论和思想真实地反映了汉末社会的客观状况，适应了当时社会的客观需要。

第一节　曹操思想产生的时代背景

曹操生活在汉末桓帝、灵帝、献帝三个朝代。这一时代有四个鲜明的特点：最高统治者腐败无能，而且一代不如一代；封建统治集团诸势力之间的斗争异常激烈、残酷；统治者的腐败和政治势力之间的残酷斗争，使得政治极度黑暗，恶势力猖獗，从而导致平民百姓生活的极度痛苦，他们只得铤而走险，揭竿而起，农民起义的战火几乎遍布全国；大小军阀无不以割据为目的，拼命发展自己的割据势力[①]。

一、最高统治者腐败无能，大权旁落

最高统治者腐败无能的一个主要标志，就是外戚和宦官通过政治斗争，轮流执政，致使皇帝逐渐变为傀儡。外戚是指皇帝的母亲（皇太后）、妻子（皇后）近亲族人。由于皇亲都是豪族，所以外戚就成了上层豪族集团利益的总代表。宦官是宫廷内侍奉皇帝后妃的一个特殊人群。本来东汉初期，规定后宫之家，不得封侯参政。可是到了东汉中期，统治集团迅速走向腐败，由于最高统治者无能，不得不借助外力，来维系其统治，导致后宫之家不得封侯参政的规定，成了一纸空文。汉章和二年（88 年）汉章帝驾崩，年仅 10 岁的和帝继位。由于和帝年少，窦太后趁机临朝听政。窦太后为了巩固自己的地位，任用其哥哥窦宪为大将军，窦宪随即将他的弟弟们安排到关键位置上，形成了窦氏一族专权独擅的局面。永和四年（92 年）和帝联结宦官郑众发动政变，夺回政权。窦宪被逼自尽，窦氏一族全部入狱，其党羽一律免官，遣回原籍，宦官自此开始干政。

元兴元年（105 年），二十七岁的和帝驾崩，邓皇后立出生刚满百日的殇帝。次年殇帝夭逝，年仅十三岁的安帝继位，皇权由邓太后及其兄长邓骘一族执掌。建光元年（121 年），邓太后死去，安帝的奶妈王圣和宦官李闰、江京等人，发动政变，尽灭邓氏一族。延光四年（125 年），安

---

① 冉建立：《曹操雄才伟略的 16 字箴言》，中国三峡出版社 2011 年版，第 3 页。

帝去世，闫皇后和她的哥哥闫显立北乡侯继位，大杀宦官。数月后北乡侯病死，以孙程为首的宦官立十一岁的顺帝继位，诛杀闫显一门，参与政变的十九名宦官个个封侯，宦官名正言顺地参与朝政。阳嘉四年（135 年），朝廷下诏，首次允许宦官的养子承袭封爵。这一规定，打开了宦官势力得以向地方渗透的管道，使得宦官势力进一步强大，强大到足以左右朝野政治、经济、军事等各个方面的地步，从而使皇帝和皇族的权力，大大"缩水"。

汉安三年（144 年），顺帝驾崩，年仅两岁的冲帝继位，梁太后及其兄长梁冀总览朝政，次年冲帝死后，八岁的质帝继位。因质帝说了一句"此跋扈将军也"的话，遭到梁冀的嫉恨，梁冀用毒药毒死质帝，改立十五岁的桓帝。这时皇帝不仅毫无话语权，连生命也朝不保夕。桓帝继位后，梁冀更是独霸朝政，梁氏一族全都在朝中位居高官。对于不满或者反对梁家的人，轻者治罪，重者秘密处死。一时间向梁冀买官或者赎罪的络绎不绝，梁冀家俨然成了买官赎罪的"大市场"。桓帝为了摆脱梁冀的控制和威胁，就联络宦官，伺机除掉梁冀。延熹二年（159 年）七月，梁太后驾崩，八月单超等宦官在桓帝的支持下，成功发动政变，梁冀被逼自杀，梁氏一族及其党羽全部被杀或者黜免。外戚被一扫而空，宦官却又"因功"得势，此后三十年就是宦官操纵朝廷的天下了。

永康元年（167 年），桓帝驾崩，十二岁的灵帝继位，窦太后（东汉第二位窦太后）之父窦武任大将军。窦武试图与太傅陈蕃密谋除掉宦官，不料消息走漏，反被宦官所杀，此后再也无人敢和宦官叫板。中平六年（189 年），灵帝驾崩，十四岁的少帝继位。何太后和其兄何进成了事实上的最高统治者，何进企图招董卓进京，扫除宦官势力，结果不慎泄密，反被宦官杀死。袁绍以为何进报仇为名，一举将两千多名宦官全部杀死，宦官势力至此才算结束。董卓进京后废了少帝，杀了何太后，立刘协为帝，是为汉献帝。这时的皇帝已经完全变成了一个符号，成了权臣们的手上玩物。

二、封建统治集团诸势力之间的残酷斗争

宦官和外戚交互专权，竞相贪暴，不仅给人民群众带来了巨大的灾难，而且由于外戚和宦官推行的都是任人唯亲的用人路线，从而阻断了官僚士大夫的进迁之路，引起了以知识分子为主体的士大夫集团的强烈不满。再加上以外戚和宦官为代表的豪强地主集团，和以士大夫为代表的庶族地主集团在经济利益上的严重矛盾，使得他们纷纷起而反抗，最终酿成"党锢之祸"。

按照当时的规定，士大夫阶层能出仕的，是那些人品和学问在当地受到好评的人。各地长官在这种"乡论"的基础上进行推荐。被推荐的人分为"孝廉""贤良""方正""茂才"四个等级，也称科目。这些人一般都具有较好的、符合儒家要求的品德，这是出仕的首要条件。获得不同科目的被举荐人出任不同的职务，其中孝廉最高，一般任"郎"。由于地方官员对此有绝对的话语权，而当时的地方官员又大多是外戚和宦官的党羽，因此推荐时只讲关系人情，不讲学问德行，以致出现了"举秀才，不知书；察孝廉，别父居"①的情况。仕途的无望和官场的黑暗，促使士大夫们团结起来，形成一股巨大的与外戚，特别是宦官的抗争力量。他们把这股政治势力叫作"清流"，把那些外戚和宦官叫作"浊流"。这些人以议论朝政，褒贬人物为己任，叫作"清议"，并逐渐形成风气。这种风气不仅影响着已经做官的士族和知识分子，而且还激励着那些归隐的知识分子，关心政局和社会。不仅如此，"清议"还波及朝廷内部的一些士大夫出身的高官，他们以李膺、陈蕃、王畅为代表，主要斗争对象是宦官。其中李膺名气最大，被士大夫尊为"天下模楷"，李膺任司隶校尉时，不顾皇帝的说情，依法处死了大宦官张让的弟弟张朔。"清议"派官员不仅对宦官构成了威胁，而且还使皇权受到了挑战。延熹九年（166年），宦官唆使经常出入于宫廷的巫师向桓帝上书，说李膺等人，煽动学生，结交徒党，诽讪朝廷，疑乱风俗。桓帝震怒，下令逮捕了李膺等二百多人，这是第一次"党锢之

---

① ［日］川合康三：《曹操》转引自《抱朴子·审举篇》，周东平译，三秦出版社1989年版，第10页。

祸"。被称为党人的入狱者，在狱中待了半年，被判处终生不得出仕后，恩赦出狱归田。永康元年（167年）十二月，桓帝驾崩，灵帝继位，窦太后临朝，窦太后之父窦武出任大将军。此前由于"清议"派领袖，太尉陈蕃在立窦氏为后的问题上支持过窦家，出于自身利益，外戚窦武和"清议"派官员联合说服桓帝解除党锢。桓帝死后，窦武和陈蕃等人形成联合阵线，共同参与朝政，对付宦官。他们首先重新启用了原来被革职入狱的以李膺、杜密为首的一批官员，然后共同谋划彻底扫除宦官。由于窦太后对宦官存有幻想，举棋不定，反倒被宦官抢了先，窦武、陈蕃被杀。第二年，即建宁二年（169年），宦官决心大规模肃清党人，是为第二次"党锢之祸"。他们鉴于第一次党锢过宽的教训，第二次党锢被杀者一百多人，天下名士及优秀儒者，均被当作党人而被捕入狱，前后达七百人之多。第二次党锢之祸一直延续到中平元年（184年）。这一年爆发了"黄巾起义"，朝廷因惧怕党人与黄巾军联手结盟，决定解除党锢，大赦党人。

两次党锢之祸，虽然清议派士大夫官员被宦官从朝中清理了出去，但并不能把他们完全消灭。党锢解除后，这些人又作为新生力量重新登上历史的舞台。这些清流人士，在后来的朝廷和各个割据政权中，都扮演了重要的角色。

三、黄巾起义

豪强地主集团（简称豪族）是东汉政权建立的基础，在国家政治经济生活中，占有绝对的优势。外戚和宦官都是大豪族，他们在朝中架空皇帝，大权独揽；地方豪族则无节制地兼并土地，聚集财富，致使大批农民失去土地，流离失所，再加上自然灾害不断，广大农民到了无法生存的地步。豪族们肆意兼并土地的行为，也侵犯了中小地主和庶族大地主的利益，他们中的一些人和农民一道，汇聚成一股强大的反对豪族政权的力量，并最终引发了"黄巾起义"。

汉安帝永初年间（107—114年），毕豪、张伯路等人首先揭开了反对东汉统治的序幕。到汉灵帝光和七年（即中平元年，公元184年），爆发全国性黄巾大起义的七十年间，有记载的局部农民起义就有四十多起，可以说整个东汉王朝后半期，农民起义就没有中断过。

汉灵帝熹平年间（172—178年），钜鹿（今河北省平乡县）人张角创立太平教，奉《太平清领书》（即《太平经》）为经典。《太平清领书》相传是由于吉发现的，其内容是以阴阳五行说为基础的神秘的学说。据《三国志》注引《江表传》记载，于吉曾在吴会地区利用符水施行咒语疗法，给人治病，并拥有大批信徒。有一次孙策正和诸将、宾客集会，于吉偶然从会场外通过，会场上竟有三分之二的人置会议于不顾，迅速跑出来，拜谒于吉。孙策于是以"惑众"和疗法之罪，把于吉处死。由此可见，早在张角之前，于吉就已经推广类似的信仰和疗法。而且不难看出其信徒不仅有农民，也有像聚集在孙策幕下的军人和知识分子。张角的太平教正是汇聚了这样一些力量的民间组织，和于吉一样，不仅拥有社会的最下层阶级，也有统治阶级中的皈依者。据《后汉书·张让传》记载，左右朝廷的大宦官张让等人，也多有与张角交通的。

对于这个可怕的民间组织，朝廷内部早就有人意识到了其危险性。属于清议派的杨赐，就曾经上书，主张为了抑制逐渐蔓延的太平道，首先要让"流民"回归本土，以弱其党，然后再诛其渠帅，这样彻底清除太平道就不困难了。杨赐还认为，太平道的主力是失去土地的"流民"，如果放任自流，对朝廷的威胁会越来越大。可是因为杨赐的意见和主张是在事态的早期提出的，当时大多数执政者还没有认识到问题的严重性和危险性，所以没有被朝廷理解和采纳。等到执政者发现事态严重的时候，已经是天下大乱，无法挽回了。

黄巾起义爆发的前一年，刘陶、乐松、袁贡还联名上书灵帝，请求逮捕张角。但是灵帝根本没把张角及其太平道当回事，对刘陶等人的上书置之不理。后来张钧又上书，指出太平道的出现，其根源在于"十常侍"（以张让为首）让自己的人独占地方官位，横征暴敛，侵扰百姓，所以民众积怨，相聚为盗，因此宜斩十常侍，悬首南郊，以谢百姓。结果张钧反倒被指控交通黄巾军，遂死于狱中①。诸如此类的警告或上书，由于宦官的掩盖和灵帝的无能，没有引起朝野官僚和皇帝的重视。这是黄巾军能够顺利组织起义的一个主要原因。

太平的含义是"极大公平"，这种思想反映了当时广大农民反对剥削，要求贫富均等的愿望，具有极强的吸引力。张角自称"大贤良师"，与其弟张宝、张梁在河北一带以画符诵咒为人治病、传道，秘密组织群众。十余年间信徒达数十万，遍及青、徐、幽、冀、荆、扬、兖、豫八州。信徒分为三十六方（部），大方万余人，小方六七千人，各设渠帅。他们广泛传播"苍天已死，黄天当立，岁在甲子，天下大吉"的预言。他们解释这四句口号的意思是东汉王朝的气数已尽，我们的新世界即将来临，来临的时间是甲子年（即中平元年，光和七年，184 年），如果在甲子年起义，天下将会太平，百姓会有好日子过，这是上天的旨意。于是决定于当年三月五日各地同时起义。按照当时流行的五行学说，汉朝属"火德"，汉之后的新政权属"土德"，"土德"的颜色为黄色，所以他们把黄色的头巾，作为自己的标志，"黄巾起义"之名（也称"黄巾之乱"）由此而来。不久在京城洛阳和各地官府的门上纷纷出现用白土写的"甲子"二字。起义前由于张角的弟子唐周告密，潜入洛阳准备兵变的"大方"首领马元义被捕，车裂于洛阳，在京师的几千名信徒被杀，并发出逮捕张角的文书。不得已张角决定各地同时提前一个月行动。张角称天公将军，张宝称地公将军，张梁称人公将军。尽管起义提前，准备不够充分，还是有七州二十八个郡同时发动了起义。他们焚烧官府，捕杀官吏，攻打豪强坞壁，没收地主财物。旬日之间，天下响应，京师震动。

黄巾军的主力分散在冀州、颖川、南阳一带。最初数月，黄巾军频频获胜：在冀州张角指挥的黄巾军，击败了卢植的部队；在颖川波才率部打败了朱儁的部队；在南阳张慢成率部打下了宛城，杀死南阳太守褚贡。颖川紧邻洛阳，军官唯恐起义军攻入京师，决定在此屯集重兵，结果总帅皇甫嵩被围在长社（今河南省长葛东），幸亏朱儁、曹操的救援部队及时赶到，

---

① ［日］川合康三：《曹操》，周东平译，三秦出版社 1989 年版，第 16—17 页。

才救出皇甫嵩，击溃黄巾军，斩首数万。但是，由于黄巾军缺乏作战经验，颍川黄巾军被朝廷优势兵力打败后，八月张角病死，黄巾军形势急转直下：十月，张梁在广宗（今河北省威县东），被皇甫嵩击败而死，十一月，张宝在下曲阳也被皇甫嵩击败而死。冀州一战，黄巾军三万多人被斩首，五万多人被逼投河自尽。与此同时南阳黄巾军也遭重创，首领们相继被杀。黄巾军已呈崩溃之势。

黄巾军主力被击败后，其残部及响应黄巾军的剩余势力，并没有根除。如并州的白波军、冀州的黑山军、益州和青州的黄巾军等仍然存在。直到二十多年后这些残存于各地的起义军，才被各地群雄势力所吸收，起义之火才最终被熄灭。

几乎与太平道在东部八州活动的同时，在四川和陕西南部一带，出现了与太平道相似的民间宗教组织——五斗米道，因为入教者须交五斗米（约合十升），故称其为"五斗米道"，也称"五斗米师""五斗米教""鬼道"。由汉初谯（今安徽省亳州市谯城区）人张良八世孙张道陵于顺帝（125—144年）时，在四川鹤鸣山（一作鹄鸣山，今四川省大邑县境内）创建。该教奉老子为教祖，以《道德经》为主要经典，同时也信奉《太平经》《正一经》等。初入道者称为"鬼卒"，骨干称为"祭酒"，以"治"为传教单位，到汉安二年（143年），已发展到二十四治。张道陵死后，其子张衡继任教主；张衡死后，张衡的儿子张鲁继任教主。初平二年（191年），张鲁被益州牧刘焉任命为督义司马，攻据汉中，自号"师君"，在汉中建立政教合一的地方政权，以教中祭酒管理地方政务。设立义舍，置义米义肉，供路上行人食用。在春夏禁杀生，禁止酿酒。犯法者原宥三次，然后用刑，有小过者则罚其修治道路百步。如有病人前来就医，就让其幽闭于"静室"自首罪过。张鲁的政权组织以自我反省和相互帮助为基础，割据前后达二十五年之久。

由于黄巾军没有经过军事训练，缺乏实战经验；朝廷又动员了它所有的兵力镇压黄巾军；再加上各地结寨自保的地主武装也参加到镇压黄巾军的行列中来，黄巾起义失败了。但是黄巾军九个多月的战斗，从根本上动摇了东汉王朝的统治，地方群雄趁朝廷要他们去镇压起义军的机会，控制了各地的军政大权。中平五年（188年）又改各州刺史为州牧，进一步扩大地方官员的权限，表明中央权力的削弱和地方独立势力的加强。东汉王朝至此名存实亡，政治舞台也随之转变为群雄之争了。

四、军阀割据和军阀混战

外戚和宦官的斗争必然会引起朝野各种势力间的争斗。首先由于外戚和宦官的争斗，使得皇权旁落，朝廷对地方官员失去有效制约，再加上军政一体化的政治制度，使得地方官员军政大权独揽，极易形成割据的政治局面。其次，出于政治斗争的需要，外戚和宦官都想通过各种途径，结交拉拢地方官员，以壮大自己的势力；地方官员一方面由于有了朝中权贵的保护，更加肆无忌惮，肆意妄行；另一方面又极力发展壮大自己的势力，以提高自己与朝中权贵们交易的筹码。州郡一级地方官员，名义上受中央政府统辖，实际上是各自为政，甚至可以自己任命自己的职务，或者先任职，再逼迫朝廷承认，这在客观上起到了鼓励地方官员争夺地盘，扩充实力的作用。而镇压黄巾起义则是最终直接引起军阀割据和军阀混战的导火索：由于朝廷动用了所有的兵力参与镇压黄巾军，所以所有地方武装和主官都参与了镇压行动。在镇压黄巾起义的过程中，用兵者和州郡官员、地方豪强，甚至一些野心家纷纷趁机招兵买马，名正言顺地发展自己的势力，很快形成各个独霸一方的军政集团，客观上为军阀混战创造了条件。

数十年间，群雄割据，你争我夺，使得大大小小的军阀成了各地事实上的"皇帝"。军阀混战，受苦受难最多的无疑是老百姓，因此，老百姓渴望社会和政局能够安定统一。一些有远见有抱负的割据军阀，在争夺地盘的同时，能适当地照顾到老百姓的需求和意愿，因此，相对能得到老百姓的支持和拥护，进而又进一步扩充了自己的实力，在军阀混战中脱颖而出，成为一方之主。而那些平庸之辈和逆流者，对广大民众横征暴敛，疯狂剥削、欺压残害百姓，最终受到了历史的惩罚，他们纷纷由强变弱，由大变小，最终或被吞并，或被消灭。

第二节　曹操的政治思想

曹操的政治思想是曹操思想的核心，而且从曹操的文章中可以看出，曹操的政治思想大量地借鉴吸收了汉以前政治家、思想家的成果。曹操的政治思想，除在他的诗文中有所体现外，更多的是体现在他的政治实践中。由于政治和经济是融为一体的，因此，本节所讲的政治思想也涉及曹操的一些经济思想。

一、曹操的政治理想

政治是社会现实的直接反映，是经济的综合体现。经济基础决定上层建筑，有什么样的社会现实，就有什么样的政治。曹操生活在东汉末年，这是一个社会剧烈动荡的年代：各种矛盾互相交织，最高统治者极度衰败，各种政治势力纷纷抢占地盘，实行政治割据，从而导致天下大乱，民不聊生；失去生存希望的农民纷纷揭竿而起。这就决定了当时的政治任务是：化解矛盾，结束动乱，消除割据，重建社会秩序，提升中央权威，改善人民生活，实现国家统一。曹操正是适应时代呼唤，以时代的需要来确立自己的政治目标和政治理想的。曹操的政治理想可以概括为：结束动乱，实现统一，发展经济，改善民生。曹操的一切行动和实践，都是围绕着这一理想的实现而展开的。

学者们一般认为，曹操晚年写的《让县自明本志令》是曹操政治理想和一生实践的总结。在这篇文章里，曹操说他一开始走上仕途时，只想当一个有所作为的太守。举义兵反董卓时由于志向有限，不敢、也不想多招兵马。曹操的这个说法具有很大的真实性，但也不完全是他的真实想法。在曹操还没有正式踏上仕途之前，其父曹嵩让他去睢阳县名士桥玄家送信。桥玄是何等人物，不仅学富五车，而且还一身正气：年轻时碰上陈国相羊昌贪赃枉法，桥玄自荐做了陈国的从事，专门揭露羊昌的罪恶；升为汉阳太守后，上邽县令皇甫祯鱼肉百姓，桥玄对其严惩不贷，一境震惊；桓帝末年，四府共举桥玄为度辽将军，一举击破胡虏，在职三年，边境安宁；灵帝初年任河南尹，后任司空，转任司徒，当过尚书令，还做过太尉。后来当他得知太中大夫盖升做南阳太守贪钱数亿时，立即奏明皇上，力谏罢免盖升的官爵，对其实施禁锢，没收受贿财物。皇上因为盖升对自己有恩，没有采纳桥玄的谏言，桥玄遂以有病为由，辞官回家。也正是因此，桥玄名满天下，受到知识分子和士大夫的追捧。就是这样一个名满天下，世人敬仰的桥玄，经过与曹操的一番谈论后，被曹操的知识，抱负所折服，得出结论："当今天下将乱，安生民者其在君乎！"①关于这次谈话的内容，正史没有详细记载，但有一点可以肯定，那就是曹操谈了自己的政治理想：安天下，保民生。否则桥玄不会得出曹操是担当安天下、安生民重任的人物的结论。而且还打算自己死后，将家人托付给曹操照顾。除了桥玄外，当时的名士何颙在与曹操交谈后，也得出结论："汉家将亡，安定天下者必此人也。"②由此可见，曹操在年轻时就已经有了统一天下，安定民生的政治理想了。

中平五年（188年）二月，黄巾军郭大等起义于西河白波谷（在山西），进攻太原、河东（在山西）等地。六月，益州黄巾军马相、赵祇起义，冀州刺史王芬等谋划趁灵帝北巡时，实行兵变，废除灵帝，诛杀宦官，立合肥侯为帝。王芬欲与曹操共同举事，遭到曹操的严词拒绝。朝廷为了保障京城的安全，迅速消灭黄巾军，加强对地方势力的掌控，八月置西园八校尉，曹操被任命为典军校尉。这时的曹操"欲为国家讨贼立功"③。第二年董卓乱政，欲与曹操合作，任命曹操为骁骑校尉。曹操不仅不与董卓合作，不接受任命，还更名逃出京城，"兴举义兵"。初平元年（190年）三月，董卓劫持汉献帝至长安，袁绍与韩馥谋立幽州牧刘虞为帝，请曹操与之合作，同样也遭到曹操的拒绝。曹操立志"但计投死为国，以义灭身，足垂于后"④，

---

① 《后汉书·桥玄传》，中华书局1965年版，第1697页。
② 《后汉书·何颙传》，中华书局1965年版，第2218页。
③ 《曹操集译注》，中华书局1979年版，第133页。
④ 《曹操集译注》，中华书局1979年版，第134页。

拒绝参与颠覆政权活动，立志投身报国，以义灭身。表明曹操的政治理想最终得以确立。

曹操的政治理想，在曹操的诗文中也有所体现。《度关山》是曹操早期的作品，曹操把自己的政治理想用诗歌的形式做了清晰的表达："天地间，人为贵。立君牧民，为之轨则。车辙马迹，经纬四极。黜陟幽明，黎庶繁息。於铄贤圣，总统邦域。"这首诗开宗明义：天地间，人为贵。这里"人"主要是指"民"，这是儒家"民贵君轻"思想的翻版。紧接着曹操提出了自己的政治理想："国家统一，君主贤明；执法公正，民人不争；百姓安乐，五谷丰登。"①诗中还表达了他恢复已被破坏的封建秩序的愿望。针对当时"白骨露于野，千里无鸡鸣。生民百遗一，念之断人肠"②的客观现实，曹操在《对酒》这首诗中，描绘出了自己理想的社会状态："对酒歌，太平时，吏不呼门。王者贤且明，宰相股肱皆忠良。咸礼让，民无所争讼。三年耕有九年储，仓谷满盈。班白不负戴。雨泽如此，百谷用成。却走马，以粪其土田。爵公侯伯子男，咸爱其民，以黜陟幽明。子养有若父与兄。犯礼法，轻重随其刑。路无拾遗之私。囹圄空虚，冬节不断。人耄耋，皆得以寿终。恩德广及草木昆虫。"③在这样的社会里，官员不骚扰百姓，让老百姓能过上太平安稳的日子；君王贤明，大臣忠良，朝中没有奸佞小人，如那些贪婪的外戚和宦官；在这样的社会里，人人讲礼让，民间甚至没有争讼和犯罪，像周朝初年那样（曹操常以周公为榜样，认为周公时期的政治和社会是最理想的）。《礼记·王制》上说：国无九年之储曰不足，理想社会应该是通过多年耕种，国家储备够九年以上用的粮食，老百姓也都粮食满仓，吃穿不愁，生活富足，老年人能安度晚年，不需要再从事生产劳作；年年风调雨顺，粮食因此年年丰收。《老子》说：天下有道，却走马以粪，由于天下太平，没有战争，好马都离开战场，回到农民那里，用来送粪和耕地；诸侯和官吏像父兄养育子弟那样爱护百姓，优秀的官员能得到提拔重用，

---

① 《曹操集译注》，中华书局 1979 年版，第 9 页。

② 《曹操集译注》，中华书局 1979 年版，第 14 页。

③ 《曹操集译注》，中华书局 1979 年版，第 15 页。

有劣迹和不称职的官员能够及时清除；对待犯罪之人，能够依法判刑处理（而不因关系远近重罪轻判，或者轻罪重判）；人人都能终老，八九十岁的老人也能福寿常在；皇上的恩德不仅能沐浴人民，就连草木昆虫也能得到。

曹操的这些政治理想，虽然有点太过理想化，但曹操却以此为奋斗的目标。他的一切政治活动和政治措施，都是为了实现这个政治理想。

二、曹操实现政治理想的途径

（一）以军谋政，以政济军

曹操说："然欲孤便尔委捐所典兵众，以还执事，归就武平侯国，是不可也。何者？诚恐已离兵为人所祸也。既为子孙计，又已败则国家倾危，是以不得慕虚名而处实祸，此所不得为也①。"这里曹操明确地指出，军队是保证国家安定、政治稳定的基础，没有军队作保证，就没有政权，就没有国家。曹操在那个年代能认识到军队和政治之间的关系，并且很好地运用这种关系，说明曹操确实是一位了不起的大政治家。这是他能够以弱胜强，最后完成统一北中国大业的关键。

曹操"以军谋政，以政济军"的思想，是他在从事政治和军事工作的实践中逐步形成的。公元174年，他被举孝廉，随即授官洛阳北部尉。初入仕途的曹操，兵少职卑，稍有作为，就被赶出京城；在地方官任上，曹操虽然雷厉风行一番：奏免污吏，禁断淫祀，但终因官阶有限，手无兵权，很快就感到势单力薄，无奈只有辞官回家。后来被征为典军校尉，有了部分兵权，但仍旧仰宦官蹇硕的鼻息，既不是政要，又没有独立的兵权，眼看着朝廷大乱，只能旁观，而不能挽狂澜于既倒。十五年的为官历程，使曹操逐步认识到：欲谋大事，必有军权。为平董卓之乱，曹操开始举义兵，但由于曹操思想认识上的问题，本可以多招募一些军队的，但只招募了三千人，由于这支军队没有得到朝廷的承认，所以只好依附于陈留太守张邈名下，否则就没有参与讨伐董卓的资格。在以袁绍为盟主的讨董（卓）联军里，曹操虽然被袁绍临时给个"奋武将军"的头衔，但曹操仍然没有

①《曹操集译注》，中华书局1979年版，第138页。

话语权，他在此期间提出的建议方案，没人理睬，而且联军的各方头目虽然嘴上说要讨伐董卓，但没有一人肯积极行动，他们追求的仍然是一己之利，所以他们除了每天吃喝玩乐，什么也不干。无奈之下的曹操，只好带上自己为数不多的队伍，单枪匹马与董卓对阵，虽然因为寡不敌众，最后失败了，但这件事让曹操进一步看清了这些军阀的嘴脸，也使曹操明白了一个道理，那就是：没有自己的武装力量，没有朝廷任命的官职，没有合法的地盘，要实现自己的政治理想和抱负，是不可能的。于是建立一支真正听从自己指挥的强大军队，谋取一个合法的政治身份，拥有一块自己能够掌控且合法的地盘，就成了曹操能否实现自己政治理想的关键。

初平二年（191年），曹操因大破黑山军十万之众，被袁绍表荐为东郡太守。至此，曹操才有了一块自己的根据地，成了统掌一方军政大权的要员。曹操紧紧抓住这个机遇，"开始自觉地脚踏实地铺设并切实走上了以军谋政，以政济军，由渐及著，最终登峰造极，谋得最高权力的征程"[1]。

初平三年（192年）春，黑山军于毒率兵攻东武阳（今山东省莘县南）被曹操打败，接着又马不停蹄击败黑山军眭固部及匈奴于扶罗部。这时青州黄巾军攻下兖州，兖州刺史刘岱战死，曹操部将陈宫、济北相鲍信及兖州官员万潜等迎曹操为兖州牧。曹操于是率兵进击黄巾军，并一改原来对黄巾军赶尽杀绝的做法，实行打击与招降并用的策略，很快三十万之众黄巾军被逼投降，曹操对黄巾军进行改编，号"青州兵"，成为实现自己政治抱负的主要力量。

（二）重建适应时代需要的政治体制

曹操因镇压黄巾军有功，被朝廷正式任命为兖州牧，镇东将军，军政相互为用，实力大增，曹操本人御军和理政能力再一次征服了朝廷。在董承的提议下，朝廷下诏，命曹操率兵进驻洛阳，辅佐朝廷，收拾残局。建安元年（196年）八月，曹操到达洛阳后，就自领司隶校尉，录尚书事，成功实现了他以军谋政的政治目标。

司隶校尉是一个掌管对朝中百官及对京师近郡官员，进行纠察的官员，

---

① 沙金：《曹操传》，内蒙古人民出版社2004年版，第161页。

除"三公"之外，都在其纠察范围之内，其实"三公"也在其纠察范围内，只是名义上不受司隶校尉纠察而已。尚书原来是少府的属官，官阶不高。但因其是皇帝身边的官员，所以权力逐渐增大，地位也随之增高，成为"总典纲纪，无所不统"^①的职位，成了实际上的丞相。因此，不论是三公九卿，要想掌握实际权力，必须加"领尚书事""平尚书事""视尚书事"或者"录尚书事"的头衔。有了这样的头衔，就可以以皇帝的最高代理人的身份，主持尚书台的一切政事。所以曹操自领司隶校尉、录尚书事，实际上就掌握了朝廷及附近州郡的军政大权。九月，曹操为了彻底摆脱旧体制的羁绊，他迎汉献帝都许后，将大将军的空头衔让给袁绍，自己任司空，行车骑将军。司空为"三公"之一，虽然没有多少权力，但地位显赫，是名义上的丞相。录尚书事加上司空之位，就掌握了朝中的一切行政权力，更可以名正言顺地接近皇帝，统御朝野；而司隶校尉加车骑将军，则把全国的军事权力掌握手中。这样，一个军政权力高度集中的新的政治体制基本形成。

曹操利用汉献帝的政治优势，通过军政相济的战略实施，名势日渐强盛。他居高临下，击袁术，征吕布，战袁绍，伐乌桓，只用几年时间就基本实现了中国北方的统一，人民的生活也得到了初步的改善。曹操也因功勋卓著，令世人折服，这又为他进一步的政治体制改革奠定了基础。建安十三年（208年）六月，汉献帝发布命令，废除"三公"，设置丞相、御史大夫，任命曹操为丞相，成了最高行政、军事长官。曹操出任丞相后，立即对朝廷的官制做了大幅度的调整和改革：丞相府设中领军、武卫营，置征事，省西曹；创设副丞相等。至此一个权力高度集中，运转快速顺畅的政治体制正式建成。这一体制对于进一步扫平军阀割据，实现国家统一，无疑起到了关键性作用，也为以后魏国的建立和最终实现整个中国的统一奠定了政治基础。

（三）以皇帝的名义发号施令，扫平"结束动乱，实现统一"的法理障碍

曹操迎汉献帝都许后，经过一系列体制改革，实现了"挟天子以令诸侯"的政治目的。"挟天子以令诸侯"就是通过汉献帝以令诸侯，名义上

---

① 沙金：《曹操传》，内蒙古人民出版社2004年版，第162页。

政令仍然由皇帝出。曹操"挟天子以令诸侯"，使军权政权进一步互以为用，从而实现其政治理想，是曹操政治思想发展中的一个节点，也是曹操政治体制、领导体制得以顺利改革的基础。

"挟天子以令诸侯"，是特定历史条件下的必然产物，曹操之所以能够成为最后的赢家，就是因为他比他同时代的人政治敏锐性更强，心胸更开阔，视野更远大，所以他的这一政治行动比他人更早，更快。如果曹操不实施这一重大战略，那么他人也肯定会实施。当时认识到这一战略重要性，并想实施这一战略的也大有人在。所以可以肯定地说，"挟天子以令诸侯"是历史的必然。这里不存在个人野心，只有政治智慧；没有道德问题，只有理想和信念问题。曹操"挟天子以令诸侯"，其本质是中央领导者，借助皇帝和正统之名，合法地、名正言顺地对各路诸侯进行打击。通过以军谋政，扫平割据，结束动乱，实现国家的统一和人民生活的改善，进而巩固和提高封建王权。

三、曹操实现政治理想的主要措施

措施是实现政治理想的保证，政治措施是以政策的形式体现出来的。没有正确的政策和策略，任何政治理想、政治意图、政治目标只能是纸上谈兵，都是无法实现的。

（一）尊重知识，善用人才

曹操的政治理想是统一天下，改善民生，恢复封建社会秩序。而要实现这一理想，没有人才做支撑是绝对不行的。对此曹操自始至终都有清醒的认识："吾任天下之智力，以道御之，无所不可。"[①] 正是基于这种对人才作用的认识，曹操一生都在想方设法笼络人才，研究如何才能做到人尽其才。

1. "唯才是举"的用人路线

历史不止一次地证明，得民心者得天下，而得民心的关键和主要标志是能否得到天下英才的支持和拥护。所以天下之争，说到底是人才之争，

---

① 《三国志·魏书·武帝纪》，岳麓书社1990年版，第20页。

因为任何事情都是人干出来的。但是有了人才而不会用，其危害性可能比没有人才更可怕。曹操不仅重视人才的培养和选拔，更是一位知人善任的"艺术家"。

任何一个领导者，都希望拥有人才。但为了什么目的选人用人，则决定了选用什么样的人才，如何使用人才，以及使用人才的结果如何。当代历史学家冉建立这样评价曹操、孙权、刘备三人的用人区别："曹操以治理天下招揽人才，孙权以保卫家园团结人才，刘备以哥们情义驱使人才。"① 这个评价可谓一语中的。三个人的政治理想、用人目的确有天壤之别。

"唯才是举"的用人路线，是曹操在建安十五年（210年）提出的，他说："自古受命及中兴之君，曷尝不得贤人君子与之共治天下者乎……今天下尚未平定，此特求贤之急时也。……二三子其佐我明扬仄陋，唯才是举，吾得而用之。"②

"唯才是举"的才，就是用什么样的人，对此曹操有自己的标准。曹操认为"士有偏短"，人无完人，过去儒家的那套所谓的人才标准，已经严重地阻碍了选人用人的视野，因此必须推出适应时代需要的新的人才标准。这个标准就是"举贤勿拘品行"，这里"勿拘品行"不是不要品行，而是不拘泥于品行；一个人如果能德才兼备更好，但是如果确有统军治世之才，品行上有点问题也不要紧，可以用其之长，避其之短。因为当时急缺的是会干事，能干成事的实干家。所以曹操专门下达了《举贤勿拘品行令》，令说："今天下得无有至德之人放在民间，及果勇不顾，临敌力战；若文俗之吏，高才异质，或堪为将守；负侮辱之名，见笑之行，或不仁不孝，而有治国用兵之术。其各举所知，勿有所遗。③"曹操认为，现在民间仍有"至德之人"，以及有果敢勇猛，奋不顾身对敌作战的人；还有那些身为小吏，但才德很高，可以担任将军、郡守的人；乃至背着不光彩的名声，被人讥笑为不仁不孝，但有治国用兵之术的人，没有被发现重用。要求地方各级

---

① 冉建立：《曹操雄才伟略的16字箴言》，中国三峡出版社2011年版，第106页。
②《曹操集译注》，中华书局1979年版，第130页。
③《曹操集译注》，中华书局1979年版，第170页。

官员要对上述各类人才，凡是知道的就都推举出来，不要有任何遗漏。可见曹操的用人标准，既不是不要"德"，只讲"才"；也不是像过去那样先讲"德"，后讲"才"，而是以才为先，在使用中完善其德行。也正是因此，曹操在给他的儿子们选拔老师时，提出了要选拔像邢颙那样，即"德行堂堂"，又"深明法理"的人，做"侯家吏"。[①]

2. "用贤任能"的用人艺术

曹操对理想的追求和对人才的尊重重用，吸引了一大批有用之才。但是如何使用这些人才，则是对曹操的严峻考验。曹操以他特有的政治家的智慧，在人才的使用上，可以说做到了完美。

早在建安元年（196 年）曹操迎汉献帝都许后不久，就给献帝提出十四条改革政治的建议，表明了"富国强兵，用贤任能"[②]的政治主张。

礼贤下士是一般政治家对待人才的态度。曹操对待人才不单单是"礼贤下士"，更是坦诚相待，甚至有些时候是不拘小节，使你感觉到他坦诚的可爱。初平二年（191 年），荀彧离开袁绍，投奔曹操，曹操见到荀彧就情不自禁地说"吾之子房也"，马上安排荀彧进入核心决策层，而且每遇大事必先听取荀彧的意见，而后再决断。官渡之战进行中，许攸离开袁绍投奔曹操，曹操听说后，喜出望外，来不及穿上鞋子，就跑出室外迎接，而且很快就推心置腹地把军事秘密告诉了许攸。曹操认为，得到一个人才比得到一州之地还重要。建安十三年（208 年）进军荆州，荆州牧刘表病死后，刘表的谋士蒯越劝刘表的儿子刘琮投降曹操，曹操给荀彧写信说："不喜得荆州，喜得蒯异度耳。"[③]

结交新朋友，不忘老朋友是曹操用人的一大特点。除了重用一大批他举义兵时追随他的老人如曹氏族人、夏侯氏族人以及卫兹、鲍信等以外，还有后来跟随他的程昱、毛玠、满宠等，都安排到重要岗位。

有功必奖，有过必罚也是曹操用人的艺术特征之一。由曹操亲自起草，

---

① 《曹操集译注》，中华书局 1979 年版，第 162 页。

② 《曹操集译注》，中华书局 1979 年版，第 63 页。

③ 夏传才：《曹操集校注》，河北教育出版社 2013 年版，第 118 页。

第二章　曹操思想研究

报经献帝批准，以皇家专文的形式表彰、请功、晋级、加爵、加封其子弟后人等现在可查的就有二十多起，经曹操单独表彰奖励的更多。可以说操操做到了"有功必奖"。为了使奖励惩罚制度化，曹操先后下发了《败军抵罪令》《论吏士行能令》《明罚令》《封功臣令》等一系列规章性公文，对奖罚进行制度安排，明确提出"明君不官无功之臣，不赏不战之士"的奖罚原则。曹操在执行这些制度时，自己也不例外，带头执行，这是最难能可贵的，也是曹操个人魅力之所在，更是他事业成功的主要因素。

用人重谋，戒在面从，是曹操用人的又一大特点。有才之人，总希望能遇到明主，以施展自己的才能，因此"怀才不遇"是知识分子的一大悲剧。曹操之所以能吸引招揽大批人才，一个主要原因是在曹操这里可以施展才华。曹操是一位重实际、轻形式的政治家，因此他作风比较开明，善于倾听不同意见，而且只要认为是有道理的意见，就会马上付诸实施，甚至可以公开否定自己的主张。迎献帝都许、实行屯田、先东征再北伐等关键战略的提出，都不是曹操本人，但由于曹操善于听取别人的意见，所以都得以及时地实施。这一点也是他同时代的任何一位政治家所无法比拟的。曹操的开明之处，还表现在他总不推卸责任，每一次失误，他都主动承揽责任，从没有因为献言不当而处理过任何人。曹操在他的事业如日中天之时，仍然保持着清醒的头脑，不忘广开言路。发动部下向他提意见，并要求革除当面顺从的恶习。他说："夫治世御众，建立辅弼，戒在面从，《诗》称'听用我谋，庶无大悔'，斯实君臣恳恳之求也。吾充重任，每惧失中，频年以来，不闻嘉谋，岂吾开延不勤之咎也？自今以后，诸掾属治中、别驾，常以月旦各言其失，吾将览焉。"[1] 为了鼓励部下讲实话、讲真话，曹操还安排专人设计制作专用的纸张和封套，在朝会时发给大家，以确保献言者能够畅所欲言。

曹操用人还有一个突出的特点，就是对于归从人才，哪怕是自己曾经的仇人，也能做到大胆使用，毫不怀疑或者设防。王修、邴原、张辽、文聘等一大批奋战在重要岗位上的文臣武将都是从敌对势力的阵营中归降曹

---

①《曹操集译注》，中华书局1979年版，第98页。

操的，都无一例外地得到了重用。至于有些人因种种原因，最后离开了曹操（如关羽），但仍对曹操的知遇之恩念念不忘。还有一些人如张绣、陈琳等虽然与曹操有私仇，但为了国家百姓计，曹操还是放下私怨，给以重用。甚至对于黄巾军中的一些有用之才，也不放弃。三十万青州兵，一百万青州兵家人，能够死心塌地地为曹操所用，这在中国历史上是不多见的。对于背叛自己的人，曹操在处理上，也有令人称道的地方。比如陈宫，原来是曹操集团的主要人物，后来投降了吕布，与朝廷对抗。曹操斩杀吕布后，按律当斩陈宫。曹操一方面不徇私情，处决了陈宫；同时又厚待陈宫的母亲妻儿，不仅悉心照顾，视为家人，为其老母养老送终，还为陈宫的女儿举办了隆重的婚礼，其嫁妆规格甚至超过了自己的女儿。这件事连司马光都认为实属难得，在其所著《资治通鉴》里，做了详细记载。①

从基层卒伍之间选拔使用人才，也是曹操用人的一大特点。汉末是一个重门第、重身份的社会。曹操一改这种不利于发现人才、使用人才的恶习，不管是别人推荐，还是自己发现，只要看准了就给以重用。乐进，本来是曹操的帐下吏，曹操派他回本郡募兵，乐进很好地完成了任务，随即被授予军假司马。后因功又一路高升，直至游击将军。于禁本为济北相鲍信的部从，曹操占领兖州时，鲍信战死，于禁率余众归降曹操，曹操马上拜于禁为军司马，后因功升至虎威将军，和张辽、张郃、乐进、徐晃并称为曹操的五大名将。典韦也是张邈部下的士卒，也是在曹操军中一步步升至曹操的贴身侍卫，拜都尉、校尉。

在文官和行政人员的使用上，曹操又有自己的一套独特的办法：这就是"征""召""拜""辟"并用。这样做既可以达到人尽其才的目标，又可以形成凝聚力和向心力。征，就是征聘；召，就是招募；拜，就是授官（也就是任命）；辟，就是征召已有官位的人出任新的职务（相当于今天的调动）。不同身份、不同地位、不同职业的人才，都可以被及时地发现，合理地使用，从而极大地调动了人才的积极性，使他们不仅因为受到了重用而尽责尽力，还会对发现者、举荐者、使用者感恩戴德，极易形成

---

① 司马光：《资治通鉴》，北京联合出版公司 2016 年版，第 720 页。

凝聚力和向心力。征、召、拜、辟有一个共同的特点，那就是不论通过哪一种方式获得的官职，都由朝廷或其他行政机构，以"敕令"或"公文"的形式履行合法的任职程序。这样就可以使不论通过哪种形式获得的官职，都同样具有法律效力，都会受到同样的待遇和尊重，从而使官员能够大胆地、名正言顺地行使职权。这对维护官员的合法利益，调动官员的积极性，非常重要。这也是曹操的管理团队特别有战斗力的一个主要原因。

3. "不用则杀之"？

有的学者认为曹操"用人思想的两面性特点是非常突出的，能用者，诚待而用；不为我用或不欲用者，虚以宽容，待机而黜或杀之"①。笔者认为这个说法有失公允。《司马法》说："人故杀人，杀之可也。"②问题的关键不是杀不杀人，而是杀什么样的人，为什么杀人。为了国家的大局和人民利益，对那些反历史潮流而动的，阻碍历史发展的，祸害老百姓的人，就该"杀"，这是由政治斗争的本质所决定。当然"杀"不一定就是剥夺生命，罢黜也是一种"杀"，而且有时候为了挽救更多的人，必须对罪大恶极的首犯实施"死刑"。

曹操一生确实杀过一些人，有时甚至会造成冤假错案。但是要说曹操对待不能够为其所用，或者不想用的人就杀掉，这话就不准确了：徐庶归降后，没有给曹操做任何事情，曹操不仅没把徐庶杀掉，而且还照样厚待徐庶。后来文帝时做了右中郎将，御史中丞。狂妄无比的祢衡对曹操来说，不仅没有用，而且还受到他的谩骂和羞辱，曹操也没有把他杀掉，而是介绍去了别处。可见曹操对于无用之人是可以容忍的。曹操所不能容忍的是那些开历史倒车，阻碍自己实现伟大政治理想的"浮华之徒"。

史家常以荀彧、孔融、崔琰之死，来论证曹操的"多疑"和"滥杀"。其实这三个案例是不能同日而语的。

荀彧是曹操的第一谋士，也是曹操最敬重的人。可以说自荀彧归曹操以后，曹操和荀彧就成了不可分割的整体：事无巨细，荀彧无不参与，荀

---

① 沙金：《曹操传》，内蒙古人民出版社 2004 年版，第 179—180 页。
② 夏传才：《曹操集校注》，河北教育出版社 2013 年版，第 203 页。

或的建议意见，曹操到了言听计从的地步，他们不仅是事业上的"黄金搭档"，而且还是实实在在的儿女亲家，"太祖以女妻或长子恽，后称安阳公主"。①收入《曹操文集》的曹操写给荀彧的公函信件多达七封，这是其他任何人都没有的；曹操先后两次给献帝上三份表，单独为荀彧请封，这在曹操的政治生涯中也是绝无仅有的。关于荀彧的死，《三国志·荀彧传》说："十七年（212年）董昭等谓太祖宜进爵国公，九锡备物，以彰殊勋，密以咨彧。彧以为太祖本兴义兵以匡朝宁国，秉忠贞之诚，守退让之实；君子爱人以德，不宜如此。太祖由是心不能平。会征孙权，表请彧劳军于谯，因辄留彧，以侍中光禄大夫持节，参丞相军事。太祖军至濡须，彧疾留寿春，以忧薨，时年五十，谥曰敬侯。"②这里有几点应当注意：一、"公"作为一级爵位，自古都有，对于为朝廷和国家做出突出贡献的大臣，封公爵是惯例，这不涉及"篡汉"问题，而荀彧一方面承认曹操兴义兵是为了"匡朝宁国"，一方面又以"君子爱人以德"为理由，认为曹操封魏公"不宜如此"。这中间有什么逻辑联系？实在看不出来，也就是说荀彧关于曹操不宜封魏公的理由是不成立的。既然理由不成立，那么荀彧又为什么要阻止曹操进爵呢？这里只有一个理由，那就是荀彧认为曹操要取代汉室了。曹操后来的行动证明荀彧多虑了，而荀彧阻止曹操进爵则暴露了此时的荀彧已经由曹操实现政治理想的支持者，变成了曹操改革旧制、实现统一、推动历史发展的阻力。二、关于荀彧的死因，这里讲是"以忧薨"，东晋人孙盛在《魏氏春秋》一书中，不知有何依据，讲荀彧因病留在寿春，"太祖馈彧食，发之乃空器也，于是饮药而卒"③，裴松之注引此文时，没有做任何旁证，此文的真实性可疑。《后汉书》不知什么原因，没有给曹操立传。大概是《三国志》将曹操列为"帝"，《后汉书》不能把曹操作为"帝"来写，而又不认为曹操的丞相之位是合法的，所以就不给曹操立传，只在其他人的传记里，介绍了一些曹操的言行。由此可见《后汉书》的客观公

---

① 《三国志》，岳麓书社1990年版，第256页。

② 《三国志》，岳麓书社1990年版，第257—258页。

③ 《三国志·荀彧传》裴松之注引孙盛《魏氏春秋》，岳麓书社1990年版，第258页。

正性值得怀疑。这一点从《后汉书·郑孔荀列传》中也可得到证实：按地位人品才能和贡献，郑太和孔融远不及荀彧，然而却把荀彧列在郑太和孔融之后，由此可见一斑。《后汉书》关于荀彧的死，照抄《魏氏春秋》，不取《三国志》，也没有任何旁证和佐证。司马光在写《资治通鉴》时，可能也感觉到了《魏氏春秋》和《后汉书》不可信，所以《资治通鉴》只说："操军向濡须，彧以疾留寿春，饮药而卒。"看来曹操给荀彧送空食盒一说，不足为信。那么"以忧薨"和"饮药而卒"，谁又更可信呢？按照考据学的原理，当然是"以忧薨"更可信。这样就有一个问题：荀彧"忧"从何来？据裴松之注引《献帝春秋》（作者没有定论，裴松之认为是晋袁暐，书已佚）记载：伏皇后曾写信给她的父亲伏完，说献帝有意让他伺机诛杀曹操。伏完将此信给荀彧看过（伏完能将此信给荀彧看，也说明荀彧与曹操的关系已经发生了变化），荀彧对此虽然很反感，但没有将此事告诉曹操。而伏完的妻弟樊普知道后，将伏皇后的信送给了曹操。后来曹操就此事问过荀彧为什么不说，荀彧虽对此进行了辩解，但曹操由此对荀彧的忠诚开始怀疑，再加上荀彧试图阻止曹操接受魏公的封号，所以虽然曹操不动声色，依旧重用荀彧，但荀彧不能不"忧"。三、关于荀彧随军东征孙权，是否是曹操蓄意要借机谋害荀彧。笔者认为，如果曹操要害荀彧，完全不需要绕这么大一个圈子，曹操让荀彧随军出征孙权是另有原因的：建安八年（203年），为了表彰荀彧的功勋，曹操上表献帝，请求给荀彧封爵万岁亭侯，表中列举了荀彧自归朝廷至消灭袁绍、收复河北、统一北方期间的一系列功勋。荀彧却认为自己没有立过战功，而他参与刚刚制定的奖惩制度明文规定"明君不官无功之臣，不赏不战之士"[1]。因此，荀彧把曹操的表奏给压下了。曹操知道后给荀彧写了一封信，指出："夫功未必皆野战也，愿君勿让"。荀彧这才受封。建安十二年（207年），曹操再次上表，请求献帝增封荀彧，荀彧又以同样的理由辞让。曹操又写了《与荀彧》（三），再次强调"夫功未必皆野战也，愿君勿让。"正是因为荀彧屡次说自己没有战功，才导致曹操上表请荀彧随军出征。建安十七年（212年），曹操决定东征孙权，

---

① 《曹操集译注》，中华书局1979年版，第87页。

上表请荀彧到曹操的老家谯（今安徽省亳州市谯城区，当时曹操参与东征的兵马集中在谯进行训练。）劳军。劳军结束后，根据战争需要，曹操又给皇帝上《留荀彧表》，请求荀彧继续留在军中。并说："使持节侍中守尚书令万岁亭侯彧，国之望臣，德洽华夏，既停军所次，便宜与臣俱进，宣誓国命，威怀丑虏。军礼尚速，不及先请，臣辄留彧，依以为重。"[1] 谁知当荀彧到达寿春时，就病倒了，曹操只好同意荀彧留在寿春治病，自己率大军继续东进，当曹军刚到达濡须（现在南京附近濡须口）时，荀彧就病逝了。

综上所述，可以肯定地说，曹操虽然后期对荀彧有点意见，但绝不至于逼其自杀。荀彧之死可能与他的思想病"忧"有关，但更主要的原因还是因病去世。

孔融确实是曹操下令杀害的。那么孔融到底该不该杀呢？下面我们就做一个简单分析。关于孔融，《三国志》没有给他立传，只是在介绍崔琰时，提到"初，太祖性忌，有所不堪者，鲁国孔融、南阳许攸，娄圭，皆以恃旧不虔见诛。而琰最为世所痛惜，至今冤之"[2]。这里讲到了孔融等人的死，是由于"恃旧不虔"，导致被杀。裴松之在注解此文时，引用了司马彪的《续汉书》、《九州春秋》、张璠的《汉记》以及《魏氏春秋》等书籍资料，《后汉书》有孔融的传记。根据以上资料，我们可以对孔融做一个大概的了解。《三字经》"融四岁，能让梨"的故事家喻户晓，说的就是这个孔融。孔融是孔子的二十世孙，少年时代就显示出其极高的聪明才智。十岁时随父进京，以孔子和老子的典故，受到不轻易见客的河南尹李膺的厚爱；十六岁时，山阳人张俭受到十大中常侍之一侯览的追捕，张俭到老朋友孔褒家躲难，当时孔褒不在家，其弟孔融做主收留了张俭。后来事发，孔褒、孔融被捕，孔褒、孔融和孔母争相领罪赴死，一时间传为美谈，最后孔褒被杀，由此使孔融对十常侍恨之入骨，这也是孔融后来老找曹操麻烦的主要原因。关于孔融的能力和人品，有几件事可以说明：一、孔融的第一个

---

① 《曹操集译注》，中华书局 1979 年版，第 146 页。
② 《三国志·崔琰传》，岳麓书社 1990 年版，第 302 页。

第二章 曹操思想研究

049

职位是司徒杨赐府里的办事员，河南尹何进任大将军后，杨赐派孔融前去何府奉谒致贺。由于何府的门子通报迟了些，孔融便夺回拜帖，丢在地上，扬长而去，以致何进和属官要派刺客杀了孔融。后来有人讲情，认为孔融有"重名"，不如礼遇与他，以便招揽贤才。于是何进拜孔融为侍御史，但很快又与中丞赵舍闹僵，只好"讬病归家"；后来辟司空掾，拜中军侯，在职三日又任虎贲中郎将。这时恰逢董卓乱政，孔融动辄拿古制匡正董卓，董卓遂降职孔融为议郎，又因黄巾军进攻北海，董卓将孔融赶到北海任相。

二、孔融在北海任职八年，"自以智能优赡，溢才命世……亦自许大志，且欲举军曜甲"。（《九州春秋》）但是由于他用的都是一些"好奇取异"，轻剽稽古之人，所以军政没有建树，怪事倒是做了几件：因曾经授业于郑玄，不仅执弟子礼，还在郑玄的老家高密县设郑公乡；郡人甄子然以孝闻名，早卒，孔融十分推崇此人，下令将甄子然的牌位放在"县社"里，享受一郡祭祀。但是由于孔融既无理政之才，又无统军之术，所以在与黄巾军和其他军阀的交战中屡战屡败，"连年倾覆，事无所济，遂不能保障四境，弃郡而去"，最后只能求助于刘备解围。就在孔融进退维谷之时，他的好友左丞祖劝孔融投奔曹操或者袁绍。孔融认为这是奇耻大辱，立即杀了左丞祖，他的其他心腹也纷纷弃他而去，最后孔融只得抛妻弃子，只身逃到山东。三、《汉纪》记载："融在郡八年，仅以身免。帝初都许，融以为宜略依旧制，定王畿，正司隶所部为千里之封，乃公卿上书言其义。是时天下草创，曹、袁之权未分，融所建明，不识时务。又天性气爽，颇推平生之意，狎侮太祖。"曹操为了节约粮食，保障军队和百姓的食需，下令禁酒。孔融因为嗜酒如命，追求"坐上客常满，樽中酒不空"的生活方式，所以不仅反对，说什么"尧不饮千钟，无以成其圣"，而且还讽喻曹操"桀纣以色亡国"，现在不如禁止婚姻（暗讽曹操好色）。这就不仅是不识时务的问题了，完全是牵强附会，无理取闹，以自己的爱好作为评判是非的标准。四、太尉杨彪与袁术是儿女亲家，袁术僭越称帝，按律当株连杨彪，于是逮捕了杨彪，拟定死罪。孔融自认为与杨彪一样，都是"累世清德"的贵族，于是当他听到这个消息后，来不及穿朝服，就跑去找曹操辩理说"杨公累世清德，四叶重光，《周书》'父子兄弟，罪不相及'，况以袁氏之罪乎？《易》称'积善余庆'，但欺人耳"，并以辞职相威胁。这里一点也看不出孔融对汉律和儒家经典的敬畏，看到的完全是以个人恩怨为核心的是非标准。五、孔融的老师马日磾到山东巡查，路过淮南时，有意结识袁术，袁术盛气凌人，不仅侮辱马日磾，还夺取了马日磾的巡查凭证"节"，马日磾要走，袁术不让，强迫马日磾任他的军师。马日磾非常后悔，忧愤吐血而死。朝廷知道后，拟嘉奖马日磾。孔融则上言说：马日磾曲媚奸臣，附下罔上，奸以事君。"袁术僭越，非一朝一夕，日磾随从，周旋历岁，汉律与罪人交关三日已上，皆应知情"[1]。这在过去就是死罪，现在圣上顾念旧臣，不再追究就已经是法外开恩了，怎能再嘉奖呢？这里一向以尊师重道著称的孔融，没有了一点尊师重道的影子，有的只是背后诬告他人的小人嘴脸。

曹操杀孔融的直接原因是孔融谩骂孙权的使者，损伤了朝廷的尊严和形象。而真实原因正如曹操所说：孔融浮艳，好作变异，眩其狂诈，目无人伦纲纪。不仅处事完全凭自己的好恶，而且处处反对革新，维护阻碍历史前进的旧制度，反历史潮流而动，最后必然以失败告终，所以曹操杀孔融完全是孔融罪有应得。

崔琰之死，也不是因为崔琰对于曹操无用了，就被曹操赐死的。崔琰和孔融一样，也是郑玄的学生，曾经跟随过袁绍，劝袁绍行仁政，不要和许都方面作对，因为"天子在许，民望助顺，不如守境述职，以宁区宇"[2]。袁绍不听，结果大败。袁绍死后，袁尚、袁谭争斗，都想得到崔琰的辅佐，崔琰则称病固辞，因此被投入狱中。曹操打败袁氏父子后，领冀州牧，崔琰受到曹操的赏识，先任别介从事，后任丞相府东曹掾（相当于现在的组织部长），专门从事二千石以下军队和政府官员的升迁事宜，还一度任曹丕的老师。崔琰的侄女是曹植的老婆（后来因为穿绣衣，违背了曹操的家规被赐死），但当曹操就立太子一事，征求崔琰的意见时，崔琰马上建议

①《后汉书·孔融转》，中华书局1965年版，第2264—2265页。
②《三国志·崔琰传》，岳麓书社1990年版，第299页。

立曹丕。曹操对崔琰的行为大加赞赏，迁中尉。由此可见崔琰不仅对曹操有用，而且还是重用。

崔琰曾向曹操推荐钜鹿人杨训，杨训虽然才能不是太好，但为人公道，为官清廉。曹操晋封为魏王后，杨训上表，称赞曹操功德，当时有人讥笑杨训，说杨训趋炎附势，崔琰举人不当。崔琰知道后，找到杨训的表文，看过后给杨训写了一封信："省（考察）表，事佳耳，时（时机）乎时乎，会当有变时。"崔琰的本意是告诉杨训，这些讥笑者好无聊，不寻情理，"看了你的表文，（我认为）这是件好事，你现在说这些话，可能不是最佳时机，但是要相信总有一天，这些人会改变对你的看法和评论的"。可能是因为崔琰长期从事人事工作，又过于认真公道，所以不免得罪了一些人。平时与崔琰有宿怨的人，就跑到曹操那里告状，说崔琰"傲世怨谤，意旨不逊"①。曹操也认为"谚言'生女耳'，'耳'非佳语，'会当有变时'，意指不逊"②。于是罚崔琰为徒隶，使人视之，辞色不挠。原来告崔琰状的那位又跑到曹操那里说："琰为徒，对宾客虬须直视，若有所瞋。"③曹操于是下令赐崔琰自杀。崔琰的死与曹操当上魏王有关，曹操当上魏王后，已经很难再容忍别人在背后议论自己，特别是对自己不敬不忠的人，更是敏感得很。所以当有人说崔琰在背后埋怨诽谤他时，他就会信以为真。特别是当他给崔琰留有出路时，还有人告崔琰对曹操的处理不仅不感恩，还表示了极大的不服，这是曹操所不能容忍的，这也就是崔琰之死的根本原因。由此可见，崔琰之死，在于小人仇家搬弄是非，诬告陷害，也在于曹操功成名就时，有点利令智昏，偏听偏信，不辨真伪。

（二）推行屯田制度

屯田制度就是"政府利用兵士和农民垦种荒地以取得军队给养和国家税粮的措施，有军屯、民屯和商屯"。④汉文帝时（前179—前156年），

---

① 司马光：《资治通鉴》，北京联合出版公司2016年版，第772页。
②《三国志·崔琰传》，岳麓书社1990年版，第301页。
③ 司马光：《资治通鉴》，北京联合出版公司2016年版，第772页。
④《辞海》（普及本第六版），上海辞书出版社2010年版，第3984页。

为加强对边境地区的统治，根据晁错的建议，国家实施募民实边的政策，这是民屯之始。汉武帝（前140—前88年）、汉宣帝（前73—前49年），使用驻军在边郡屯田，是为军屯。唐宋屯田称为"营田"，军屯、民屯都有，元明清三代仍称屯田。明代行开中法，盐商在边郡募民垦种，以所得粮草换"盐引"，史称"盐屯"，其实质是一种商屯。至弘治五年（1492年），改纳银领引，商屯渐废。屯田组织性强，耕种面积大，既能用先进的耕作方法耕种，又便于水利建设，产量往往较高，因此，统治者都非常重视屯田。在历代屯田中，范围最广、影响最大、效果最好的当数曹操于建安元年（196年）起，推行的屯田制度。

1. 曹操推行屯田制的原因

东汉末年，战争频繁，社会经济基础受到严重破坏，特别是农业受到的破坏更大：大量的土地荒芜，老百姓流离失所，人口迅速减少，可以说是"社会经济凋敝，国家满目疮痍"。《魏书》记载："自遭荒乱，率乏谷粮，诸军并起，无终岁之计，饥则寇略（《资治通鉴》为'掠'），饱则弃余，瓦解流离，无敌自破者不可胜数。袁绍之在河北，军人仰食桑葚。袁术在江、淮，取给蒲嬴（音螺，螺的一种）。民人相食，州里萧条。"① 曹操控制的地区情况也一样：曹操在收复兖州时，程昱在东阿为他筹集三天的军粮，其中就掺杂了一些人肉干。曹操在前往洛阳迎汉献帝时，为了解决军用不足的问题，新郑县令拿出储存的干桑果来补充军食，才渡过了难关。可见粮食问题已经是一个普遍性的大问题。所以议郎董昭才以曹操有粮为理由，说服杨奉，在迎天子东归问题上，与曹操配合。

曹操从他进行战争的亲身经历中，深感粮食问题是个必须解决的严重问题。如果这个问题不解决，要想实现他剪除群雄，统一天下的政治理想是根本不可能的。早在初平三年（192年），毛玠就向曹操提出实现统一天下的两大战略："今天下分崩，国主迁移，生民废业，饥馑流亡，公家无经岁之储，百姓无安固之志，难以持久。今袁绍、刘表，虽士民众强，皆无经远之虑，未有树基建本者也。夫兵义者胜，守卫以财，宜奉天子以

---

①《三国志·武帝纪》注引《魏书》，岳麓书社1990年版，第11—12页。

令不臣，修耕植，畜军资，如此则霸王之业可成也。"[1] 这可以说是毛玠版的"隆中对"，而曹操也从善如流，敬纳其言。经过几年的拼搏，"奉天子以令不臣"的战略目标已经实现，从现实和长远考虑，实施"修耕植以畜军资"的战略，已经刻不容缓了。

2. 曹操推行屯田制的条件

一项政策的优劣，是由当时的历史条件决定的。如果实施的条件不具备，再好的政策也只能是画饼充饥，不仅不会有好的结果，还有可能带来极为严重的后果。曹操作为政治家和思想家，最大的长处是善于把握时机和趋势，并在充分征求意见的基础上，果断决策，适时实施。

汉献帝都许，使曹操具有其他割据势力所没有的政治优势，这为推行屯田制创造了独特的政治条件。土地制度是国家的根本政治制度，如果没有中央政府的批准，推行任何有关土地制度的改革，都是非法的。而汉献帝都许后，朝中实际的决策权力在曹操手中，这样曹操就可以名正言顺地、合法地推行包括屯田制在内的政治革新。连年战争和自然灾害，使得大量的土地荒芜，成为无主地，这为推行屯田制提供了广阔的空间。曹操收编三十万青州兵和百余万的人口，加上之前击败汝南、颍川黄巾军时受降的黄巾军俘虏，为曹操推行屯田制提供了充足的劳动力资源（这一点也是当时其他势力所不具备的）。在受降收编黄巾军官兵的同时收缴了大量的耕牛和农具等"资业"，为曹操推行屯田制，提供了必需的生产资料。当时的老百姓，深受战争之苦，也急切盼望政府能给予扶持，老百姓的意愿为曹操推行屯田制提供了坚实的社会基础。

3. 曹操推行屯田制的内容

建安元年（196年）春，曹操在征服了汝南、颍川等豫州境内的黄巾军后，羽林监枣祗（本姓棘，先人避难，改姓枣）首先向曹操建议实施屯田策略，曹操立即召开屯田专题会议，就屯田问题，组织"专家论证"，"大议损益"[2]。与会人员在是否要马上实施屯田的问题上，意见很不一致。夏侯惇部下韩

---

[1]《三国志·毛玠传》，岳麓书社1990年版，第305页。

[2]《三国志·韩浩传》注引《魏书》，岳麓书社1990年版，第219页。

浩素以胆识过人而闻名，当曹操要韩浩发表意见时，韩浩当即回答"当急田"。曹操完全认同枣祗、韩浩的意见，决定实施屯田政策。关于实施屯田制的具体时间，史书上没有明确记载，只有"始兴田""是岁得谷百万斛"等间接记载。因此，有人认为是在迎献帝都许后开始实施屯田政策的，也有人认为是在公元196年春实施的，还有人认为实际实施屯田的时间是在196年以前。[①] 笔者认为，最后一种观点是错误的，因为所有正史，包括《辞海》都记载是在公元196年；第二种看法也有问题，因为论证会是在196年春召开的，而后是制定政策（由于意见不统一，使得这个过程很漫长），组建领导机构，配备管理人员等，都要有一个过程。更重要的是实施如此重大的土地制度的变革，没有朝廷的允许和批准是不可能的，所以汉献帝都许前，曹操只是就实施屯田制做了充分准备，而没有真正开始。如果是第一种说法正确，那么"是岁得谷百万斛"，就成了不可能。因为汉献帝于196年九月才到许，按照许地的耕作条件，即便是九月下种，当年也不会有收获。所以只有一种解释：汉献帝九月都许后，很快开始了"许下屯田"工程，并下达了《置屯田令》。第二年开始耕种，当年（是岁）就取得了"得谷百万斛"的效果。

曹操推行屯田制的主要内容：一是建立一套独立的，不受地方政权管辖的屯田管理系统。曹操下达《置屯田令》后，即任命他的堂妹夫、骑都尉任俊为典农中郎将。并请推行屯田制的首议者、羽林监枣祗参与计议，后任屯田都尉。后来随着屯田规模的不断扩大和屯田范围的不断延伸，又先后设置了屯田司马、典农都尉、典农中郎将、大司农等职务。这些专门的职务，层层管辖，大司农是最高级别的职务和典农中郎将一道，统管全国的屯田事务。二是创新了屯田组织方式。曹操建立了"军屯"和"民屯"两大组织系统，这两大系统之间既有联系，又有区别，自成一体。军屯的主要劳动力是士兵，主要管理者是军队的各级指挥官，这些士兵平时从事耕作，一有战事就马上投入战斗，军屯的收入主要是用于军队自身。民屯

---

① 沙金《曹操传》第195页，章映阁《曹操新传》第123页（上海人民出版社1989年版）。

是利用国家掌握的"无主"土地和耕牛、农具等生产资料，招募失去土地的流亡农民，进行耕种，收入按照不同的标准，由国家和生产者进行分成，从事民屯的农民叫"屯田客"。三是统一民屯分成办法，一开始实行的是"计牛输谷"法，即屯田客按照租用官牛的数量缴纳粮租。后来枣祗发现这个办法对屯田客有利，但对国家不利，丰年国家不能多得，灾年还得免除租税，因此建议按照收获量分成，这就是著名的"分田之术"，即把田地分给屯田客，收获分成，分为两类：如果用官牛耕种，官六民四；如果不用官牛耕种，则五五分成。"计牛输谷"的设计者、军祭酒侯声则坚持认为"计牛输谷"法有利于调动屯田客的积极性，能迅速扩大耕种面积。两派各不相让，争论激烈，以致连足智多谋的荀彧，也不知如何是好。最后曹操决定实行"分田之术"，因为这个办法既可以保证国家的收入，也能保证屯田客的利益，国家明令，除"法定分成"之外，任何单位和个人都不能再以任何理由，从屯田客那里收取任何费用，也不再让屯田客负担其他徭役。这样农民实际受剥削的程度，与之前相比还是减轻了不少。因而屯田客们生产积极性很高，只几年的时间，"所在积谷，仓廪皆满"。[1] 四是屯田制度的完善。屯田制度推行后的效果，有目共睹，朝野对屯田之举也没有了杂音。但是随着屯田制度在各地不断推广，屯田初期制定的一些制度的不足也不断显现出来，因此进一步完善屯田制度就显得十分必要。任俊死后，国渊接替任俊的职务。国渊到任后发现屯田客的数量与屯田的面积没有挂钩，管理屯田的官员设置也没有与屯田客的多少挂钩，这就造成一些地方地少人多，而另一些地方则地多人少，影响生产效率。官与民脱节，造成人浮于事，再一个问题就是产量的多少与官员的收入没有关系，影响官员的积极性。于是国渊提出"相土处民，计民置吏，明功课"之法。[2] 这个办法就是根据土地的多少，确定屯田客的多少；根据屯田客的多少，确定管理岗位的设置；根据管理者的工作量和工作业绩确定其待遇。曹操认为这是个好办法，

---

① 《三国志·任俊传》，岳麓书社 1990 年版，第 396 页。
② 《三国志·国渊传》，岳麓书社 1990 年版，第 276 页。

决定执行这个办法，结果"五年中仓廪丰实，百姓竟劝乐业"。[1] 另外初期的屯田带有很强的强制性，屯田客没有人身自由，特别是流民对此很反感，甚至出现反抗和出逃。针对这种情况，沛南部都尉袁涣向曹操建议实施"不欲者勿强"的政策[2]，曹操采纳了这个建议，结果"百姓大悦"。

4. 曹操推行屯田制的作用

曹操在推行屯田制的过程中，由于能及时发现问题，倾听下属意见，及时完善屯田的各项制度，因此屯田取得了历史性成效，对于汉献帝政权的维持和曹操实现其政治理想，都产生了积极作用。

首先是短时间内解决了粮食危机。屯田实施的当年（即公元197年）就得谷百万斛，只几年的时间，不仅当年有粮可用，国家还储备了大量的粮食，从而处处仓满，朝廷再无"运粮之忧"。由于有了粮食，原来以吃野菜为主的大臣现在不仅有饭吃，而且还能保证按时拿到工资。皇帝原来居无定所，现在可以建宫殿、立宗庙，各项皇家特权在逐步恢复。这就为曹操的政治优势的发挥，奠定了坚实的基础。

其次，有效地稳定了社会秩序。通过屯田，把大批的流民和起义军降卒重新与土地绑在了一起，还有一大批不从事生产的军人也通过屯田，开始在不战之时从事生产劳动。这不仅减少了"无事生非"的机会，还可以极大地减轻管辖区域内百姓的负担，为各级政权的巩固，奠定了社会基础，从而在曹操有效管辖的区域内，出现了社会秩序逐步好转，各项社会事业，诸如教育、水利等逐步恢复，屯田所及区域都出现了新的气象。

最后屯田制的推行，有力地支援了曹操"扫除群雄，统一华夏"的政治进程。屯田不仅得到了"征伐四方，无运粮之劳，遂歼灭群贼，克平天下"[3]的效果，而且通过屯田，建立起除郡县统治系统以外的另一套控制地方和民众的系统。两套系统一手抓，从而使军事、政治、经济更加协调一致，形成合力，不仅保证了曹操决策的速度，也保证了执行的力度，这就为曹

① 《三国志·国渊传》，岳麓书社1990年版，第276页。
② 《三国志·袁涣传》，岳麓书社1990年版，第272页。
③ 《三国志·武帝纪》裴松之注引《魏书》，岳麓书社1990年版，第12页。

操政治理想的实现，提供了坚强的组织保障。

（三）"治定之化，以礼为首；拨乱之政，以刑为先"的治国方略

如何治理国家，直接关系到其政治理想能否实现。曹操在治国理政上，既不是纯粹的法家之术，也不是完全的儒家之道。曹操是一个开明的政治家，在如何治理国家的问题上，他实行的是综合施策："夫治定之化，以礼为首；拨乱之政，以刑为先。"① 所谓"治定之化"，是说国家安定时的教化（宣传教育），"礼"是中国古代社会典章制度和道德规范的总和，"以礼为首"，就是要把规范社会秩序的典章制度和规范人们行为的伦理道德放在首位；平定乱世的政治措施，应该把刑法（法治）放在首位，"刑"既包括法律的制定，也包括法律的执行。由于曹操整个政治生涯都处于"拨乱"时期，所以他的主要建树是"刑"，而在"礼"的方面，建树相对较少，所以《三国志》在评论曹操时说："汉末，天下大乱，雄豪并起……太祖运筹演谋，鞭挞宇内，擥（通揽）申（不害）、商（鞅）之法术，该韩（非）、白（起）之奇策，官方授材，各因其器，矫情任算，不念旧恶，终能总御皇机，克成洪业者，惟其明略最优也。抑可谓非常之人，超世之杰矣。"②

1. 拨乱之政，以刑为先

曹操的这一治国方略是一贯的：早在曹操刚刚踏上仕途，任洛阳北部尉时，就是按照这一思想行事的。他一上任，就制作了二十根五色棒，在衙门左右各挂十根，不论是谁，只要违反了法律禁令，就一律用五色棒打死，甚至连皇帝最宠信的宦官蹇硕的亲叔叔也没放过，因其违法夜行，被曹操处死；曹操在济南相任上，针对豪强世族为非作歹，长期无人敢问的现实，他一下子罢免了八个县的主官，同时对不法豪强和社会恶势力坚决打击，使得大小豪强和奸邪之徒纷纷逃亡别郡。袁绍被消灭之后，针对河北豪强势力，长期肆无忌惮地兼并土地的现实，毫不犹豫地下发《抑兼并令》，运用法律的武器，打击豪强地主，保护中小地主和平民的利益。

曹操"以刑为先"的思想，还表现在他对法律的制定和修改持谨慎的

---

① 《曹操集译注》，中华书局1979年版，第163页。
② 《三国志·武帝纪》，岳麓书社1900年版，第44页。

态度上：西汉初年，法律废除了墨、劓、刖三种肉刑，用笞刑（打板子）替代，结果往往把人打成残废，或者打死。魏公国建立后，曹操认为用打板子替代肉刑，更不人道，认为应该恢复肉刑，让陈群主持讨论。大家认为，笞刑名轻实重，名轻，老百姓容易犯法，实重，容易伤害百姓。刑法严峻能够减少犯罪，因此主张恢复肉刑。但也有人持反对意见，认为天下未定，战争还没有结束，如果现在就恢复肉刑，很容易把那些想归附的人吓跑。曹操权衡利弊，采纳了反对者的意见。

曹操"以刑为先"的思想，有一个主要特征，那就是他一改原来"刑不上大夫"的特权设定，带头执行法律，并重用严格执法、公正执法的人才。曹操规定，行军时不准毁坏庄稼，违令者斩。可是有一次曹操的坐骑受惊吓踏毁了一片麦子，按理说马受惊吓毁坏麦子，与曹操无关。但是曹操还是自动承担了责任，经有关人士会审，决定给曹操"割发"的刑事处罚。中国人自古讲究发肤受之于父母，是不能轻易割舍的，所以按照当时的刑律，割发是仅次于砍首的刑罚。曹操的从弟、曹魏集团的主要人物曹洪门下有一位宾客，仗着与曹洪的关系，屡次犯法。许都令满宠知道后，把这位宾客逮捕收监。曹洪知道后跑到曹操那里讲情，满宠知道后便马上把罪犯杀了。曹操不仅没有怪罪满宠，还充分肯定了满宠的做法，并给予提拔重用。征房将军刘勋与曹操有旧，他纵容宾客子弟犯法，被广平令司马芝收治。刘勋一面写匿名信威胁司马芝，一面又托人向司马芝求情。然而司马芝既不看曹操的面子，也不怕刘勋的威胁，把罪犯统统逮捕法办。曹操知道后，立即升司马芝为"大理正"，后来又把严重违法乱纪的刘勋给杀了。

2. 治定之化，以礼为首

建安八年（203 年），曹操平定了河北，马上着手内政的治理。他下发的第一道命令就是《修学令》："丧乱以来，十有五年，后生不见仁义礼让之风，吾甚伤之。令其郡国各修文学，县满五百户置校官，选其乡之俊造者而教学之，庶几先王之道不废，而有益于天下。"[1] 在这篇令文里，曹操直言，他最忧虑的，是因长时期的战乱而造成的道德和文化教育的荒废，

---

[1]《曹操集译注》，中华书局 1979 年版，第 88 页。

年轻人不知道什么是仁义礼让了。如此下去，传统文化将中断，道德礼仪将丢失。在历史的长河中，这确实是一个事关子孙万代的大事，作为有远见的政治家，不能不为此担忧，而且是很担忧。所以只要一有机会，曹操就会尽力推行以"礼"为主要内容的宣传教育工作。这篇令文还告诉我们，教育是关系到"先王之道"不被废的大事，是有益于天下的大事，因此必须抓紧抓好。凡是人口在五百户以上的县都要设置学校，学校的老师必须由"乡之俊造者"担任，德行不好，学问不好的人是不能当教师的。

曹操"以礼为首"的"礼"，不是完全的"旧礼"，还包括有利于人们健康生活的新"礼"。对于那些不利于人们健康和社会发展的"旧礼"，他下令坚决废除：他任济南相时，建庙和祭祀成风，而且长期无人过问，给人民的正常生活带来严重的障碍，浪费了大量的财富，腐蚀了人们的精神。曹操到任后，采取"禁淫祀"政策，一下子拆除六百多座庙宇，结果是"政教大行，一郡清平"①。为了倡导清新文明的新"礼"，建安十年（205年），他下达了《整齐风俗令》，对结党营私，互相诽谤，颠倒黑白，欺上瞒下等种种恶习，严惩不贷。②建安十一年（206年），针对太原、河西、上党、雁门等地盛行的"寒食节"期间不得烧火，民众要吃冷食等有损于人们健康的陋习，曹操下达了《明罚令》，要求令到之时，不得再禁火，吃冷食，如有违反，家长坐牢半年；主管的官吏，要坐牢百天；县令、县长以下官员，夺一个月的薪俸。③后来曹操又颁布了《礼让令》，提出了"礼让一寸，得礼一尺"的礼教名言，并解释说："辞官逃禄，不以利累名，不以位亏德"，就是"让"的真正含义。④

移风易俗，大兴勤俭之风，也是曹操"礼"的主要内容。王沈在《魏书》中说：曹操"雅性节俭，不好华丽，后宫衣不锦绣，侍御履不二采，帷帐屏风，坏则补纳，茵蓐取温，无有缘饰"⑤。傅玄在《傅子》一书中，更进一步指出：

---

①《三国志·武帝纪》注引《魏书》，岳麓书社1990年版，第3页。

②《曹操集译注》，中华书局1979年版，第93—94页。

③《曹操集译注》，中华书局1979年版，第97页。

④《曹操集译注》，中华书局1979年版，第196—197页。

⑤《三国志·武帝纪》注引《魏书》，岳麓出版社1990年版，第43页。

"以天下凶荒，资财乏匮，拟古皮弁，裁缣帛以为帢，合于简易随时之义，以色别其贵贱。"①曹操所处的时代，既是一个物资极度匮乏，人民食不果腹，"白骨露于野，千里无鸡鸣。生民百遗一，念之断人肠"②的时代，也是一个豪门贵族生活极度奢侈，衣着特别讲究，门阀之风盛行的时代，以致衣着和长相一度成了能否做官的标准。袁绍不仅家族显赫，而且人也长得俊美，因此他不仅承袭了官爵，而且连他的头巾都成了时髦的服饰。在这样的背景下，曹操大力提倡节俭，并且自己带头节俭，这实在是难能可贵的。为了使节俭的思想能落到实处，形成风气，曹操颁布了《内戒令》。令文规定：不论哪一级的官员去世，尸体上都不准悬挂清布帐子，应当让君臣上下彼此都能看到；我不喜欢装饰美丽的箱子，所用的尽是掺杂新皮制成的箱子，碰上战争没有这样的箱子，就用竹子制作的箱子，外面幔一层黑布，里面衬一层粗布，这就是我平时所用的箱子，原来王宫内置办的杂皮箱都已经坏了，现在全部用竹箱；我的衣服都已经使用用十多年了，舍不得换新的，只是每年拆洗缝补一下；我的女儿现在是贵人，才可以用黄金印，蓝绶带；官吏和百姓多穿刺绣衣服（我家不行），鞋子不得用朱红、紫、金黄几种颜色（因为这是权贵和皇家的象征），我以前在江陵俘获了一些花色丝鞋，分给了家人穿，但是穿完之后不准再仿做；我有逆气病，需要经常用好水洗头，用铜盆盛水，时间长了水会发臭，以前改用银器，大家不理解，以为我爱好银器，现在改用木制水盆；以前天下刚平定，我便禁止家里熏香（当时一种很普通的清洁环境的方法），后来三个女儿都做了贵人，为她们熏了香，因此这条禁令没有实现，现在我再一次下令，禁止熏香，把香放在内衣或带在身上也不行，如果房间不清洁，可以燃烧一些枫树胶或者蕙草。③曹植的夫人系崔琰的侄女，出身显贵，但就因为她违背规定，穿了绣花的锦衣而被曹操赐死。由于曹操提倡节俭，以至于一度生活是否俭朴成了衡量官员优劣的标准，致使一些士大夫"故污辱其衣，藏其舆服；朝府大吏，

① 章映阁：《曹操新传》上海人民出版社 1989 年版，第 298 页。
②《曹操集译注》，中华书局 1979 年版，第 14 页。
③《曹操集译注》，中华书局 1979 年版，第 196 页译文。

第二章 曹操思想研究

或自挈壶食以入宫寺"①。当然了，由于和洽等人的劝说，曹操很快就改变了这一有"作秀"之嫌的现象。

曹操之前，历朝历代厚葬之风盛行，这从无数的考古发掘案例中，可以得到证实。为了改变这种劳民伤财的陋习，大力提倡薄葬，曹操自己带头实行薄葬。他为自己先后写了三份遗嘱，都是专门讲如何薄葬的：建安二十三年（218年），他写了《终令》，建安二十五年（220年），他写了《题识送终衣奁》，同年又写了《遗令》。大体内容是：坟墓要选择贫瘠之地，不封不树；送终的衣服只做四套，分别是春夏秋冬，什么时候死，就穿什么时候的衣服，"殓以时服"，并且"随时以殓，金珥珠玉铜铁之物，一不得送"；葬礼不尊古制，参加葬礼的人就穿平时的礼服，百官如果来悼念，只能哭十五声，"葬毕便除服"；在外屯戍的将士，一律不得离开岗位（前来悼念）；各级官员也不得离开岗位，要"各率乃职"；妻妾与伎人"皆勤苦"，孩子们要善待她们；家中（没什么遗产）只有一点没使用的熏香，分给各位夫人，各位夫人没事干，可以学着做鞋卖；当官时积累了一些绶带，还有几件衣服，让儿子们分掉（做个念想）。这就是一代伟人的最后的结局，他心中始终想到的是家国天下，可以说"唯独没有他自己"。这样简单的帝王安葬方式，在中国几千年封建社会里绝对前无古人，后无来者，确实值得世人尊敬。

《傅子》这部书里，还记载了曹操嫁女娶媳的一些情况："太祖愍嫁娶之奢僭，公女适人，皆以皂（皂）帐，从婢不过十人。"②曹操对自己及家人，节俭的几近苛刻，但是对他人却又出手阔绰："攻城拔邑，得靡丽之物，则悉以赐有功，勋劳宜赏，不吝千金，无功望施，分毫不与，四方献御，与群下共之。"③所有战利品，全都赏给有功者；对功勋卓著的将士官吏，奖赏不吝千金，对没有功绩而又想得到奖赏的，一分一毫也不给；四方进献的物品，从不独享，都拿来与"群下"分享。这就是历史上真实可爱、

---

①《三国志·和洽传》，岳麓书社1990年版，第525页。

②《三国志·武帝纪》注引《傅子》，岳麓书社1990年版，第43页。

③《三国志·武帝纪》注引《傅子》，岳麓书社1990年版，第43页。

可敬的曹操。

曹操倡导的节俭之风，在历史上影响深远，意义重大。

第三节　曹操的经济思想

曹操的经济思想，是由其政治思想决定，并为其政治理想服务的。曹操的经济思想主要表现为他制定的一些经济政策。政策是生产关系的表现形式，生产关系是由生产力决定、并对生产力产生重大影响的基本的社会关系。曹操治国理政的实践，诠释了这一关系的真谛。

一、抑制土地兼并

土地兼并和赋役不均是封建社会的固有本质。东汉末年，由于皇帝的昏弱无能，地方势力坐大，使得土地兼并更甚于以往。军阀和豪强地主无限制地兼并土地，导致赋役极度不均，老百姓到了无法生存的地步。鉴于此，建安九年（204年）曹操在打败袁绍，收复河北后，针对当时经济萧条，民不聊生，豪强地主疯狂兼并土地的严重情况，先后下发了《蠲河北租赋令》和《抑兼并令》。前者主要是免除河北全境当年的租赋，以解燃眉之急，迅速实现社会稳定；后者则主要是着眼于长远，解决军阀和豪强地主疯狂地兼并土地、向中小地主和平民转嫁赋役这个封建社会的顽疾。

在《抑兼并令》中，曹操依据孔子"有国有家者，不患寡而患不均，不患贫而患不安"[1]的思想，根据"袁氏之治也，使豪强擅恣，亲戚兼并；下民贫弱，代出租赋，衒（即炫）鬻家财，不足应命"的社会现实，提出了"其收田租亩四升，户出绢二匹，绵二斤而已，他不得擅兴发，郡国守相明检察之，无令强民有所隐藏，而弱民兼赋也"。[2]曹操这些政策有很强的针对性：袁绍号称"四世三公，门吏遍布"，是汉末最为显赫的家族之一。袁绍本人在河北经营十五年之久，统领冀、青、并、幽四州，实力不可谓

---

①《四书白话注解》之《论语·季氏》，长春市古籍书店影印本，1983年版，第133页。
②《曹操集译注》，中华书局1979年版，第91页。

不强大,因此四方豪杰多有依附;袁绍被打败之后,其实力并没有马上消失,一些人还企图东山再起。所以如何争取民众及中小地主的支持,迅速稳定局势就成了当务之急。而要实现这个目标,就必须让民众及中小地主得到实实在在的、看得见摸得着的利益。曹操正是基于对这一重大问题的科学研判,这才做出了抑制兼并,打击豪强,体恤民众的具有战略性的决策。实践证明,这一决策是完全正确的,"重豪强兼并之法,百姓喜悦"。[1] 就连长期不与官家合作,带着族人躲进无终山(今河北省玉田县北)的田畴,也被曹操的政策所感动,自愿出山帮助曹操平定乌桓。由于政策符合实际,又执行得及时彻底,河北不仅没有成为曹操政治上的"麻烦之地",而且还成了曹操实现政治理想的重要根据地,后来还成为曹操集团最大的政治、经济、文化中心。

二、减轻赋役

历史一再证明:重民赋,随心所欲地搜刮民脂民膏,是封建政权走向死亡的必由之路。相反,实行轻徭薄赋之策,尽力减轻民众负担,依法公平地让民众承担赋役,则是封建政权巩固,封建社会安定的"定海神针"。曹操在长期治国理政的实践中,对此有深刻认识,并试图推行轻徭薄赋之法。这一点不仅在他推行屯田的政策中可以得到证明,还可以从他出台的一系列体恤人民疾苦的政策中得到证实。

建安四年(199 年),曹操派治书侍御史卫觊去益州做刘璋的工作,结果由于道路不通,卫觊只得留镇关中。卫觊在关中发现有大量的流民回归关中,被各地的武装力量收为"部曲"。于是卫觊给荀彧写信,分析了流民回来的原因,是因为"本土安宁",流浪在外的流民都想回来。但回来后"无以为业",加上各地武装力量竞相招募,所以都成了地方武装的"役卒"。这样郡县贫弱,难以与兵家相争,各地武装不断坐大,"一旦变动,必有后忧"。因此,卫觊建议:利用卖盐得到的钱买牛,供给那些回流的民众使用,一方面可以起到调动流民耕种的积极性,为国家积累财富;另

---

① 《三国志·武帝纪》,岳麓书社 1990 年版,第 20 页。

一方面还可以吸引更多的流民返乡耕田。再派一些武装力量留治地方，专管此事，地方的武装力量就会日渐削弱，"官民日盛"，这可是强本弱敌的好事啊！荀彧将这个提议报告给曹操，曹操非常高兴，马上批准并实施："遣谒者仆射监盐官，司隶校尉治弘农"①，并对重农、劝农的官吏予以重用嘉奖。卫觊就因此而被任命为尚书。这一政策的实施，使得广大流民有了基本的生活保障，也使国家有了可观的税收，客观上起到了减轻赋役的效果。

曹操的政治理想决定了他长期关注平民百姓的生活状况，《谣俗词》就是他对平民生活的真实写照："瓮中无斗储，发箧无尺缯。友来从我贷，不知所以应。"②针对一些特殊困难人群，曹操经常出台一些恤平民疾苦的政策，以使其"薄赋役"的思想发挥更大的效力。建安七年（202 年），曹操随部队驻扎在故乡谯县，看到故土人民，因战争和灾害而大量伤亡，以致在乡间走上一天，也看不到所认识的人。有感于此，曹操颁布了《军谯令》，规定："其举义兵已来，将士绝无后者，求其亲戚以后之（古人认为没有后人是最大的痛苦和对祖上的不孝），授土田，官给耕牛，置学师以教之。为存者立庙，使祀其先人。"③这是一个适用于全国（曹操实际管辖区域）的政令，这个政令对战死的将士和活着的将士，都做了物质生活和精神生活的安排。建安九年（204 年）河北平定后，全额免除了河北的当年租赋。建安十四年（209 年），颁布《存恤吏士家室令》，除了讲清楚近年来因征伐造成大量吏士死亡不归，"家室怨旷，百姓流离"，是不得已而为之外，还规定了存恤的具体办法："其令死者无基业不能自存者，县官勿绝廪，长吏存恤抚循，以称吾意。"④建安二十二年（217 年）冬，不少地方都发生了严重的瘟疫，老百姓死亡甚多，农田垦植减少，这令曹操十分担忧。为了及时救济灾民，恢复和发展农业生产，第二年春曹

①《三国志·卫觊传》，岳麓书社 1990 年版，第 490—491 页。
②《曹操集译注》，中华书局 1979 年版，第 45 页。
③《曹操集译注》，中华书局 1979 年版，第 80 页。
④《曹操集译注》，中华书局 1979 年版，第 127 页。

操发布《赡给灾民令》，提出了三项救济政策：一是七十岁以上失去丈夫和儿子的寡妇和十二岁以下的孤儿，以及残疾又无产业的，由国家养起来，孤儿养至十二岁，其他人员"禀养终身"；二是因贫穷无力养活自己的，政府给予帮助，借给粮食，"随口给贷"；三是耄耋老人需要人照顾，年九十以上者，"复不事，家一人"[1]，免其家中一人的徭役。这三项政策，对孤、寡、贫、残、老、幼，都做了明确的救济帮扶规定，而且是长期执行的政策。

三、重农、劝农

农业在封建社会里，是立国之本、执政之基、民生之源。因此，任何一个有作为的封建统治者，都会重视农业生产。重农、劝农，既是曹操重要的政治思想，也是曹操重要的经济思想。因为他明白经济是政治的基础，农业是国家的基础。提升实力，实现统一，稳定天下，改善民生，最根本的办法是发展农业生产。发展农业生产，除了政策激励外，兴修水利是重要的一环。出于发展农业生产，提高单位面积产量和扫除割据战争的需要，曹操十分重视水利工程建设：建安初年，曹操表刘馥为扬州刺史，刘馥到合肥后，即着手"广屯田，兴治芍陂及（茄）〔茹〕陂、七门、吴塘诸竭，以溉稻田，官民有畜"。"及陂塘之利，至今为用"（芍陂等水利工程原为春秋时期所修建的大型水利工程）。[2]建安六年（201年），曹操自家乡谯县去浚义，路上亲自督察睢阳渠治理情况；建安八年（203年），夏侯惇奉命治理太寿水，亲自背土建陂，并亲自率将士种稻谷，老百姓深受其利；建安九年（204年），修建白沟渠，使济水淇水相连；建安十一年（206年），开挖平虏渠，贯通呼沲（今滹沱河）和泒水，同时修建泉州渠，从沟河口开挖，入潞河（今北运河的前身），东入渤海；此后又开挖新河，使其连接泉州渠和濡水（今滦河）；建安十五年（210年），曹操在邺城修建长明沟；建安十八年（213年）又修建连接漳河和白沟的专用水渠。以上这些工程，

①《曹操集译注》，中华书局1979年版，第176页。

②《三国志·刘馥传》，岳麓书社1990年版，第376页。

不论初衷是为了什么，对于农业生产都发挥了很好的作用。曹操的重农、劝农思想，在他去世后，被曹丕很好地继承了下来。曹丕在任时，也修建了几个大的水利工程。

四、创新税制，开租调制之先河

《抑兼并令》"不仅是一项轻民赋，抑兼并的政策，还是一项重要的租税制度改革，以租调制替代了之前的租赋制，开始了中国历史上租税制度的新篇章"[①]，发展到唐代，正式定名为"租庸调"。租，就是田赋；调，就是按户征收实物；赋，就是按田赋所出的军用、人力、物力。租调制就是国家只按亩征租，按户征物，田租不再收货币，而是收粮。租赋制不仅按亩征租（以货币为主），还根据军队的需要征召义工和军用物资。由于田租按货币缴纳，地方官员就可以以粮价变动为由，层层加码，加重百姓负担。而地方以军需为由与农业抢人，与百姓争物的事更是常常发生，平民百姓苦不堪言，生产积极性受到严重损伤，不少人甚至情愿外出流浪，也不愿在家受地方政府的层层盘剥。租调制则有效地解决了这一问题：田租每年每亩收粮四升（没有规定粮食品种，农民有很大的选择性），按照当时的计量标准（以下同），每升合现在 1886 克，四升合 7968 克，约合 16 市斤；户出绢二匹，每匹十市尺，每尺合现在 0.6 市寸（汉代不同的时期，度量衡有稍微变化）；绵二斤，每斤约合现在 224.14 克。除此之外，不准地方巧立名目制定土政策，增加农户负担。同时要求各级地方官吏，要严查豪强地主"隐藏"财物和强迫平民百姓为他们代缴"租调"行为，一旦发现，严惩不贷。这样增产不多收，增人不多收，就解除了农民农业生产和人口增加的两个后顾之忧，极大地促进了当地的农业发展和人口增长。

在这之前，还盛行"刍""藁"之征。"刍征"，也叫"口赋"，就是对七至十四岁的少年儿童，按人头征税，一般每年每人二十钱；"藁征"，也叫"算赋"，就是对十五至六十五岁的成年人，征收人头税，税率一般是每人每年一百二十钱，称为"一算"，商人和奴婢加倍。由于曹操推行

---

① 沙金：《曹操传》，内蒙古人民出版社 2004 年版，第 186 页。

的租调制，废除了"刍藳之征"以及军队之赋，所以农民的实际负担大大降低了，因此受到平民们的欢迎和支持。凡是执行租调制的地区，都出现了农业发展、社会稳定的大好局面。同时租调制为后代赋税制度的改革，打下了坚实的理论和实践基础。以后各个朝代，虽然税赋名称不同，算法不一，但租调制的主要框架一直延续下来。

除上述几项政策外，曹操还推行过禁酒和盐铁监卖政策。其中"禁酒"因遭到孔融等顽固派的强烈反对，没有推行下去。盐铁监卖，其实就是名义上是民营，由政府监督管理，近似于半官半民，这是一项折中政策。其中铁实际是由政府生产经营。这几项政策，由于执行得不够彻底，所以成效不明显，影响也相对较小。

第四节　曹操的军事思想

曹操是举世公认的军事家，他一生参加和指挥的大小战斗无数，有失败，有胜利，也有平手。他自幼就喜读兵法，研究兵法，经过长期的战争实践，逐步形成了自己完整的军事思想。《魏书》中说："太祖自统御海内，芟夷群丑，其行军用师，大较以孙（武、膑）、吴（起）之法，而因事设奇，谲敌制胜，变化如神。自作兵书十万余言，诸将征伐，皆以新书从事；临事又手为节度，从令者克捷，违教者负败。与虏对阵，意思安闲，如不欲战。然及至决机乘胜气势盈溢，故每战必克，军无幸胜。……是以创造大业，文武并施。御军三十余年，手不舍书。昼则讲武策，夜则思经传。"[1] 这段话就曹操的军事思想，讲了几层意思：曹操统帅国家军队，发动与割据军阀战争的目的，是为了扫平割据军阀，实现国家的统一，《商君书》称此为"以战去战"："神农之世，男耕而食，女织而衣，刑政不用而治，甲兵不起而王。神农既没，以强胜弱，以众暴寡，故黄帝作为君臣上下之义，父子兄弟之礼，夫妇妃匹之合；内行刀锯，外用甲兵，故时变也。由此观之……

---

[1]《三国志·武帝纪》注引《魏书》，岳麓书社 1990 年版，第 42—43 页。

以战去战，虽战可也。以杀去杀，虽杀可也。以刑去刑，虽重刑可也"[1]。
曹操用兵大都以《孙子兵法》《吴起兵法》为据，又根据每一次战争的对象、条件、环境等不同，制定不同的战术，所以才"谲敌制胜，变化如神"。曹操自著兵书十多万字，各位将军在征伐战争中，都是按照曹操的兵书指挥作战的，但在具体战争中，曹操又会根据当时的实际情况，及时调整战略战术，听从曹操指挥的，都能打胜仗，反之就一定失败。每一次在与敌人对阵时，曹操都很轻松安闲，就好像害怕对方、不想与对方作战的一样，但到了作战时机成熟的时候，他又会立即开战，乘胜追击，势不可挡，取得胜利，没有一次是靠侥幸而获得胜利的。曹操之所以能够创造"扫平割据，统一中国"的伟大事业，是因为曹操是文武全才，能够文武并用。曹操（特别注重学习），他统御军队三十多年，做到了"手不释卷"，白天研究"武策"，夜间研究经传。由此可见，曹操确实是一位伟大的军事家，他的军事思想十分丰富，值得深入学习研究。

一、"以战去战"的战争思想

战争有正义战争和非正义战争之分：正义战争是指一切符合人民群众和民族根本利益的战争；非正义战争是指一切违背人民群众和民族根本利益的战争。曹操"以战去战"的思想，就是用正义的战争去阻止、消灭非正义的战争，从而实现国家的统一，社会的安定。

曹操在为《孙子兵法》作注时，写过《孙子》序：认为上古时候就有弓箭等武器；《论语》上说要有足够的武装力量；《尚书》中所说的八样政事，其中就有军事；《周易》上说，只要"出兵是正义的，主帅就吉利"；《诗经》上说，周文王赫然震怒，于是整顿他的军队（去开展正义的战争）。轩辕黄帝、商汤王、周武王都是用武装力量去拯救（国家）和社会的。《司马法》上说，谁故意杀死无罪的人，就可以把他（杀人者）杀掉。单靠武力是要灭亡的，只讲仁义是要亡国的。吴王夫差和徐偃王就是两个例子。圣人用兵，只做

---

[1] 高亨：《商君书注译》，中华书局 1974 年版，第 136 页。

准备，迫不得已时才能动用（武装力量，进行战争）。[①] 这里曹操依据古代经典和先贤圣王的教导，从正反两个方面，论述了战争的必然性、必要性，以及战争的前提条件，即正义性。战争和武装力量古已有之，是国家政治生活中的八件大事之一；决定战争胜负的原因，是战争的性质，即是正义战争，还是非正义战争，只有正义战争才能取得最后的胜利，达到"吉利"的目的；战争是保护国家和社会安全的手段，轩辕黄帝、商汤王、周武王都是通过战争手段，实现国家和社会的安定，从而使国家和社会得以繁荣进步的；对待恶人，必须把他杀掉，不能手软，对敌人的仁慈，就是对人民的犯罪；治理一个国家，必须文武兼用，单靠武力，逞一时之勇，最后国家就会灭亡，吴王夫差就是恃武亡国的；治理国家也不能只讲仁义道德，一味地用"仁义礼智信"儒家的一套理论治国，也是要亡国的，徐偃王就是这样亡国的；圣贤的国家领导人，会随时做好战争的准备，时刻准备着歼灭一切敢于祸国乱政和来犯之敌，但必须是在其他一切对敌斗争的手段都无效的情况下，迫不得已才能用战争的手段去解决问题，从而实现新的和平，这就是"以战去战"。

二、"以义立军"的建军思想

军队是执行政治任务的武装集团，是执行战斗任务的主体，是国家政权的主要成分。军队分为"正义之师（义军）"和"非正义之师"两种：前者是以保护人民的利益、国家的主权、国家的安全、领土的完整和防止异族入侵为主要任务的军队；后者是以维护反动阶级的利益、压迫和奴役人民、进行割据战争、入侵他国领土为主要任务的军队。为了谁建立军队，建立一支什么样的军队，用什么精神建立军队，是军队建设中的根本问题，也是军事思想的核心。为正义而战的军队，就叫作"义师"（也叫"义军、义兵"）。蔡琰（蔡文姬）在《悲愤诗》中写道："海内兴义师，共欲讨不祥。"[②] 指的就是曹操等兴义兵，讨伐董卓这一历史事件。

---

① 夏传才：《曹操集校注》，河北教育出版社 2013 年版，第 203 页。
②《辞海》（普及本第六版），上海辞书出版社 2010 年版，第 4694 页。

曹操在《蒿里行》一诗中写道："关东有义士，兴兵讨群凶！"①，这首诗和上述蔡琰的诗一样，都是指讨伐董卓事件。这里曹操强调的是"义"字，这是曹操组建部队的初衷，也是和其他军阀的根本区别。比如建安元年（190年），袁绍放着乱政的董卓不打，却要拉拢曹操等另立朝廷。曹操不仅拒绝了袁绍的拉拢，还义正词严地批判了袁绍分裂国家的罪行："董卓之罪，暴于四海，吾等和大众，兴义兵，而远近莫不响应，此以义动故也。今幼主微弱，制于奸贼，未有昌邑（昌邑王刘贺）亡国之衅，而一旦改易，天下其谁安之？诸军北面，我自西向。"②曹操在这里，把安定天下作为判断是非的标准，认为只有以维护天下安定为己任的军队，才是"义兵"；只有"兴义兵"才能赢得天下人的支持，这就是"义"的力量。曹操在《军谯令》里，第一句话就是："吾起义兵，为天下除暴乱。"③这里曹操十分明确地表达了自己组建部队的宗旨是除尽天下暴乱，维护国家统一和社会安定。事实也正是如此，曹操绝不只是在嘴上说说自己的部队是为了维护天下安定，诛灭暴乱，而是他几十年统帅军队，一以贯之的治军思想。

早在兴平二年（195年），汉献帝拜曹操为兖州牧时，曹操就上表，表达了自己和自己军队的任务："入司兵校，出总符任。臣以累叶受恩，膺荷洪施，不敢顾命。是以将革帅甲，顺天行诛，虽戮夷覆亡不暇。"④曹操认为自己在内掌管朝廷禁军，在外担任征伐的重任，我因为我家几代蒙受皇上的恩宠，受到很大的赏赐，所以（为了国家）才不敢顾惜生命，因此率领军队，奉皇帝的旨意，征讨逆贼暴徒，虽然现在讨平了一些叛乱之徒，但还没有完全把他们彻底消灭（因此我还必须继续率领军队征讨他们）。第二年，曹操因迎献帝都许有大功于朝廷，受到朝廷的重用，曹操写了《上书让封》，认为自己率领军队为国家消除暴逆，收复了青州和兖州，使得一些地方豪强，迫于压力纷纷表示臣服朝廷，向天子进贡。天子以为这是

① 《曹操集译注》，中华书局 1979 年版，第 13 页。
② 《曹操集译注》，中华书局 1979 年版，第 51 页。
③ 《曹操集译注》，中华书局 1979 年版，第 80 页。
④ 《曹操集译注》，中华书局 1979 年版，第 52—53 页。

我一个人的功劳，"考功效实，非臣之勋"（是国家的"义师"之威所致）。①建安十二年（207年），诛灭北方最大的割据军阀袁绍后，曹操为了鼓舞士气，继续为统一战争贡献力量，下达了《封功臣令》："吾起义兵，诛暴乱，于今十九年，所征必克，岂吾功哉，乃贤士大夫之力也。天下虽（当是'尚'之误——赵威注）未悉定，吾当要与贤士大夫共定之。"②曹操在回顾自己一生所走过的历程时，认为自己一生所做的、最不后悔的事情，就是凭借自己的"义兵"力量，阻止了国家的分裂和动乱，从而使东汉政权又多延续了三十多年。假定没有曹操和曹操统帅的军队，真"不知当几人称帝，几人称王"③。事实也正是如此，袁术早有称帝之心，但迫于曹操的存在，迟迟没敢称帝，而且一旦称帝，很快就被曹操的正义之师给消灭了；孙权和刘备是继袁绍之后，最大的两股割据势力，但曹操在世时，也没敢称王。

曹操还认为，以"义"立军，除了宗旨，使命之外，选择什么样的人为将，也很重要。"将贤则国安也"④，用什么样的人指挥军队是由军队的性质决定的，也是军队是否有战斗力的关键。曹操认为，指挥正义之师的将帅必须具备"五德"，这就是"智、信、任、勇、严"⑤。这是曹操治军经验的总结，也是曹操对祖国军事理论的重大贡献。曹操还认为，正义之师在征讨反动势力的时间上，也有讲究："顺天行诛，因阴阳四时之制。故《司马法》曰：'冬夏不兴师，所以兼爱民也。'"⑥冬天寒冷，兴师必然使百姓和士兵遭罪，这与"义军"的宗旨是相违背的；夏季是收获和播种的关键时期，如果这时兴师，势必会造成对农业生产的破坏，这也是与"义军"的宗旨相违背的。查曹操每次出师的时间，冬夏确实很少，甚至为了老友袁绍能在死后百日内不被打扰，曹操不惜延长几个月的时间，实施全歼袁绍残余势力的战斗。

---

① 《曹操集译注》，中华书局1979年版，第54页。
② 《曹操集译注》，中华书局1979年版，第100页。
③ 《曹操集译注》，中华书局1979年版，第134页。
④ 夏传才：《曹操集校注》，河北教育出版社2013年版，第213页。
⑤ 夏传才：《曹操集校注》，河北教育出版社2013年版，第207页。
⑥ 夏传才：《曹操集校注》，河北教育出版社2013年版，第207页。

三、"以法持军"的御军思想

曹操说:"吾在军中,持法是也。"[1] 曹操认为,统帅军队最关键的在于"教令"明确。制定教令的目的,是为了不让将士违反教令,执行教令。但是一旦违反教令,就必须按照教令进行制裁。"设而不犯,犯而必诛"[2] 是曹操"以法持军"的最高原则,不论是谁,功劳多大,一旦违背军令,都要受到军令的制裁。这中间当然也包括他自己,"割发代首"的案例,就是最好的证明。正是因为曹操"以法持军",严格贯彻"设而不犯,犯而必诛"的原则,致使曹操的军中很少有敢于违令的行为,因此,史书上关于因违军令而被曹操制裁的军士几乎没有。这就有效地保护了将士的生命,保护了战斗力。这也是曹操区别于其他军阀的可贵之处。

曹操"以法持军"的思想首先表现在军令的制定上。据不完全统计,现存有关军队建设、管理的专门条令就有十三个之多。这些条令的内容,涵盖了军队建设、军队管理、奖赏惩罚、武器制造、将士选拔、政治工作等各个方面。其中《败军抵罪令》《下令大论功行封》《封功臣令》《选军中典狱令》《军策令》《军令》《步战令》《船战令》等最具有代表性。

《败军抵罪令》,依据《司马法》"将军死绥"的理论,规定临阵退却的将领要处以死刑,这是惩罚;《下令大论功行封》《封功臣令》充分肯定了贤士士大夫在军中的作用,按照功劳大小,分别给予不同的封赏,这是奖赏。曹操奖赏的原则是:有功必奖,不惜千金;无功分毫不予。《选军中典狱令》规定了什么样的人可以担任军中执掌刑罚的"典狱"职务,这是用人。《军策令》则要求将士们要多学习,懂得"能小复能大"的道理;士兵平时要多训练,达到"士卒精炼"的标准;将军要身先士卒,但不能轻易离开指挥岗位,不要像"白地将军"夏侯渊那样,亲自带人去修复鹿角,结果丧命于敌人的重围之中,这是提升将士军事素质的途径。《军令》规定了军队行动中的纪律:弓弩手随大军行动时,如果需要调试弓弩,不得

---

①《曹操集译注》,中华书局 1979 年版,第 187 页。
②夏传才:《曹操集校注》,河北教育出版社 2013 年版,第 207 页。

著箭，以免伤着他人，违者打二百鞭，降为军奴；军中官吏不得从事屠杀贩卖等经营活动，违令者，罚没所得，对负有监管职责的打五十棍；军队行军一开始三里之内，士兵要竖着拿矛戟，高举旗帜，擂响战鼓，三里之后，可以自由地扛着矛戟，收起旗帜，停止擂鼓；将要到营地前，再次高举旗帜，擂响战鼓，到营地后收旗止鼓，违者要给予剪去头发的刑罚，并要巡行示众；行军途中，不准砍伐田野中的各种果木，包括桑、柘、酸枣等野生植物，更不准毁坏庄稼等，这是军事纪律。《步战令》和《船战令》是关于步战和船战的一些规定，这是具体战术问题。《百辟刀令》《造发石车令》是关于军械制造的命令。

曹操"以法持军"的思想，还表现在他的大量军事著作上。集军事理论家和军事指挥家于一体，这是古今少有的，而曹操就是这为数不多的大军事指挥家和军事理论家之一。据日本学者川合康三先生研究，曹操一生所写的军事著作，至少有以下这些：《魏武帝司马法注》，《孙子略解》3卷、《续孙子兵法》2卷、《兵书接要》10卷、《兵书要论》7卷、《兵书》13卷、《兵书略要》9卷、《孙子兵法注》及《孙子序》等。[①]遗憾的是这些宝贵的著作大都遗失，只有《孙子兵法注》和《孙子序》流传于世，其他军事著作只能通过其他典籍，略知一二。其中《孙子兵法注》是最早给《孙子兵法》作注的专著。

四、辩证的战略、战术思想

曹操辩证的战术思想来源于他注重实际的思维方式和作风。曹操指挥作战，大都亲临前线，考察环境地形，了解敌我双方的优劣势情，因此能够随机应变，牢牢掌握战争的主动权，并善于变劣势为优势，充分体现了其辩证的战略、战术思想。

（一）用全面和发展的观念指挥战争

曹操在为《孙子兵法·地形篇》"视卒如婴儿"作注时说："恩不可专用，

---

① ［日］川合康三：《曹操》，周东平译，三秦出版社1989年版，第89页。

罚不可独任，若骄子之喜怒对目，还害而不可用也。"① 这里提出了奖和罚的关系，不能一味地奖，如《孙子兵法》所言，视士卒如婴儿，过分地强调奖，最后士卒都变成了说不得，罚不得的"骄子"，这样的士卒是不可用的；反之如果对士卒一味地惩罚，那也不行。惩罚过度，士卒也会反抗，这样的士卒也同样不可用。所以奖罚要得当，唯有如此，士卒们才能乐意听从指挥，部队才有战斗力，士卒才可用。曹操在为《孙子兵法·九变篇》"是故智者之虑，必杂于利害。杂于利，而勿可信也；杂于害，而患可解也"作注时说："在利思害，在害思利，当难行权也。"② 孙子的意思是说，聪明的人考虑问题，必然从利害关系上考虑。一个人出于自身利益而讲的话，千万不可相信；而如果是出于为了避免自身不受害考虑问题，往往就可以找到消灾免祸的办法。曹操进一步指出：在有利的情况下，要多考虑不利的因素；在不利的情况下，要看到有利的因素。这样就可以在面临困境的时候，从容应对困难局面，找到解决困难的办法。这里曹操把战争中的利害关系，看成是可以互相转化的关系。这对于稳定将士情绪，保持将士们头脑清醒，提升将士们战胜困难的信心，都能起到关键性作用，也是曹操"每战必克"的法宝之一。

在战术上，曹操强调"出其所必趋，攻其所必救"③，"势盛必衰，形露必败，故能因敌变化，取胜若神"，"不以一形之胜万形。或曰：不备知也。制胜者，人皆知吾所以胜，莫知吾因敌形制胜也"④。这里曹操指出了打仗不仅要掌握实情，还要隐蔽自己的实情；要善于根据敌情的变化，不断调整自己的战术。战争因素是可以转化的，比如强弱、主动和被动、有利和不利等，因此战术也要及时调整：比如对待已经休整好的敌人，可以采取"利而劳之"⑤之法，使其再次疲劳；对于内部团结的敌人，可以"以间离之"⑥；

① 夏传才：《曹操集校注》，河北教育出版社 2013 年版，第 249 页。
② 夏传才：《曹操集校注》，河北教育出版社 2013 年版，第 238 页。
③ 夏传才：《曹操集校注》，河北教育出版社 2013 年版，第 226 页。
④ 夏传才：《曹操集校注》，河北教育出版社 2013 年版，第 249 页。
⑤ 夏传才：《曹操集校注》，河北教育出版社 2013 年版，第 209 页。
⑥ 夏传才：《曹操集校注》，河北教育出版社 2013 年版，第 209 页。

对于强敌，可以采取"避其所长"①，"击其懈怠，出其空虚"②之法，出其不意地攻击他，使他手足无措，被动挨打。他在"官渡之战"中，奇袭乌巢，就是在敌人居于主动，自己处于极端不利的情况下，制造假象，使敌人判断出现错误，从而由被动变主动，一举烧掉敌人的粮草库，使敌人立即陷入被动，进而将其消灭。他在安众出奇制胜地打败张绣，也是曹操变被动为主动的"取胜若神"之作。这是曹操克敌制胜的又一法宝。

在《孙子兵法注》里，曹操此类注文还有很多，比如："示以远，速其道里，先敌至也"，讲的是行军的快慢战术；"善者则以利，不善者则以危"③讲的是开战的时机，时机把握好了，就会取得有利的条件，把握不好，就会很危险，利和危也是互相转化的，等等，这里不再一一列举。

（二）注重发挥将士的主观能动性

《孙子兵法》说："凡用兵之法，将受命于君"，没有皇帝的授权，将军是不能动用部队的。但是，"涂（途）有所不由，军有所不击，城有所不攻，地有所不争，君命有所不受"④。战争中如果遇到特殊情况，君命是可以违背的。曹操在此注曰："隘难之地，所不当从；不得已从之，故为变。"只有部队处于非常危险的境地时，才可以"君命有所不受"，如果迫不得已，不得不从，也要发挥指挥员的主观能动性，变通执行命令。曹操在给"善战者，求之于势，不责于人，故能择人而任势"这段话作注时说："求之于势者，专任权也，不责于人者，权变明也。"⑤好的指挥员，能在战争中有效地利用各种有利条件，充分发挥主观能动性，而不是过分地听从和依赖他人的指示，这样指挥员就可以灵活地利用有利条件，快速反应，从而使指挥员变得精明而神奇。

那么在什么条件下，最能发挥将士们的主观能动性呢？曹操认为："必

---

① 夏传才：《曹操集校注》，河北教育出版社2013年版，第208页。

② 夏传才：《曹操集校注》，河北教育出版社2013年版，第209页。

③ 夏传才：《曹操集校注》，河北教育出版社2013年版，第231—232页。

④ 夏传才：《曹操集校注》，河北教育出版社2013年版，第236—237页。

⑤ 夏传才：《曹操集校注》，河北教育出版社2013年版，第224页。

殊死战，在亡地无败者。孙膑曰：'兵恐不投之死地也'。"① 这就是物极必反，置之死地而后生的道理。人只有在生死关头，才能在求生欲望的驱使下，最大限度地发挥主观能动性。建安二十年（215年），曹操率大军进攻汉中，命张辽、乐进、李典率七千多人驻守合肥。曹操得知孙权率十万大军围攻合肥，情况十分危急。千里之外的曹操，写了一道《合肥密教》给护军薛悌，"密教"封皮上写了"贼至乃发"四字，要薛悌星夜赶往合肥。张辽等人根据"密教"，主动出击，一举击溃孙权十万之众，创造了战争史上的奇迹。这一仗就充分体现了曹操发挥指挥员积极性和"在亡地，无败者"的战术思想。

（三）掌握战争主动权

能否掌握战争主动权，体现了指挥员能否充分利用战争规律，把握战争局势，使之向有利于我方转变的能力。好的指挥员既尊重现实，尊重战争规律；又能充分利用战争规律，扩大胜利成果。

《孙子兵法·虚实篇》主张战争中，要避实击虚，引敌制胜，掌握战争主动权，主动地争取和扩大战争胜利成果。曹操对此文注曰："出空击虚，避其所受，击其不意"②，陷敌于被动挨打的境地；要充分运用"绝其粮道，守其归路，攻其君主（统帅部或关键地区）"③等办法，调动在高垒深沟内的敌人，在运动中予以歼灭。在平定关中时，敌方不断有新的部队加入战斗，大家都很担心，唯独曹操很高兴，原来这是曹操在有意调动敌人，使其加入战斗，以便彻底消灭他们。这场战争开始前，很多人认为"关西兵强，习长矛，非精选前锋，则不可挡也"，对战争的前途表示担忧。曹操对大家说："战在我，非在贼也。贼虽习长矛，将使不得以刺，诸军但观之耳。"④ 这里充分体现了曹操高超的掌握战争主动权、有效按照自己的意图调动敌军的指挥艺术和自信。

---

① 夏传才：《曹操集校注》，河北教育出版社 2013 年版，第 257 页。
② 夏传才：《曹操集校注》，河北教育出版社 2013 年版，第 226 页。
③ 夏传才：《曹操集校注》，河北教育出版社 2013 年版，第 227 页。
④《三国志·武帝纪》注引《魏书》，岳麓书社 1990 年版，第 28 页。

辩证法认为，事物是运动的，运动是有规律的，规律虽然无法改变，不可抗拒，不可违背，但是可以认识，可以运用。曹操的这些认识和思想，客观上吻合了辩证法思想，因此成就了他伟大的军事业绩。

五、曹操的战术艺术

人们一直以来，总把诸葛亮当成最有智慧的人。那么诸葛亮是如何评价曹操和他自己的军事才能的呢？他说："曹操智计殊绝于人，其用兵也，仿佛孙、吴。""先帝（刘备）每称操为能，犹有此失（几次败仗），况臣弩下，何能必胜。"[①]这是诸葛亮《后出师表》里的一段话，应该说这是诸葛亮的真心话。诸葛亮认为，带兵打仗，自己不如曹操。事实也的确如此，曹操带的兵，没有敢违抗命令的，而诸葛亮带的兵则时有违令者，马谡就是一例。

曹操艺术化的战例太多了，这里选择几个有代表性的战例，说明曹操的战术艺术：

（一）兵不厌诈

曹操说："兵无常形，以诡诈为道。"[②]兴平二年（195年）夏，吕布部将薛兰、李封驻扎在巨野，曹操发兵攻打巨野，吕布前去救援，结果被曹操打败，吕布退走，薛兰被杀。后来吕布、陈宫又率领上万人马来攻打曹操。这时的曹操兵少，便故布疑阵，一面在山林中以少数骑兵跑来跑去，扬起尘土，迷惑敌人；一面又利用有利地形，设下埋伏。吕布误认为曹操屯兵山林，便放火烧了山林，以为曹兵全被烧死，就大胆率部前进。当吕布进入伏击圈后，曹操纵兵出击，吕布大败。建安二十年（215年）曹操南征张鲁，兵到阳平关时，遭到张鲁的弟弟张卫和部将杨昂的阻拦，并在山腰上修筑了十多里长的长城。曹操一时攻不下来，就佯装撤兵。张卫、杨昂见曹操大军已撤，就放松了守备，曹操则暗中派解剽、高祚等人乘险进行夜袭，结果敌军大败，大将杨任被杀，张卫趁夜脱逃，张鲁的军队星

---

①《古文观止》上册，中华书局1959年版，第208页。

②夏传才：《曹操集校注》，河北教育出版社2013年版，第208页。

夜逃奔巴中。

（二）绝地乃生

曹操说："必殊死战，在亡地无败者。"①建安三年（198年）三月，曹操在穰城包围了张绣，五月张绣的盟友刘表，派兵增援张绣，对曹操构成了很大的威胁，曹操只好撤军。这时张绣率兵急追，情况十分危急，曹操只好摆成连营的阵势，慢慢撤退，每天只能走几里路。但是曹操给留守许都的荀彧写信说："贼来追吾，虽日行数里，吾策之，到安众（今河南省镇平县东南），破绣必矣。"②到了安众，张绣和刘表兵合一处，守住险要，曹操前后受敌。夜间，曹操命令士兵挖一条通往山外的地道，把全部辎重运到山外，并设下伏兵。天亮后，张绣不见曹操踪影，以为是乘夜逃走了，于是率军来追，陷入曹操的包围圈，被曹操打得落荒而逃。七月曹操回到许都，荀彧不解地问曹操："你是怎么知道敌军必败在安众的？"曹操说："虏遏吾归师，而与吾死地战，吾是以知胜矣。"③

（三）声东击西

建安五年（200年）二月，袁绍派郭图、淳于琼、颜良进攻驻扎在白马的东郡太守刘延，曹操率军前去解围。荀攸建议曹操装作从延津渡河，抄他后路的样子，袁绍必然要分兵西应，然后我们用轻装部队袭击白马，攻其不备，就可以解白马之围。曹操接受这个建议，以计而行，袁绍果然分兵西应，曹操遂率精兵直奔白马，直到离白马十多里时，颜良才发觉曹操的真实意图，仓促应战，被张辽、关羽打得一败涂地，颜良被杀，白马之围遂解。

（四）出其不意

建安五年，曹操与袁绍在官渡对峙数月，曹操兵少粮乏，几乎到了支撑不下去的地步。十月，袁绍的谋士许攸来投，献火烧袁绍乌巢粮草之计。曹操认为这是个好办法，于是亲率五千轻骑，化装成袁军。乘夜奔赴乌巢，

---

① 夏传才：《曹操集校注》，河北教育出版社2013年版，第257页。
② 夏传才：《曹操集校注》，河北教育出版社2013年版，第69页。
③ 夏传才：《曹操集校注》，河北教育出版社2013年版，第70页。

拂晓抵达。袁军守将淳于琼惊慌失措，仓促应战，被曹操打败，退回营中。袁绍派骑兵驰援淳于琼，这时有人建议曹操应分兵抵抗，曹操大怒说："贼在背后，乃白。"[1] 于是士兵拼命与袁军作战，擒杀了淳于琼，烧了袁军的全部粮草和军用物资。袁绍一开始听说曹操要攻打淳于琼时，感到很意外，继而又想趁机去攻占曹操的营寨，派张郃、高览进攻曹营守将曹洪。结果张郃听到淳于琼大败的消息，知道袁绍成不了大事，必然败在曹操手下，于是率部投降了曹操。袁军全面崩溃，袁绍丢下部队，仓皇逃往黄河以北去了。

（五）借力发力

曹操平定冀州后，袁绍的两个儿子逃到北方，与少数民族部落首领相互勾结，祸乱边境。为了彻底消灭袁氏余孽，建安十二年（207年）春，曹操率军北征乌桓，斩杀了乌桓首领蹋顿和一些部落王。辽东单于速仆丸和辽西、右北平的一些部落首领，与袁尚、袁熙一道，逃奔辽东。以前辽东太守公孙康，倚仗远离朝廷的优势，坐地为王，不服从朝廷的管辖。这时有人建议曹操，借此机会，一举消灭公孙康，收复辽东，还可以擒拿袁氏兄弟。曹操则说："吾方使康斩送尚、熙首，不烦兵矣。"[2] 九月曹操率兵撤离柳城时，公孙康果然送来了袁尚、袁熙及速仆丸等人的人头。众将领不解地问曹操：你从柳城撤军了，公孙康却把二袁等人的人头送来了，这是为什么？曹操说："彼素畏尚等，吾急之则并力，缓之则相图，其势然也。"[3] 所以不攻打公孙康，就可以借助公孙康的力量，杀掉袁氏兄弟及乌桓动乱分子。反之，他们就会拧成一股绳，这与朝廷的战略意图是相悖的。

（六）暗度陈仓

建安十六年（211年）春，马超、韩遂、杨秋、李堪、成宜等举兵叛乱，七月，曹操率兵西征，与马超等人在潼关驻军对峙。曹操用重兵盯住敌军，暗中派徐晃、朱灵等趁夜渡过蒲阪津，进而占据黄河西岸构筑工事。接着

①《三国志·武帝纪》，岳麓书社1990年版，第16页。
②《三国志·武帝纪》，岳麓书社1990年版，第23页。
③《三国志·武帝纪》，岳麓书社1990年版，第23页。

曹操从潼关北渡黄河，敌人在渭河口抵抗，曹操设疑兵暗中用船将部队运入渭河，架设浮桥，并在渭河南岸扎营。敌人夜袭曹营，被伏兵击退。马超等人移兵至渭河南岸，派使者求和。答应将黄河以西地区割让给曹操，曹操拒绝了马超等人的求和，九月，曹操渡过渭河，马超等人屡次挑战，曹操不予理睬。马超一再请求割地，送人质求和，曹操采用贾诩的计策，假装应允，以延时日，暗中加紧战斗准备。曹军一切准备好后，马上向马超发出战书，限定日期与之交战。结果马超大败，李堪、成宜被斩，马超、韩遂逃亡西凉，杨秋逃到安定，于是关中得以平定。这时有人问曹操："当初，马超、韩遂固守潼关，渭北兵力薄弱，我们不从河东进攻冯翊，反而也守潼关，过了很长一段时间才北渡黄河，为什么？"曹操说："贼守潼关，若吾入河东，贼必引守诸津，则西河未可渡，吾故盛兵向潼关；贼悉众南守，西河之备虚，故二将（徐晃、朱灵）得擅取西河；然后引军北渡，贼不能与吾争河西者，以有二将之军也。连车树栅，为甬道而南既为不可胜，且以示弱。渡渭为坚垒，虏至不出，所以骄之也；故贼不为营垒而求割地。吾顺言许之，所以从其意，使自安而不为备，因畜士卒之力，一旦击之，所谓'疾雷不及掩耳'，兵之变化，固非一道也。"①

曹操的军事思想，特别是战术案例，还有很多。仅他的《孙子兵法注》注文就还有许多值得研究的思想，本书限于篇幅，就不再介绍了，感兴趣的读者，可以详阅本书"曹操文选"相关内容。

第五节　曹操的文学思想

曹操在文学艺术上的成就是多方面的。王沈在《魏书》中说：曹操"御军三十余年，手不舍卷，昼则讲武策，夜则思经传，登高必赋，及造新诗，被之管弦，皆成乐章。才力绝人，手射飞鸟，躬禽猛兽，尝于南皮（今河北南皮县）一日射雉获六十三头。及造作宫室，缮治器械，无不为法则，

---

① 《三国志·武帝纪》，岳麓书社1990年版，第28页。

皆尽其意。"① 此外曹操在书法上也造诣颇深，晋人张华在他的《博物志》一书中说："汉世，安平崔瑗、崔实，弘农张芝、芝弟昶并善草书，而太祖（曹操）亚之。"② 曹操虽然文学艺术成就斐然，但是就其有关思想理论方面的论述则很少。这就为介绍曹操的文学思想带来了麻烦，本书依据前人研究的成果，大胆提出自己的一些看法，若能抛砖引玉，就是大幸了。

文学这个概念很大，不同时期的内涵也不一样。"古代把一切用文字书写的书籍文献，统称为文学。"③ 一般定义为：文学是"用艺术语言为手段以构成形象，来反映社会生活并表达作者思想情感的艺术。"④ 文学属于意识形态范畴，起源于生产劳动，是人类按照美的规律来创造对象的一种精神产物。文学是一定社会现象在人们头脑中的反映，不同的阶级、阶层、利益集团对同一种社会现象有不同的态度，因此文学具有阶级性，反映不同阶级的认识和感情，维护和争取不同阶级的利益和要求。同时文学现象又是人类精神劳动连绵积累的成果，优秀的文学作品构成全社会共同的精神财富，所以文学又具有历史的延续性和继承性。我们讲的曹操的文学思想，主要是指曹操通过其诗歌文章所反映的思想，以及曹操对待历史文化和当代文学实践的主张。

一、继承传统，注重创新

曹操的文学作品，原来收入《魏武帝集》，但很遗憾这部书没能流传下来。曹操现存的作品集，最早是明代张溥编辑《汉魏六朝百三名家集》时，将散见于其他典籍中的作品归集整理而成的，后来在传承的过程中，历代均有新的发现和补充。特别是清代严可均《全上古三代秦汉三国六朝文》和近代逯钦立《先秦汉魏晋南北朝诗》，下大力气搜集、整理、订正、补充了张溥的《曹操集》。

---

① 《三国志·武帝纪》注引《魏书》，岳麓书社 1990 年版，第 43 页。
② 转引自程效先《跨界帝王曹操》，黄山书社 2013 年版，第 6 页。
③ 《辞海》（普及本第六版），上海辞书出版社 2010 年版，第 4125 页。
④ 《简明社会科学词典》，上海辞书出版社 1982 年版，第 175 页。

曹操传世的各类文章，包括残篇共计一百五十一篇（不含《孙子兵法注》和他人代写的书信文章）；诗作有二十五首，残句三则，均为乐府诗，又不完全拘泥于汉代乐府。因而可以说，他继承了乐府的传统，推动了五言诗的发展，焕发了四言诗的新生，开一代诗风。所以鲁迅先生1927年在广州夏期学术演讲会上，发表《魏晋风度与药及酒之关系》时说："曹操是改造文章的祖师。"

乐府是汉武帝时设立的、专门掌管音乐的机构名称。它的具体任务是：收集全国各地的民歌，为宫廷典礼仪式等训练乐工。经过它收集加工的歌曲，就被称为"乐府"。乐府把朝廷的雅乐和民歌，根据演奏形式不同而分为《相和曲》《清商曲》《平调曲》等不同的曲牌和种类，曲牌下又分"调"，习惯上叫作"曲调"，或者"歌"。其中《相和曲》就有十五个曲名：《气出唱》《精列》《江南》《度关山》《东光》《十五》《薤露》《蒿里》《觐歌》《对酒》《鸡鸣》《乌声》《平陵东》《东门》《陌上桑》。[1] 这种乐府在西汉、东汉时一直流行着。从汉魏到唐代，人们把这一类可以入乐的诗歌和文人沿用汉乐府古题创作的诗歌，称为乐府诗或乐府。汉代的乐府实际是属于音乐题材的范畴，乐府词作者的名字，一般都没有流传下来。当时的文学家倾心创作的不是乐府歌词，而是辞赋，即押韵长篇叙事文学。汉代辞赋大肆张扬京城的荣华、宫殿的壮丽、天子狩猎场面的宏大等，总之是围绕着与宫廷威武豪华的地位相关的事情而倾心铺陈创作。晋代陆机称这种文体的作品为"体物"。[2] 这种作品极尽夸张之能事，与它描写的事物的实际相去甚远，虽然这类作品在建安之前，一直是主流，但仍为一些有良知的作家所不齿。曹操就是这类有良知的作家代表。

从上述汉乐府曲牌名称的介绍，我们可以看出，曹操的诗歌题名都是乐府名称，这说明曹操对乐府是持继承态度的。但是曹操大胆打破了传统乐府的陈规陋习，给文坛带来了新风，也开启了中国诗歌继《诗经》之后

---

① 夏传才：《曹操集校注》转引张永《元嘉技录》，河北教育出版社2013年版，第1页。

② ［日］川合康三：《曹操》转引陆机《文赋》，周东平译，三秦出版社1989年版，第126页。

的第二个高峰——建安文学新时代。曹操利用乐府形式，运用现实题材，创作出全新的乐府诗。和传统乐府诗和辞赋相比，曹操的诗，其素材不仅来自宫廷内部，更多的是自己亲身经历的社会现实和老百姓的生活状况，并融入了个人的思想感情。"这种文学上的革新，也和曹操在其他领域所进行的革新一样，很大程度上是由于他摆脱了旧时代的束缚而获得自由的缘故。"①

如果说，中国诗歌的特征，是以日常生活为内容、以抒发个人情感而创作的韵文，那么可以看出，这一特征自建安文学开始表现得尤为显著。曹操及建安文学作家都创作了大量的、植根于日常生活的抒情文学作品。乐府成了文人的创作体裁后，原先带有集体无记名性质的歌谣，被带有作者各自特征的文学作品所代替。诗歌的这一变化，对于赋体文学也产生了极大的影响，出现了像王粲的《登楼赋》、曹植的《洛神赋》之类的抒情歌赋。与这之前的那种竞相堆砌华丽辞藻的汉赋相比，这些歌赋更注重社会现实的描写和个人的情感的抒发，篇幅也较之前的汉赋要小得多，因而更能突出主题，读来朗朗上口，感染力也更强。

建安文学中的诗歌，在形式上也发生了对此后中国诗歌形式具有决定性影响的巨大变化：五言诗由此基本定型。五言诗打破了以《诗经》为代表的四言句式，从而使诗歌句式更加丰富，诗歌的表现力也因此而更加强烈。五言诗最早可以追溯到班固的《咏史诗》，但是作品平平，没有什么影响力。对建安文学有先导意义的是作者不详、产生于东汉晚期的《古诗十九首》。不过这些诗歌表达的是人们对死亡将要来临时的无限恐惧之情，以及由此产生的满腹忧愁。以曹操为领袖的建安文学作家继承发扬了这一文学成果，又进行了彻底改造创新：内容上更注重人的精神力量的描写，正如他自己所说："歌以言志"②；这个命题格调上更注重对积极人生的讴歌；手法上则以现实题材为主，也偶有像"游仙诗"之类的浪漫幻想题材。

---

① ［日］川合康三：《曹操》转引陆机《文赋》，周东平译，三秦出版社1989年版，第126页。

② 《曹操集译注》，中华书局1979年版，第27页。

曹操对四言诗的改造，也取得了非凡的成就。四言诗从《诗经》开始，已有一千多年的历史，形式僵化，《诗经》之后少有佳作，曹操在新的历史条件下，发展充实了四言诗体：语言更加平民化，但不失典雅；内容更贴近生活和现实，但又不是照搬现实；长短以内容的多少为依据，不拘泥于古制；表现手法更加丰富多样，从而使作品更富有感染力。所以夏传才先生说："他的四言诗是《诗经》之后四言诗的最佳作品，被称为复兴四言诗的作家。"① 吴乔在《围炉诗话》中说："作四字诗，多受束于《三百篇》句法，不受束者，惟曹孟德耳。"范文澜也说：曹操的"四言乐府诗，立意刚劲，造语质直，《三百篇》以后，只有曹操一人号称独步。"②

二、以典喻理，生动形象

以典喻理是文学家、思想家最常用的表现手法，也是文学家、思想家文化理论功底深厚，学养丰富的标志。而能够对待典籍人物信手拈来，浑然天成，使高深的道理简单明了，则是宗师级大家特有的素养，曹操就是这样的大家宗师。曹操现存的诗歌文章，几乎篇篇用典，有些作品还引用多个典故和多部典籍。

下面是曹操著名的政治理想诗《度关山》：天地间，人为贵。立君牧民，为之轨则。车辙马迹，经纬四极。黜陟幽明，黎庶繁息。於铄贤圣，总统邦域。封建五爵，井田刑狱。有燔丹书，无普赦赎。皋陶甫侯，何有失职？嗟哉后世，改制易律。劳民为君，役赋其力。舜漆食器，畔者十国，不及唐尧，采椽不斫。世叹伯夷，欲以厉俗，侈恶之大，俭为共德。许由推让，岂有讼曲？兼爱尚同，疏者为戚。

该诗启句就是"天地间，人为贵"，显然这是孟子"民贵君轻"思想的翻版。"黜陟幽明，黎庶繁息"句中的"黜陟幽明"，语出《尚书·舜典》。"皋陶甫侯"中"皋陶"是舜时掌管刑罚的长官，传说他制定了五种新的刑法。"舜漆食器"，是说尧为天子时，用土制餐具，天下臣服；舜继位后，用木漆餐具，

---

① 夏传才：《曹操集校注》，河北教育出版社 2013 年版，第 8 页。

② 转引自闫璞、杨光远：《论曹操》，安徽文艺出版社 1996 年版，第 19 页。

结果有十三个方国背叛他。"唐尧采橡不斫"，是说尧建房子，用没有经过砍削的、最普通的柞木或栎木作橡子，说明尧生活俭朴，所以受到人民的爱戴和拥护。伯夷是商末孤竹国君的长子。其父死后，因与弟弟叔齐互相让国而出走他国。"侈恶之大，俭为共德"，语出《左传·庄公二十四年》："俭，德之共也；侈，恶之大也。"尧原来想把帝位让给许由，许由坚决不接受，并逃到箕山之下去种地；尧又请他做九州之长，他到颍河边洗耳，怕因名污耳。兼爱、尚同是《墨子》中的两个篇名，也是墨家学派创始人墨翟的政治主张："兼相爱""天下之百姓，皆上同于天子"。由于诗中使用了这么多典故，因而不仅大大地缩短了文章篇幅，而且使深奥的道理，通俗化、形象化，从而使人读之爱不释手，极大地提升了诗的感染力。

《举贤勿拘品行令》是一篇非常难写的文章。如果抛开曹操当时所处的环境，主张当官不要拘泥品行，的确有点说不过去，也很难让人们接受这样的观点。因为自古以来，不论哪家理论，做官的首要条件都是要有良好的品行：儒家讲仁，法家讲公，墨家讲兼爱，道家讲德，兵家讲义……总之人品不好，不能当官。直到今天，我们还讲"德才兼备，以德为先"。但是曹操当时所处的环境是连年战乱，人口锐减至十之一二，能够率兵打仗，治理国家的贤才更是少之又少；另一方面，国家要统一，社会要安定，人民要生存，这些目标要实现，又需要一大批有"治国用兵之术"的人才。所以为国家和人民的大局，曹操提出了"举贤勿拘品行"的用人方略。这个方略的提出，曹操是承担了落下千古骂名风险的，这就是千百年来，一些所谓的正人君子，辱骂曹操的口实之一。在那个守旧势力十分猖獗的年代，要讲清楚"举贤勿拘品行"的道理，并加以推行，十分困难。曹操运用了大量的历史典故，将这个看似有悖于常理的道理，不仅讲得明明白白，还让人口服心服。他说：从前伊挚、傅说出身微贱（针对当时门阀之风盛行的现实），管仲是齐桓公的仇敌，都因重用他们，而使国家兴隆。萧何、曹参原来是县吏，韩信、陈平都有不光彩的名声，（甚至）有过被人讥笑的耻辱，但他们终能成就王业，名传千古。吴起为了能当上（鲁国）的将军，杀了出生于齐国的妻子，以取得鲁君的信任；又曾散尽家财谋求官位，母亲死了也不回家。然而吴起在魏国为将，秦国便不敢向东侵犯魏国；在楚国任相，赵、韩、魏三国就不敢向南图谋楚国。现在天下难道就没有德才很高的人流落在民间，以及果敢勇猛、奋不顾身地对敌作战的人？（还有就是）像身为普通小吏而才德却超过一般人，（甚至）有的可以担任将军、郡守；乃至背负着不光彩的名声，被人讥笑；或者（被认为）是不仁不孝而确有治国用兵的才能。你们要把自己所知道的（上述各类人才）都推荐出来，不得有所遗漏。文章用三分之二的篇幅引用历史典故，借古论今，不仅充分论证了"举贤勿拘品行"的必要性、合理性、可行性、紧迫性，还使复杂的道理变得浅显易懂，令反对者哑口无言。更重要的是使文章平添了许多趣味性，语言生动形象，让人读后不得不赞同作者的观点。

三、以实为本，直抒胸臆

曹操是一位重实效轻形式，重实际轻旧规，生活俭朴，坦诚真实，胸中有宇宙，笔下无虚言的政治家和理论家。他的这一个性化思想，也是他文学创作的指导思想。因此他的作品，没有穿衣戴帽的形式，没有虚情假意的语言，更没有不着边际的夸夸其谈。有什么话就写什么话，心里怎么想的，就怎么写。所以他的作品，大多惜字如金，篇幅短小精悍，内容丰富多彩，语言直达人心，作品呈现出"短、实、直"的显著特点。

《薤露》是学界公认的"诗史"，诗中对两汉二十二个皇帝的用人之道，特别是董卓乱政这一重大历史事件，做了翔实的记录和评判。但是这么大的历史事件，曹操只用了七十个字，而两汉用人之道则只用了十个字。被称为"汉末实录"的《蒿里行》，全诗也只有八十个字。《观沧海》虽然只用了五十六个字，但雄伟的海景和壮阔的胸怀，却跃然纸上，可谓千古绝唱。

曹操做人有过错就承认，就改正，从不推卸责任，实实在在。他的诗文也一样，敢于面对现实，记录现实。除了上述《薤露》《蒿里行》是公认的"历史实录"外，其他诗文也大都如此真实。如《苦寒行》记录了建安十一年（206年）曹操率军北上太行，征讨高干行军途中的艰难困苦。《却东西门行》则描写了战争岁月里，将士们怀念故土的真实感情。而《秋胡行》，曹操则把自己已到暮年，统一大业已经无望完成的苦闷心境，和他欲求不得、欲罢不能的矛盾心情，毫不遮掩地表露出来。《善哉行》和《让县自明本志令》更是把自己不太光彩的身世，和自己不能交出权力的真实想法，和盘托出。这对于心胸狭隘者来说，简直是天方夜谭。

因为曹操重"实"，所以说事说理就没有必要含蓄曲折，而是直来直去。如前文所讲"举贤勿拘品行"，就没有为身负污名的人做任何辩护，而是直言就因为他们有治国统军的本领，国家需要这样的人。还有《让县自明本志令》中，关于不交权力的观点，也没有过多的论证，只是说国家需要，自己从自身安全和子孙安全的角度考虑，不能交出权力，不能图虚名，而取实祸。这份坦诚直率，历史上没有几个帝王将相能够做到。曹操不仅做到了，而且做得自然大方，令人信服，甚至使人感到可爱。如此文章的感染力，可信度就不言而喻了。

四、兼容并蓄，唯真是从

曹操素以"好学明经"[①]自负，其博学多才，世人公认。因此，曹操的思想也具有"兼容并蓄"的特点，说曹操是哪一学派，似乎都不妥。曹操写诗写文，"唯真是从"，只要主题需要，那一学派的理论、观点都用。

《短歌行》歌颂的周西伯昌的圣德，曹操常常以周文王为自己做事为人的目标和榜样。周文王姬昌，任西伯时，积极发展力量，扩充势力范围，当时天下九州，姬昌已实际控制了六州，三分天下有其二，但是还能向纣王按时进贡，尽臣子礼节不坠。甚至因崇国国君的逸言，姬昌被殷纣王打入大牢，出狱后，仍能臣服天子。因此殷纣王才赐给姬昌斧钺，授予姬昌征伐和杀人的权力。周文王的德行，是儒家敬奉的楷模，曹操认为自己就应该像周文王那样，不管势力多大，但臣服天子之心不变。后来他在《让县自明本志令》等多部作品中运用这则史料，以表明自己"无意篡汉"之心。《善哉行》赞扬了奠定周朝基业的古公亶父，和让国的太伯、仲雍、伯夷、

---

① 夏传才：《曹操集校注》，河北教育出版社 2013 年版，第 201 页。

叔齐等儒家代表人物的高风亮节。其他儒家典籍和人物，如齐桓公、晋文公、管仲、萧何等都是曹操作品中的常客，可谓不一而足。此外，诸如"孟母三徙""过庭之语"等儒家的经典故事也常被曹操引入文中，以增强文章诗歌的感染力。

曹操的《龟虽寿》，取材于《庄子·秋水》："吾闻楚有神龟，死已三千岁矣。"被后人称为"游仙诗"的《气出唱》《精列》《秋胡行》则更是直接将道家思想、道教人物、神话故事写进诗中。在《决议田畴让官教》中，曹操把田畴不接受封赐比喻为"墨翟兼爱尚同之事""老聃使民结绳之道"。《求贤令》引用《老子》第七十章"钓于渭滨者"一语，说明仍有"被褐怀玉（披着粗布短衣，怀有经天纬地之术）"，像姜子牙那样的奇才，没有被发现重用。如果说曹操想做周文王那样的政治家，那么寻找姜子牙那样的人才，就是他一生中最大的心愿。

曹操现存诗歌和文章中，直接或间接引用的典籍大体上有以下这些：《尚书》《诗经》《周易》《周礼》《左传》《公羊传》《管子》《晏子春秋》《鲁春秋》《吕春秋》《吕览》《老子》《论语》《孟子》《庄子》《墨子》《商君书》《淮南子》《韩非子》《史记》《盐铁论》《汉书》等，如果再加上曹操日常工作中使用的"申商之法术"和《孙子兵法》《司马穰苴兵法》等典籍，几乎涵盖了先秦所有的典籍和汉代主要著作。这个书单不仅说明，曹操确实是"好学明经"，而且还说明曹操的思想理论确实是"兼容并蓄"，没有门派之见，只有"唯真是从"。

五、重用文学人才，形成尚文风气

重用文学人才，是曹操文学思想的重要组成部分，也是建安文学得以形成的主要原因。平台往往是成功的基础，曹操对建安文学形成的最大贡献，就是为文学家提供施展才华的平台，并以自己的文学实践影响、引导了建安作家的创作方向和技巧。

曹操汇集的文人有两种：一是各方面的管理人才和谋士；二是以文字工作为主要内容的"文士"（张骘写有《文士传》）。这批文士不下百人，是建安文学的主力作家，而其中又以"建安七子"为代表。"建安七子"，语出曹丕的《典论》："今之文人，鲁国孔融文举，广陵陈琳孔璋，山阳王粲仲宣，北海徐干伟长，陈留阮瑀元瑜，汝南应玚德琏，东平刘桢公干。斯七子者，于学无所遗，于辞无所假，咸以自骋骥騄于千里，仰齐足而并驰。"①曹操、曹丕、曹植、蔡琰等当然也是建安文学的代表人，其中曹操是建安文学的领袖，曹丕、曹植则是实际的组织者和主要的倡导者。建安文学是历史发展的必然产物，但曹氏父子在其中所起的关键作用，也毋庸置疑。

建安七子中，孔融（字文举）年龄最大，比曹操还大两岁，也是最受争议的人物，《三国志》没有为其立传，也没把他列为建安七子，②不少学者甚至认为不应该把孔融列为建安七子。孔融治国无能，统军乏术，但文章写得好，又是孔子的第二十代孙，所以名气很大，曹操正是看中了孔融的文采，才在孔融走投无路的时候，召进朝廷，任将作大匠，负责宫廷的房屋建造和用品置办。这不仅进一步提升了孔融的名气，而且也为孔融的写作提供了各方面的有利条件。

王粲，字仲宣。十七岁时随献帝西迁至长安，受到了大文豪、蔡文姬的父亲、蔡邕的厚爱，被"诏除黄门侍郎"，因为西京动乱，没有就任，到荆州依附刘表。刘表因为王粲长得又瘦又小，没有重视他。刘表死后，王粲力劝刘琮归降曹操，被曹操任命为丞相掾，赐关内侯。王粲由此不仅进入国家中枢机关工作，而且更重要的是为其文学创作开阔了视野，提供了平台。建安二十一年（216年），王粲随军征吴，第二年春病死在东征途中，时年四十一岁。王粲的两个儿子随后被仇人魏讽所杀。曹操知道这个消息后，非常悲痛，说："孤若在，不使仲宣无后。"③

徐干，字伟长。关于徐干的情况，《三国志》虽为其立传，但内容简单，只有一句话："干为司空谋祭酒掾属，五官将文学。"裴注引《先贤行状》

---

① 《三国志·刘桢传》注引《典论》，岳麓书社1990年版，第483页。
② 《三国志·王粲传》，岳麓书社1990年版，第481页。
③ 《三国志·王粲传》，岳麓书社1990年版，第481页。

说，徐干青玄体道，六行修备，聪识洽闻，操翰成章，轻官忽禄，不耽世荣。建安中，太祖特加旌命。以疾休息。后除上艾长，又以疾不行。看来徐干可能信奉道教，而且身体不好，所以曹操特批他长期在家养病。这也是曹操尊重、关心文人的表现之一。

陈琳，字孔璋。早年任何进的主簿，因董卓之乱，避难冀州，给袁绍当秘书。袁绍失败后，陈琳归降曹操。曹操因爱其才，不念陈琳当年受袁绍之命，写"檄文"大骂曹操祖宗三代之仇，任命陈琳为司空军谋祭酒，掌管记室事务。陈琳由此也获得了从事文学创作的优越条件。

阮瑀，字元瑜。是蔡邕的学生，建安初年，曹洪曾请他做秘书，阮瑀不干。后来曹操把他召来，和陈琳一道任司空军谋祭酒，掌管记室，军国书檄，大多由陈琳、阮瑀操刀。后来陈琳任门下督，阮瑀任仓曹掾属，是出入曹府的常客。

应玚，字德琏。先后任丞相掾属，平原侯（曹植）庶子，后任五官将文学。

刘桢，字公干，也是丞相掾属。曹丕当上太子后，有一次宴请诸文学雅士，酒酣之际，曹丕命甄夫人出来拜见各位。大家见了甄夫人都趴在地上行礼，唯独刘桢平视甄夫人。曹操知道后，以"不敬"之罪收监受审。后来死罪免除，削职为民。

我们从建安七子的人生轨迹可以看出，曹操对这些文人十分重视，个个都安排在他身边工作，或者是在曹丕、曹植身边工作。

曹操重视文学的思想，最突出的表现，是花重金将蔡琰从匈奴赎回，并安排好她的婚姻生活，从而使蔡琰可以安心创作，写下了大量脍炙人口的佳作，诸如《悲愤诗》《胡笳十八拍》等，而且还抢救了一大批古籍文献，为国家的文化事业做出了特殊贡献，这与曹操重视文人，崇尚文学是分不开的。

曹操文选

第一部分　曹操诗歌选编

度　关　山①

天地间，人为贵。立君牧民，为之轨则。② 车辙马迹，经纬四极③。黜陟幽明，黎庶繁息④。於铄贤圣，总统邦域⑤。封建五爵，井田刑狱⑥。有燔丹书，无普赦赎⑦。皋陶甫侯，何有失职⑧？嗟哉后世，改制易律。劳民为君，役赋其力。⑨ 舜漆食器，畔者十国，不及唐尧，采椽不斫⑩。世叹伯夷，欲以厉俗，侈恶之大，俭为共德⑪。许由推让，岂有讼曲⑫？兼爱尚同，疏者为戚⑬。

【注释】

①度关山：乐府曲调名。

②牧民：治理百姓。轨则：法度，准则。

③车辙马迹：君王出巡车驾所到之处。经纬：纵横交错。四极：极远的地方。

④黜陟幽明：语出《尚书·舜典》。黜：降职或罢免；陟：提升；幽：暗：不优良；明：优良的人品和才干政绩。

⑤於铄：赞美词。

⑥封建：指周代实行的分封制。

⑦燔：烧。

⑧皋陶：舜时掌管刑罚的长官。

⑨嗟：感叹词。

⑩ 采：柞木或栎木。不斫：不经砍削。

⑪ 伯夷：商末孤竹国君的长子。

⑫ 许由：尧原来要把帝位让给许由，许由不受，逃到箕山下种地。

⑬ 兼爱尚同：《墨子》中的两个篇名，也是墨子的政治主张。戚：亲近。如果天下兼爱尚同，那么人际关系就没有亲疏之分了。

薤　露　行 ①

惟汉廿二世，所任诚不良 ②。沐猴而冠带，知小而谋强 ③。犹豫不敢断，因狩执君王 ④。白虹为贯日，己亦先受殃 ⑤。贼臣持国柄，杀主灭宇京 ⑥。荡覆帝基业，宗庙以燔丧 ⑦。播越西迁移，号泣而且行 ⑧。瞻彼洛城郭，微子为哀伤 ⑨。

【注释】

① 薤露行：乐府曲调名。

② 惟：语助词。

③ 沐猴：猕猴。

④ 因狩执君王：指宦官张让劫持少帝出走。

⑤ 白虹：空中白色的云气，古人认为，此天象主君王有危。

⑥ 贼臣：指董卓。

⑦ 荡覆：倾覆。

⑧ 播越：迁徙跋涉。

⑨ 微子：名启，殷纣王的庶兄。

蒿　里　行 ①

关东有义士，兴兵讨群凶 ②。初期会盟津，乃心在咸阳 ③。军合力不齐，踌躇而雁行 ④。势利使人争，嗣还自相戕 ⑤。淮南弟称号，刻玺于北方 ⑥。

铠甲生虮虱^⑦，万姓以死亡。白骨露于野，千里无鸡鸣。生民百遗一，念之断人肠^⑧。

【注释】

① 蒿里行：乐府曲调名。

② 关东：函谷关以东。

③ 初期：最初的期望。盟津：孟津会盟。

④ 不齐：不统一。

⑤ 嗣还：接着不久。

⑥ 淮南弟称号：指袁绍的堂弟袁术在淮南称帝。刻玺于北方：指袁绍谋立刘虞为帝，并刻了皇帝的印章。

⑦ 铠甲：古代将士作战时穿的防护服。

⑧ 断：《宋书·乐志》为"绝"。

善 哉 行^①

其一

古公亶父，积德垂仁^②。思弘一道，哲王于幽。一解^③
太伯仲雍，王德之仁^④。行施百世，断发文身^⑤。二解
伯夷叔齐，古之遗贤。让国不用，饿殂首山^⑥。三解
智哉山甫，相彼宣王。何用杜伯，累我圣贤^⑦。四解
齐桓之霸，赖得仲父。后任竖刁，虫流出户^⑧。五解
晏子平仲，积德兼仁。与世沉德，未必思命^⑨。六解
仲尼之世，王国为君。随制饮酒，扬波使官^⑩。七解

【注释】

① 善哉行：乐府曲调名。

② 古公亶父：周文王的祖父。古宫是其称号，亶父是其名。

③ 弘：发扬光大。一道：尧、舜、禹遵守同样的治国之道。哲：明。豳：古邑名，在今陕西旬邑县西。解：通节（章节之意）。

④ 太伯、仲雍：古公亶父的长子和次子。

⑤ 施：给予恩惠。断发文身：太伯、仲雍避居吴地，随该地风俗，截短头发，身上刺上花纹。

⑥ 伯夷、叔齐：商末孤竹君的两个儿子，相互让国，后因不食周粟而饿死在首阳山。

⑦ 山甫、杜伯：周宣王的大臣。何用：为何。圣贤：君圣臣贤。

⑧ 齐桓：齐桓公。仲父：管仲。竖习：坏人。齐桓公后来任用坏人，朝政衰败，五个儿子争位，相互攻伐，以致齐桓公死后六十多天无人收殓，尸体腐烂，蛆虫爬出门外。

⑨ 与世沉德：与，给予，晏子事灵公、庄公、景公三世。沉：深。

⑩ 王国：周朝王室。君：各诸侯国之君。制：周朝礼制。波：彼。官：臣。

其二

自惜身薄祜，夙贱罹孤苦①。既无三徙教，不闻过庭语。② 一解
其穷如抽裂，自以思所怙③。虽怀一介志，是时其能与④！二解
守穷者贫贱，惋欢泪如雨⑤。泣涕於悲夫，乞活安能睹⑥？三解
我愿于天穷，琅玡倾侧左⑦。虽欲竭忠诚，欣公归其楚⑧。四解
快人由为叹，抱情不得叙⑨。显行天教人，谁知莫不绪⑩。五解
我愿何时随？此叹亦难处⑪。今我将何照于光曜？释衔不如雨⑫。六解

【注释】

① 祜：福。罹：遭遇不幸。

② 三徙教：孟母三迁的故事，意为母教。过庭语：孔子教育从庭中走过的儿子的话，意为父教。

③ 抽裂：十分痛苦。怙：依靠。

④ 一介志：很小的志向。

⑤ 惋欢：惋叹误。

⑥ 於悲夫：语助词，叹息。

⑦ 天穷：天穹误。琅玡，山名，琅玡倾：指曹操父亲曹嵩之死。左：东方。

⑧ 欣：喜。其：语助词。欣公归其楚：鲁襄公于二十八年前往楚国，第二年五月回到鲁国，以此喻汉献帝于建安元年回到洛阳。

⑨ 快人：喜人。由：通犹。

⑩ 显行：建功立业。

⑪ 随：到达。难处：难安排，难停留。

⑫ 照：面对。光曜：日月。释：放下。衔：口内含物。

其三

朝日乐相乐，酣饮不知醉。悲弦激新声，长笛吹清气^①。一解

弦歌感人肠，四坐皆欢悦。寥寥高堂上，凉风入我室^②。二解

持满如不盈，有德者能卒。君子多苦心，所愁不但一^③。三解

慊慊下白屋，吐握不可失。众宾饱满归，主人苦不悉^④。四解

比翼翔云汉，罗者安所羁？冲静得自然，荣华何足为^⑤。五解

【注释】

① 朝日：从早晨到下午。清气：清商曲。

② 寥寥：空荡。凉风：悲弦、长笛之曲，其凉如风。

③ 卒：终了，指有始有终。但一：只一件。

④ 慊慊：同谦谦。白屋：穷人居住的茅屋。吐握：典出周公旦辅佐成王，指收罗人才。周公旦辅佐周成王时，为了尊重人才，往往洗一次澡、吃一碗饭，都停下三次，以接待来访的贤者。吐：吐哺，暂停吃饭；停下来。握：握发中止沐浴。

⑤ 云汉：天空。罗：捕鸟的网。冲静：恬静淡泊。

董 卓 歌 ①

德行不亏缺②，变故自难常。郑康成行酒，伏地气绝③，郭景图命尽于园桑④。

【注释】

① 董卓歌：乐府曲调名。

② 德行：品行。

③ 郑康成：郑玄，字康成，汉末经学家，饮酒时倒地而亡。

④ 郭景图：生平不详。

对 酒 ①

对酒歌。太平时，吏不呼门②。王者贤且明，宰相股肱皆忠良③。咸礼让，民无所争讼。三年耕有九年储，仓谷满盈④。班白不负戴⑤。雨泽⑥如此，百谷用成。却走马，以粪其土田⑦。爵公侯伯子男，咸爱其民，以黜陟幽明，子养有若父与兄⑧。犯礼法，轻重随其刑⑨。路无拾遗之私。囹圄空虚，冬节不断⑩。人耄耋，皆得以寿终⑪。恩德广及草木昆虫⑫。

【注释】

① 对酒：乐府曲调名。

② 吏不呼门：官吏、差役不到百姓家催逼赋税，不扰民。

③ 股：大腿。肱：臂膊，意指大臣。

④ 三年耕有九年储：《礼记·王制》："国无九年之蓄曰不足。"

⑤ 班白不负戴：《孟子·梁惠王上》："颁白者不负戴于道。"班：通斑，颁。班白：白发老人。负戴：肩扛、头顶物品，指重体力劳动。

⑥雨泽：雨水滋润。

⑦却走马：《老子》："天下有道，却走马以粪。"却：退。走马：好马。粪：动词，送粪施肥。天下太平，好马不用再上战场，而去耕地施肥。

⑧子养：待之如子。

⑨轻重随其刑：依法量刑。

⑩囹圄：监狱。冬节不断：冬至时不再有死刑犯受刑（汉律规定冬至为死刑犯行刑日）。

⑪寿终：活到老死。

⑫恩德：德政。

苦　寒　行①

北上太行山，艰哉何巍巍②！羊肠坂诘屈，车轮为之摧③。树木何萧瑟，北风声正悲。熊罴对我蹲，虎豹夹路啼④。溪谷少人民，雪落何霏霏⑤。延颈长叹息，远行多所怀。我心何怫郁，思欲一东归⑥。水深桥梁绝，中路正徘徊⑦。迷惑失故路，薄暮无宿栖⑧。行行日已远，人马同时饥。担囊行取薪，斧冰持作糜⑨。悲彼《东山》诗，悠悠令我哀⑩。

【注释】

①苦寒行：乐府曲调名。

②巍巍：高大。

③羊肠坂：自沁阳经天井关至晋城的道路，因道路弯曲狭窄如羊肠而得名。诘屈：曲折。

④罴：大熊。

⑤溪谷：有水的山谷。霏霏：雪花多而密。

⑥怫郁：愁闷。东归：战争结束回去。

⑦中路：路中，半道上。

⑧薄暮：天黑以后。宿栖：住宿的地方。

⑨ 斧：动词，砍凿。糜：黄米，这里指黄米粥。

⑩ 《东山》：《诗·豳风》中的一首诗，诵的是周公东征，三年而归的故事。

步出夏门行① 五首

一　艳②

云行雨步，超越九江之皋③。临观异同，心意怀游豫，不知当复何从④。经过至我碣石，心惆怅我东海⑤。

【注释】

① 步出夏门行：乐府曲调名。

② 艳：序曲，引子。

③ 云行雨步：《易·乾·文言》曰"云行雨施"，雨点称雨脚，雨下称雨步。九江：泛指江河。

④ 异同：在大军进退问题上的不同意见。

⑤ 碣石：山名，在今河北省昌黎县西北。

二　观沧海①

东临碣石，以观沧海②；水何澹澹，山岛竦峙③。树木丛生，百草丰茂，秋风萧瑟，洪波涌起④。日月之行，若出其中；星汉灿烂，若出其里⑤。幸甚至哉！歌以咏志⑥。

【注释】

① 这是正曲的第一章。

② 沧海：水呈深绿色的海。沧，通苍。

③澹澹：水波动荡的样子。竦：通耸，峙：立，竦峙：高高耸立。

④萧瑟：秋风吹动草木发出的声音。

⑤星汉：银河，泛指太空。

⑥幸：庆幸。歌以咏志：合乐时所需的语尾助词，与正文无关。《书·舜典》："诗言志，歌咏言。"

三 冬十月①

孟冬十月，北风徘徊；天气肃清，繁霜霏霏②。鹍鸡晨鸣，鸿雁南飞，鸷鸟潜藏，熊罴窟栖③。钱镈停置，农收积场；逆旅整设，以通贾商④。幸甚至哉，歌以咏志。

【注释】

①这首诗写的是建安十二年（207 年）九月，从柳城班师，次年正月到邺城的途中所见。

②肃清：肃杀，清冷。繁霜：厚厚的霜，状同下雪。

③鹍鸡：一种形似鹤的白羽鸡。鸷鸟：鹰、鹫一类的猛禽。窟栖：在山洞里栖息。

④钱镈：古钱状的铁铲子，泛指农具。逆旅：旅店。

四 土不同①

乡土不同，河朔隆寒②。流澌浮漂，舟船行难③。锥不入地，蘴藾深奥④。水竭不流，冰坚可蹈。士隐者贫，勇侠轻非⑤。心常叹怨，戚戚多悲⑥。幸甚至哉，歌以咏志。

【注释】

①这首又题为《河朔寒》，河朔：黄河以北。诗中描写归途中，所见

黄河以北地区的隆冬气候和风土民情。

②隆寒：一本作"隆冬"，天气最冷的时节。

③澌：通凘，漂浮的冰块。

④蘴藾：蔓菁（大头芥）和蒿草。深奥：茂盛的样子。

⑤隐：忧愁痛苦。轻非：轻易做非法的事。

⑥叹怨：因对社会现状不满而发出的叹息和怨恨。戚戚：悲伤忧愁的样子。

五　龟虽寿①

神龟虽寿，犹有竟时；腾蛇乘雾，终为土灰②。老骥伏枥，志在千里；烈士暮年，壮心不已③。盈缩之期，不但在天；养怡之福，可得永年④。幸甚至哉，歌以咏志。

【注释】

①龟虽寿：又题"神龟虽寿"。

②神龟：《庄子·秋水》："吾闻楚有神龟，死已三千岁矣"，代指长寿。竟：终了。

③骥：千里马。枥：喂马的槽子。

④盈：满；缩：亏。养怡：养心怡性。

短歌行①二首

其一

周西伯昌，怀此圣德②。三分天下，而有其二③。修奉贡献，臣节不坠④。崇侯谗之，是以拘系⑤。一解

后见赦原，赐之斧钺，得使征伐⑥。为仲尼所称：达及德行，犹奉事殷，

论叙其美⑦。二解

齐桓之功，为霸之首。九合诸侯，一匡天下⑧。一匡天下，不以兵车。正而不谲，其德传称⑨。三解

孔子所叹，并称夷吾，民受其恩⑩。赐与庙胙，命无下拜。小白不敢尔，天威在颜咫尺⑪。四解

晋文亦霸，躬奉天王⑫。受赐珪瓒，秬鬯彤弓，卢弓矢千，虎贲三百人⑬。五解

威服诸侯，师之者尊。八方闻之，名亚齐桓⑭。河阳之会，诈称周王，是以其名纷葩⑮。六解

【注释】

① 短歌行：乐府曲调名。

② 周西伯昌：周文王姬昌，殷王曾封他为西伯。怀：具有。

③ 三分天下，而有其二：殷商末年，天下九州，姬昌实际拥有了六州。

④ 臣节：做臣子的礼节和本分。不坠：不失去。

⑤ 崇侯：崇国国君，名虎。他在殷王面前说姬昌的坏话；拘系：殷王纣将姬昌囚于羑里。

⑥ 见：被；赦原：恢复原来的职务；钺：大斧，斧钺是天子授予大臣征伐和生杀大权的凭证。

⑦ 达：地位显赫。语出《论语·泰伯》：姬昌"三分天下有其二，以服事殷，周之德，可谓至德也已矣。"

⑧ 齐桓：齐桓公姜小白。匡：正。

⑨ 兵车：武力或战争。

⑩ 叹：赞美；夷吾：管子，名夷吾，字仲。

⑪ 庙胙：宗庙祭祀用的肉；尔：如此；天威：天子的威严；颜：颜面。

⑫ 晋文：晋文公姬重耳；供奉天王：亲自侍奉天子。

⑬ 珪瓒：祭祀时用于舀酒的、带有玉柄的器皿；秬鬯：祭祀用的以黑黍和香草酿制的酒；卢弓矢：黑色的弓矢；虎贲：天子的警卫武士。

⑭ 威服诸侯，师之者尊：晋文公的威望使诸侯服从，学习晋文公就能受到诸侯的尊崇。亚：次于。

⑮ 河阳之会：晋文公在河阳（今河南孟州市西）会盟。诈称周王：晋文公召见诸侯，不合礼法，所以对诸侯说是周襄王在河阳狩猎，召见诸侯。其名纷葩：因晋文公诈称周王，所以人们对晋文公的名声，议论纷纷。

其二

对酒当歌，人生几何！譬如朝露，去日苦多①。慨当以慷，忧思难忘。何以解忧？唯有杜康②。青青子衿，悠悠我心，但为君故，沉吟至今③。呦呦鹿鸣，食野之苹。我有嘉宾，鼓瑟吹笙④。明明如月，何时可掇？忧从中来，不可断绝⑤。越陌度阡，枉用相存，契阔谈䜩，心念旧恩⑥。月明星稀，乌鹊南飞，绕树三匝，何枝可依？山不厌高，海不厌深，周公吐哺，天下归心⑦。

【注释】

① 去日：逝去的岁月。

② 杜康：传说是酿酒技术的发明者，这里代指好酒。

③ 衿：衣服领子，周代学生的衣领是青色的，这里代指贤才。但为君故：仅仅是因为你（贤才）的缘故。

④ 呦呦：鹿叫的声音；食野之苹：苹，原野里生长的一种艾蒿，鹿找到喜爱吃的艾蒿，就互相召唤。

⑤ 掇：收拾。

⑥ 陌、阡：田间的小路，东西向为陌，南北向为阡。存：看望。契阔：聚散离合。䜩，通宴，谈䜩：谈心饮宴。恩：情谊。

⑦ 匝：圈。周公吐哺：武王死后，武王的弟弟周公姬旦辅佐成王，为了招揽人才，经常吃一顿饭要停下来三次，以接待客人，洗一次澡要握三次发，停下来接待访客。吐：暂停用饭，哺：嘴里嚼着食物。

却东西门行 ①

鸿雁出塞北，乃在无人乡。举翅万余里，行止自成行。冬节食南稻，春日复北翔②。田中有转蓬，随风远飘扬。长与故根绝，万岁不相当③。奈何此征夫，安得去四方？戎马不解鞍，铠甲不离傍。冉冉老将至，何时返故乡④？神龙藏深渊，猛虎步高岗，狐死归首丘，故乡安可忘⑤？

【注释】

① 却东西门行：乐府曲调名。

② 塞北：长城以北地区。冬节：冬季。

③ 转蓬：又名飞蓬，一种植物，冬天枯叶随风飘扬。相当：相遇。

④ 冉冉，渐渐。

⑤ 狐死归首丘：屈原《哀郢》："狐死必首丘"，狐狸死时，它的头一定是对着它洞穴所在的方向。

气出唱 ① 三首

其一

驾六龙，乘风而行②。行四海外，路下之八邦③。历登高山，临溪谷，乘云而行，行四海外④。

东到泰山，仙人玉女，下来翱游⑤。骖驾六龙，饮玉浆。河水尽，不东流⑥。解愁腹，饮玉浆，奉持行⑦。

东到蓬莱山，上至天之门⑧。玉阙下，引见得入，赤松相对⑨。四面顾望，视正焜煌⑩。开玉心正兴，其气百道至⑪。传告无穷闭其口，但当爱气寿万年⑫。

东到海，与天连。神仙之道，出窈入冥，常当专之⑬。心恬澹，无所愒欲，闭门坐自守，天与期气^⑭。

愿得神之人，乘驾云车，骖驾白鹿，上到天之门，来赐神之药^⑮。跪受之，敬神齐，当如此，道自来^⑯。

【注释】

① 气出唱：乐府曲调名。

② 六龙：传说太阳神出行时，乘坐六龙驾的车子。

③ 四海：古人认为，中国四面为海，国内为海内，国外为海外；路：通往天上的路。八邦：八国，指东夷八国，即中国东部地区。

④ 历：遍。乘云：腾云，驾云。

⑤ 泰山：今泰山，古称东岳，传说为神仙居住之地。玉女：仙女。翱游：同遨游。

⑥ 骖：古代三马或四马拉车，中间驾辕的马，叫"服"，两边的马叫"骖"。玉浆：玉液琼浆，传说饮之即可成仙。河水尽，不东流：河水到了东海，就不再向东而流，意指人生如水，终有尽头。

⑦ 愁腹：充满愁闷的心胸。奉：捧。

⑧ 蓬莱山：传说中东海三座神山之一。

⑨ 阙：宫门或寝陵两边的望楼，宫门的望楼上没有门楣，寝陵的望楼有门楣连接。赤松：神话中的神仙赤松子。

⑩ 焜煌：光彩旺盛。

⑪ 开、玉、心：星名，开是木星；玉是玉井星；心是心星。兴：旺。气：指众星的精气。百道至：射来百道光芒。

⑫ 传告：仙人传授长生之术；闭其口：修炼的方法是闭口咽下口液；爱气：爱护元气。

⑬ 窈冥：深远难见。

⑭ 恬澹：清静。愒：贪。天与期气：人的精气与自然之气相合。

⑮ 云车：仙人坐的、由白鹿骖驾的车。

⑯ 齐：肃静。

其二

华阴山，自以为大，高百丈，浮云为之盖①。仙人欲来，出随风，列之雨②。吹我洞箫，鼓瑟琴，何闿闿③！酒与歌戏，今日相乐诚为乐。玉女起，起舞移数时。鼓吹一何嘈嘈④！

从西北来时，仙道多驾烟，乘云驾龙，郁何蓊蓊⑤！遨游八极，乃到昆仑之山，西王母侧，神仙金止玉亭⑥。来者为谁？赤松王乔，乃德旋之门⑦。乐共饮食到黄昏，多驾合坐，万岁长，宜子孙⑧。

【注释】

① 华阴山：今华山，古称西岳。自：本来。盖：车上的雨棚。

② 出随风，列之雨：仙人出行，风雨相伴。

③ 何：多么；闿闿：音调和谐。

④ 玉女：华山玉女峰。移数时：经过几个时辰；嘈嘈：声音喧闹。

⑤ 仙道：众仙。郁何蓊蓊：郁、蓊都是盛大的样子。

⑥ 八极：八方极远的地方。昆仑：神话中西方神山。西王母：女仙之首，居住在昆仑山瑶台。金、玉：神仙乘坐的金车玉辇。

⑦ 王乔：神话人物王子乔。德、旋、门：都是星名，德是开明星；旋，通璇，北斗七星中的第二颗星；门，南门星。

⑧ 多驾合坐：来赴宴的众仙坐在一起欢宴。万岁长，宜子孙：众仙对主人的颂词。

其三

游君山，甚为真①。礛䃴砟硌，尔自为神②。乃到王母台，金阶玉为堂，芝草生殿傍③。东西厢，客满堂，主人当行觞④：坐者长寿遽何央，长乐甫始宜孙子⑤。常愿主人增年，与天相守⑥。

【注释】

①君山：洞庭湖中的名山，传说舜妃湘君曾在此居住过。甚为真：内心非常真诚。

②嵯峨砟硌：山势高大，错落不平。尔自为神：你本来就有神灵。

③王母台：西王母居住的瑶台。芝草：灵芝。金阶玉为堂：黄金做的台阶，白玉做的厅堂。

④主人：西王母。行觞：劝酒，觞：酒器。

⑤坐者：宾客。遽何央：遽，助词；何央，无尽。甫始：才开始。

⑥这两句是宾客回谢主人的祝词。

精　　列①

厥初生，造化之陶物，莫不有终期②。莫不有终期，圣贤不能免，何为怀此忧③？愿螭龙之驾④，思想昆仑居。思想昆仑居，见期于迂怪⑤，志意在蓬莱。志意在蓬莱，周孔圣徂落，会稽以坟丘⑥。会稽以坟丘，陶陶谁能度？君子以弗忧⑦。年之暮奈何，时过时来微⑧。

【注释】

①精列：乐府曲调名。

②厥：代词，其。造化：天地自然。陶：动词创造、化育。

③何为怀此忧：何必为此担忧。

④螭龙：无角龙。

⑤见期：希望看到。迂怪：神灵怪异。

⑥徂落：同殂落，死亡。

⑦陶陶：漫长。弗：不。

⑧时过时来微：第一个时，指逝去的岁月，第二个时，指未来的时光；

微：少。

陌 上 桑①

驾虹霓，乘赤云，登彼九疑历玉门②。济天汉，至昆仑，见王母谒东君③。交赤松，及羡门，受要秘道爱精神④。食芝英，饮醴泉，拄杖枝，佩秋兰⑤。绝人事，游浑元⑥。若疾风游欻飘翩，景未移，行数千⑦。寿如南山不忘愆⑧。

【注释】

① 陌上桑：乐府曲调名。

② 虹霓：又称彩虹，红色在外，紫色在内的叫虹，紫色在外，红色在内的叫霓。九疑：即九嶷山，也叫苍梧山，在今湖南宁远南，传说舜帝南巡死后，葬于此山。玉门：关名，故址在今甘肃敦煌市西北小方盘城，为古代通往西域的重要关口。

③ 济：渡；天汉：银河。谒：拜见。东君：即东王公，也称东木公，或称东华帝君，与西王母并称，为男仙之首。

④ 羡门：即羡门高，传说中的仙人。爱精神：道家主张修身要保持元气。

⑤ 食芝英：吃灵芝的精华；饮醴泉：饮甘美的泉水；拄杖枝：拄着用桂枝做的手杖；秋兰：菊科香草。

⑥ 绝人事：断绝世俗之事。游浑元：遨游在大自然里。

⑦ 欻飘翩：形容风吹急速。景：日影。

⑧ 愆：过失。

秋胡行①二首

其一

晨上散关山，此道当何难②！晨上散关山，此道当何难！牛顿不起，车堕谷间③。坐盘石之上，弹五弦之琴④。作为清角韵，意中迷烦⑤。歌以

言志，晨上散关山⑥。一解

有何三老公，卒来在我傍⑦。有何三老公，卒来在我傍。负掮被裘，似非恒人⑧。谓卿云何困苦以自怨，徨徨所欲，来到此间⑨？歌以言志，有何三老公。二解

我居昆仑山，所谓者真人⑩。我居昆仑山，所谓者真人。道深有可得，名山历观，遨游八极，枕石漱流饮泉⑪。沉吟不决，遂上升天⑫。歌以言志，我居昆仑山。三解

去去不可追，常恨相牵攀⑬。去去不可追，常恨相牵攀。夜夜安得寐，惆怅以自怜⑭。正而不谲，辞赋依因⑮，经传所过，西来所传⑯。歌以言志，去去不可追。四解

【注释】

① 秋胡行：乐府曲调名。

② 散关山：在今陕西宝鸡市西南，因关设在大散岭而得名，散关为秦蜀咽喉要道，也是汉末三国时期重要的战略要地。当何难：该多么艰难。

③ 牛顿：牛因极度劳累而站不起来。

④ 盘石：同磐石，牢固的巨石。五弦琴，古乐器名。

⑤ 清角韵：相传黄帝作古曲清角。韵：音调，古代音乐为五音，角是其中的一音。

⑥ 歌以言志：同歌以咏志。

⑦ 有何：何故；三老公：古代设"三老五更"制度，即天子以父兄之礼，在辟雍里，养年老更事致仕者，以弘扬孝悌之风。卒：通猝，突然。

⑧ 掮：皮衣外的罩衣。被：通披。恒：常。

⑨ 徨徨：同惶惶，心神不安。

⑩ 真人：道教所称修行得道的人。

⑪ 道深有可得：道虽然深奥，还是可以求到的。方法是遍历名山，遨游八极，枕石而眠，漱饮清泉。

⑫ 沉吟：犹豫。遂上升天：仙人升天而去。

⑬ 去去：走得远。牵攀：为俗务缠绕。

⑭ 惆怅以自怜：心怀惆怅，自己怜惜自己。

⑮ 正而不谲：堂堂正正，不玩弄权术。

⑯ 经：经文；传：解释经文的文字。西来所传：齐桓公西征大夏，带去中原文明，曹操自比齐桓公。西征张鲁。

其二

愿登泰华山，神人共远游①。愿登泰华山，神人共远游。经历昆仑山，到蓬莱，飘飖八极，与神人俱②。思得神药，万岁为期③。歌以言志，愿登泰华山。**一解**

天地何长久！人道居之短④。天地何长久，人道居之短。世言伯阳，殊不知老⑤；赤松王乔，亦云得道。得之未闻，庶以寿考⑥。歌以言志，天地何长久。**二解**

明明日月光，何所不光昭⑦！明明日月光，何所不光昭！二仪合圣化，贵者独人不⑧？万国率土，莫非王臣⑨。仁义为名，礼乐为荣⑩。歌以言志，明明日月光。**三解**

四时更逝去，昼夜以成岁⑪。四时更逝去，昼夜以成岁。大人先天而天弗违⑫。不戚年往，忧世不治⑬。存亡有命，虑之为蚩⑭。歌以言志，四时更逝去。**四解**

戚戚欲何念！欢笑意所之⑮。戚戚欲何念！欢笑意所之。壮盛智慧，殊不再来⑯。爱时进趣，将以惠谁⑰？泛泛放逸，亦同何为⑱！歌以言志，戚戚何为念！**五解**

【注释】

① 泰华山：即华山，因华山称西岳，与东岳泰山相对，所以叫泰华山。

② 飘飖：在空中飘荡。与神人俱：与神人一同往返。

③ 神药：长生药。期：期望。

④人道：人生。居：停留。

⑤伯阳：老子，字伯阳。殊：极。

⑥寿考：高寿。

⑦昭：光明。

⑧二仪：天地；合圣化：化育万物。不：同否。

⑨万国：天下，语出《诗·小雅·北山》："溥（普）天之下，莫非王土；率土之滨，莫非王臣。"

⑩名：名分。

⑪四时：四季；岁：一年。

⑫大人：有德行的人；先天：预见天道；天弗违：所作所为，符合天道。

⑬戚：悲伤。不治：混乱。

⑭蚩：愚蠢无知。

⑮戚戚：悲伤忧愁。念：打算。意所之：随着心意。

⑯壮盛：壮年，盛年。

⑰进趣：进取。惠谁：施惠于谁？

⑱泛泛：漂浮，放任。放逸：追求逸乐。

谣　俗　曲①

粒米不足舂，寸布不足缝②。瓮中无斗储③，发箧无尺缯④。友来从我贷，不知所以应⑤。

【注释】

①谣俗曲：又题《谣俗词》，歌谣的形式。

②舂：捣。

③瓮：盛粮食的陶器。斗储：一斗储粮。

④发箧：打开箱子。缯：粗糙的丝织品。

⑤贷：借，求。

第二部分　曹操文章选编

上书理窦武陈蕃①

光和四年（181 年）

武等正直，而见陷害，奸邪盈朝，善人壅塞②。

【注释】

① 永康元年（167 年）汉桓帝死，窦太后听政。建宁元年（168 年），窦太后之父大将军窦武，太傅陈蕃迎刘宏即帝位，并计划诛杀宦官。不料泄密，宦官提前动手，诛杀窦武、陈蕃及从党。光和三年（180 年）二十六岁的曹操被征为议郎，次年即上书为窦武、陈蕃鸣冤，要求重新审理窦武陈蕃案。这可能是上书的一部分，内容不全。

② 见：被。善人：做好事的人。壅塞：堵塞。

拒 王 芬 辞①

中平五年（188 年）

夫废立之事，天下之至不祥也②。古人有权成败、计轻重而行之者，伊尹、霍光是也③。伊尹怀至忠之诚，据宰臣之势，处官司之上④。故进退废置，计从事立⑤。及至霍光受托国之任，藉宗臣之位，内因太后秉政之重，外有群卿同欲之势⑥；昌邑即位日浅，未有贵宠⑦，朝乏谠臣，议出密近⑧：故计行如转圜，事成如摧朽⑨。今诸君徒见曩者之易⑩，未睹当今之难。

诸君自度：结众连党，何若七国⑪？合肥之贵，孰若吴楚⑫？而造作非常，
欲望必克，不亦危乎⑬！

【注释】

①冀州刺史王芬勾结南阳许攸、沛国周旌等人，阴谋乘灵帝北巡之机，
发动政变，立合肥侯为皇帝。他们邀曹操参加，曹操认为"废立之事"是
天下最可怕的事情。他分析了形式和条件，料定这个计划必然失败。后来
王芬阴谋败露自杀。

②废立：帝王废置诸侯，或者大臣废旧君立新君。

③权：权衡；计：计算。伊尹：又名伊挚，辅佐商汤灭夏，建立商朝。
汤孙太甲即位后，破坏商汤法制，被伊尹放逐。三年后太甲悔过，伊尹又
接他复位。霍光：汉武帝的大臣，汉武帝死后，他辅佐昭帝。昭帝死后，
他迎立昌邑王刘贺为帝。刘贺即位二十七天，即破坏汉家制度，被霍光所废，
另立刘询，是为宣帝。

④宰臣：宰相。总揽政务的最高行政长官。官司：文武百官。

⑤进退：行止，去留。计从事立：按照计划，办成事情。

⑥太后秉政：昭帝的皇后是霍光的外孙女，昭帝死，新君即位，皇后
就成了太后。秉政：掌管朝政。

⑦贵宠：尊贵荣耀。刘贺做了二十七天的皇帝，还没有受到臣民的尊崇。

⑧谠臣：敢于直言的大臣。近密：亲信之人。

⑨转圜：转动圆形物体，比喻行动迅速。

⑩曩：以往。

⑪七国：西汉七个诸侯国：吴、楚、胶西、胶东、赵、济南、淄川，
以吴王刘濞为首，联合发动政变，史称"七国之乱"。

⑫合肥：合肥侯，名字不详，是皇帝血统的近支。吴楚：吴王刘濞，
楚王刘戊，都是皇帝的兄弟。

⑬造作非常：创造不平常的事业。

答 袁 绍 ①

初平元年（190 年）

　　董卓之罪 ②，暴于四海，吾等合大众，兴义兵，而远近莫不响应，此以义动故也 ③。今幼主微弱，制于奸臣 ④，未有昌邑亡国之衅 ⑤，而一旦改易 ⑥，天下其孰安之？诸君北面，我自西向 ⑦。

【注释】

　　①董卓乱政后，关东各州郡联合起兵讨伐董卓，推袁绍为盟主。袁绍等人不主动讨伐董卓，却谋立幽州牧刘虞为帝。为此袁绍联络曹操，希望能得到曹操的支持，结果却遭到曹操的拒绝。这是曹操写给袁绍的拒绝信。

　　②董卓：灵帝时任并州牧。灵帝死，少帝刘辩即位，由于宦官集团和外戚集团争权，受大将军何进的征召，趁机进京。结果何进没等到董卓进京就被宦官杀死。董卓进京后，废了少帝，改立九岁的刘协为献帝，董卓自领相国，独断朝政，肆意妄为。由于关东各州郡反对，并起兵讨董，董卓劫持献帝，迁都长安，并纵火焚烧京城洛阳，劫走人口数十万，后来为王允、吕布设计所杀。

　　③义兵：正义的军队。

　　④幼主：汉献帝时年十岁，故称幼主。

　　⑤昌邑：昌邑王刘贺，即位二十七天，即因破坏汉家制度而被废；衅：过失。

　　⑥改易：指袁绍谋立刘虞为帝。

　　⑦北面：古代皇帝面南而坐，大臣面北朝见皇帝，所以北面指皇帝，这里指袁绍等人打算向北方的刘虞称臣。西向：我独自向西讨伐董卓，向献帝称臣。因董卓、献帝此时在西面，故曰"西向"。

领兖州牧表 ①

兴平二年（195 年）

入司兵校 ②，出总符任 ③，臣以累叶受恩 ④，膺荷洪施 ⑤，不敢顾命。是以将戈帅甲 ⑥，顺天行诛 ⑦，虽戮夷覆亡不暇 ⑧，臣愧以兴隆之秩，功无所执 ⑨，以伪假实，条不胜华 ⑩，窃感讥请 ⑪，盖以惟谷 ⑫。

【注释】

① 兖州：古九州之一。州牧：掌管一州军政大权的最高长官，原为刺史，中平五年（188 年）改置州牧。表：臣子写给皇帝的一种奏章。

② 入司兵校：中平五年八月，朝廷设置西园八校尉，以襄京畿，曹操被任命为典军校尉。

③ 符：兵符，是皇帝授予兵权的凭证。

④ 累叶受恩：连续几代受到朝廷的恩惠。

⑤ 膺荷洪施：受到巨大的赏赐。膺荷：承受；洪施：巨大的赏赐。

⑥ 戈：一种长兵器，甲：将士穿的盔甲，这里指军队。

⑦ 顺天行诛：按照皇帝的旨意进行征伐。

⑧ 戮夷覆亡不暇：戮，杀；夷，平；不暇，顾不上。意为：虽然讨伐平定了一些叛乱，但还没有把他们完全消灭。

⑨ 兴隆之秩：丰厚的俸禄。执：持。

⑩ 以伪假实，条不胜华：以假充真，名不副实。这是曹操的谦虚话。

⑪ 窃感讥请：（由于功劳小，皇帝的赏赐重，名不副实，所以）私下里总感觉会受到别人的讥笑。

⑫ 惟谷：进退两难。

上 书 让 封 ^①

建安元年（196 年）

臣诛除暴逆^②，克定二州^③，四方来贡^④，以为臣之功。萧相国以关中之劳，一门受封^⑤；邓禹以河北之勤，连城食邑^⑥。考功效实^⑦，非臣之勋。臣祖父中常侍侯^⑧，时但从辇^⑨，扶翼左右，既非首谋，又不奋戟^⑩，并受爵封，暨臣三叶^⑪。臣闻《易·豫卦》曰："利建侯行师^⑫。"有功乃当进立以为诸侯也。又《讼卦》六三^⑬曰："食旧德，或从王事。"谓先祖有大德，若从王事有功者，子孙乃得食其禄也。伏惟陛下垂乾坤之仁，降云雨之润^⑭，远录先臣扶掖之节^⑮，采臣在戎犬马之用^⑯，优策褒崇^⑰，光曜显量^⑱，非臣尪顽所能克堪^⑲。

【注释】

①建安元年，曹操因镇压汝南、颍川黄巾军之功，而先被拜为建德将军，不久又拜为镇东将军，袭父爵费亭侯。曹操按照惯例，给献帝写了《上书让封》《上书让费亭侯》《谢袭费亭侯表》三份奏章。

②暴逆：指地方豪强割据势力及农民起义军。

③克定二州：初平二年（192 年），曹操率兵攻克了黄巾军占领的青州，收复了张邈、吕布占领的兖州。

④四方来贡：在曹操的有力打击下，各地豪强势力，开始尊崇朝廷，向天子进贡物品。

⑤萧相国：萧何在楚汉战争时，留守关中，负责前方物资供给，对获得战争胜利，起到了决定性作用。西汉建立后，任丞相，封酂侯，食邑二千户，父母兄弟十余人都受封邑。

⑥邓禹：东汉光武帝的大将。因先后镇压河北铜马农民起义军和河东绿林农民起义军有功，而被拜为大司徒，封高密侯，食四个县的租税。

⑦考功效实：按照实际，考核功绩。效：校。

⑧ 中常侍侯：曹操的祖父曹腾，任中常侍，封费亭侯。

⑨ 时但从辇：当时只是跟随皇帝。辇：皇帝乘坐的车辆。

⑩ 既非首谋，又不奋戟：既不是主要的谋臣，又没有战功。奋：拿起；戟：一种长兵器，这里指战功。

⑪ 三叶：三代，指曹腾封费亭侯，曹操的父亲曹嵩和曹操袭封。

⑫ 利建侯行师：《易·豫卦》的卦辞。建侯：封诸侯爵位。行师：出征。

⑬《讼卦》六三：《易·讼卦》六三爻。

⑭ 伏惟：伏着想，下对上陈述自己想法时的敬辞。

⑮ 先臣扶掖之节：指曹腾侍奉皇帝尽心守节，节：节操。史书上说曹腾在朝为官三十多年，先后侍奉四位皇帝，没有大的过错。

⑯ 戎：军队。犬马：下对上的谦卑自称。

⑰ 优策褒崇：优：优厚；策：策命；褒崇：表扬奖励。

⑱ 光曜显量：荣誉很大，到处传扬。

⑲ 尫：弱。玩：幼稚愚蠢。

上书让费亭侯
建安元年（196 年）

臣伏读前后策命，既录臣庸才微功，又复追述先臣，幽赞显扬①，见得思义，屏营怖惧②，未知首领所当所授③。故古人忠臣，或有连城而不辞，或有一邑而违命④。所以然者，欲必正其名也⑤。又礼制，诸侯国土以绝，子孙有功者，当更受封，不得增袭⑥。其有所增者，谓国未绝也；或有所袭者，谓先祖功大也；数未极，无故断绝，故追绍之也⑦。臣自三省⑧，先臣虽有扶辇微劳，不应受爵，岂逮臣三叶⑨；若录臣关东微功⑩，皆祖宗之灵佑，陛下之圣德，岂臣愚陋，何能克堪？

【注释】

① 幽赞显扬：幽：冥，这里指死者；显：阳，这里指生者。该句为"赞

幽扬显"的倒装句。

②屏营怖惧：惶恐害怕。

③首领：头颈。

④连城不辞：指邓禹封邑四县。

⑤正其名：使名实相符。

⑥礼制：国家的制度。

⑦数未极：数，天命，命运；极，尽头。绍：继续。

⑧三省：《论语·学而》："曾子曰，吾日三省吾身。"省：自我检查。

⑨逮：及，到达。

⑩关东微功：关东，函谷关以东地区。微功，指曹操起兵讨伐董卓，平定青、兖二州等功绩。

谢袭费亭侯表 ①

建安元年（196年）

不悟陛下乃寻臣祖父厕豫功臣，克定寇逆，援立孝顺皇帝②。谓操不忘，获封茅土③。圣恩明发，远念桑梓④。日以臣为忠孝之苗，不复量臣材之丰否⑤。既勉袭爵邑，忝厥祖考⑥，复宠上将铁钺之任，兼领大州万里之宪⑦；内比鼎臣，外参二伯⑧，身荷兼绂之荣，本枝赖无穷之祚也⑨。昔大彭辅殷，昆吾翼夏⑩，功成事就，乃备爵锡⑪。臣束修无称，统御无绩⑫，比荷殊宠，策命褒绩，未盈一时，三命交至⑬。双金重紫，显以方任⑭，虽不识义，庶知所尤⑮。

【注释】

①经过两次谦让（见前注），曹操接受了费亭侯爵，并上了这份谢表。

②寻：追溯；厕：参加；豫：通与。援立：帮助拥立，永宁元年（120年），立刘保为太子，后被废为济阴王。安帝死，宦官江京等人谋立北乡侯。曹腾等十九人斩江京等人，扶立刘保即位，是为顺帝。

③茅土：古代帝王封诸侯时，以五色土为坛，封地在某一方，就取某一方的土，用白茅草包着赐给受封诸侯，表示已将该地封给受封诸侯。

④明发：《诗·小雅·小宛》："明发不寐，有怀二人。"到天明了还没睡，想念父母。以后以明发代表孝顺和思念亲人。桑梓：《诗·小雅·小弁》："维桑与梓，必恭敬止。"桑和梓都是古代住宅旁边常栽的树木，所以见到桑梓就会引起对父母的怀念，后来也用作故乡的代称，这里指先辈。

⑤丰否：大小，好坏。

⑥既勉袭爵邑，忝厥祖考：既已勉强乘袭爵位封邑，恐怕会有辱先祖，忝：辱；厥：其；祖考：祖父、父亲。

⑦宠：荣耀；铁钺：同斧钺。皇帝授予斧钺，表示授给征伐专杀之权。大州：指任命曹操为兖州牧。万里：形容地盘很大，不是实数。宪：最高权力，这里指朝廷委任的地方最高行政长官。

⑧比：并列；鼎臣：重臣；参：等同；二伯：伯，诸侯的首领，周代以东西二伯主持国政。

⑨兼绂：担任两个高级职务。绂，古代系官印的丝绳，是职务的代称。本枝：指全族。祚：福。

⑩大彭：彭祖，封地在彭城（今徐州市）。昆吾：人名，夏末任夏伯，封地在河南濮阳，后迁许昌。辅：辅佐；翼：鸟的翅膀，引申为帮助。

⑪爵锡：封赏和赏赐。锡，通赐。

⑫束修：约束修养。无称：无可称赞。统御：统帅军队。

⑬比荷：接连受封。殊宠：特殊的荣耀。未盈一时：时间很短（自二月至六月）。三命交至：不到半年的时间，曹操先后接到献帝任命其为建德将军、镇东将军、袭费亭侯三道策命。

⑭双金重紫：金，金印；紫，紫绶，高级官员用金印紫绶。这里指两种高级职务。显以方任：担任一方显要的重任。

⑮庶知所尤：庶，差不多，还；尤，缺点、错误或不足。

上书让增封武平侯①

建安元年（196年）

伏自三省，姿质顽素，材志鄙下②，进无匡辅之功，退有拾遗之美③。虽有犬马微劳，非独臣力，皆由部曲将校之助④。陛下前追先臣微功，使臣续袭爵土，祖考蒙光照之荣，臣受不赀之分，未有丝发以自报效⑤。昔齐侯欲更晏婴之宅，婴曰：“臣之先容焉，臣不足以继之。”卒违公命，以成私志⑥。臣自顾省，不克负荷，食旧为幸⑦。虽上德在弘，下有因割⑧。臣三叶累宠，皆统极位，义在殒越，岂敢饰辞⑨！

【注释】

①建安元年八月，曹操领兵到洛阳，献帝任命曹操为司隶校尉、假节钺、录尚书事。九月曹操迎献帝都许（今河南许昌东）。献帝又拜曹操为大将军，封武平侯，这是曹操为表示谦让而呈给献帝的奏章。武平侯是县侯，比费亭侯高一级。武平县在今河南鹿邑西北，费亭在今河南永城西南（一说在河南鹿邑东北），都是曹操故里谯县（今安徽省亳州市谯城区）的近邻。

②伏：伏在地上，为对皇上说话的句首敬辞。顽素：愚蠢而缺乏文采。材志：才志。

③进退：上下。匡辅：辅佐皇上，匡正天下。拾遗：弥补缺漏。

④部曲：属下。

⑤不赀之分：无法计算的赏赐。赀，估量；分：分给，分封。丝发：微小。

⑥齐侯更晏婴之宅：齐景公见晏婴住宅低陋狭小，而且不清净，就要给他另建新居。晏婴说：臣的先人就住在这里，臣的德行不如先人，能住这样的房子就已经过分了。结果没有执行景公的命令，实现了自己的志愿。

⑦负荷：载物的方式，负是背，荷是扛，这里指增加封赏。食旧：原来的食邑。

⑧上德：皇上的恩德。弘：浩大。下：指臣子。因割：取舍。

⑨殒越：殒，死亡；越，坠落。饰辞：粉饰之辞，这里指托词。

上书让增封 ①
建安元年（196 年）

无非常之功，而受非常之福，是用忧结②。比章归闻③，天慈无已，未即听许④。臣虽不敏⑤，犹知让不过三。所以仍布腹心，至于四五⑥，上欲陛下爵不失实，下为臣身免于苟取。

【注释】

① 曹操对于增封武平侯，一让再让。

② 是用：因此；忧结：忧愁难解。

③ 比章：接连上奏章。归闻：奏章接连被退回来，不准奏。

④ 天慈：皇上的慈爱。许：应允，批准。

⑤ 不敏：愚笨。

⑥ 布：公告，引申为表白。腹心：内心。四五：不惜四让、五让。

让还司空印绶表 ①
建安元年（196 年）

臣文非师尹之佐，武非折冲之任②，遭天之幸，干窃重授③。内踵伯禽司空之职，外承吕尚鹰扬之事④，斗筲处之，民其瞻观⑤。水土不平，奸宄未静⑥，臣常愧辱，忧为国累⑦。臣无智勇，以助万一，夙夜惭惧，若集冰火⑧。未知何地，可以陨越⑨。

【注释】

① 建安元年九月，曹操迎献帝都许后，被任命为大将军，封武平侯。十月献帝任命袁绍为太尉。因为太尉的职位在大将军之下，所以袁绍不受。曹操出于大局考虑，主动提出把大将军一职让给袁绍。献帝又任命曹操为

司空，行车骑将军。这是曹操辞让司空一职的奏章。大将军是执掌军政大权的最高军职，司空与太尉、司徒合称"三公"，是最高行政官职之一，主管营造和水利等。

②师尹：又称"太师"。始置于西周，原为军队最高统帅，后演变为文职官员。折冲：折退敌方的战车，抵御敌人。

③遭天之幸，干窃重授：得到皇上的恩宠，有幸能参与国家的重要决策。干窃：干犯和窃据，这里表示自谦。

④踵：追随。伯禽：大禹，尧时任司空，因治水有功继舜位。（疑禽为禹误）吕尚：姜太公，尊称"尚父"。辅佐武王灭纣有大功，后封于齐。鹰扬：威武奋勇像雄鹰飞翔。《诗经·大雅·大明》："维师尚父，时维鹰扬。"

⑤斗筲：比喻才短识浅。斗：量器；筲：只盛一斗二升的竹制容器。

⑥奸宄：犯法作乱的人。静：平靖，肃清。

⑦愧：惭愧。辱：有辱使命君恩。累：亏欠，累赘。

⑧万一：微少。夙夜：日夜。

陈损益表①
建安元年（196 年）

陛下即祚②，复蒙试用，遂受上将之任，统领二州，内参机事③，实所不堪④。昔韩非闵韩之削弱，不务富国强兵，用贤任能⑤。臣以区区之质，而当钟鼎之任⑥；以暗钝之才，而奉明明之政⑦。顾恩念责，亦臣竭节投命之秋也⑧。谨条遵奉旧训权时之宜十四事⑨，奏如左，庶以蒸萤，增明太阳⑩，言不足采⑪。

【注释】

①曹操迎献帝都许后，立即着手革新政治和人事制度，这份表章提出十四条革新政治的建议，具体内容，已经失传，只保存了这个前言。陈：陈述。损益：政治上应兴应革的事情。

② 即祚：即位，这里指实际执掌朝廷事务。献帝189年被立为帝，时年仅9岁，194年帝加冕正式执掌朝事。

③ 上将之任：就任军队高级将领。统领二州：管理兖州和司隶两个行政区域。内参机事：朝内参与国家机要大事。曹操时任司隶校尉（管理京畿七郡）、录尚书事、司空，成了事实上的首辅。

④ 堪：胜任。

⑤ 韩非：战国末年思想家，是先秦法家学说的集大成者。闵：亦作"悯"，忧伤。

⑥ 区区：谦辞，称自己微小。质：本质。钟鼎：古代贵重铜器的总称，上面铭刻文字，以记录国家大事或重要人物的功德，引申为处理国家大事的权力。

⑦ 暗钝：愚笨。奉：奉行，遵照执行。

⑧ 竭节：尽节，尽力，尽责。

⑨ 条：列举。尊奉旧训：遵照执行过去的规章制度。

⑩ 庶以蒸萤：庶，希望；以，用；蒸，众多；萤，萤火。增明太阳：增加皇上的辉煌。

⑪ 言不足采：语末谦辞。

表糜竺领嬴郡 ①
建安元年（196 年）

泰山郡界广远，旧多轻悍 ②。权时之宜，可分五县为嬴郡，拣选清廉以为守将。偏将军糜竺，素履忠贞，文武昭烈 ③。请以竺领嬴郡太守，抚慰吏民。

【注释】

① 糜竺原来是陶谦的属下，陶谦死后迎接刘备主政徐州，并将妹妹嫁给刘备。为了招揽人才，曹操表荐糜竺任新建的嬴郡太守，糜竺不受，一

直追随刘备。

②　轻悍：轻率放荡，凶暴蛮横。

③　素履：平素的行为。

置 屯 田 令①
建安元年（196 年）

夫定国之术，在于强兵足食。秦人以急农兼天下②，孝武以屯田定西域③，此先代之良式也。

【注释】

①　建安元年，曹操迎献帝都许后，即采纳枣祗等人的建议，在许县着手实行屯田，后在朝廷所有实际管辖的区域推行。这是为开展屯田而下的一道命令。根据文章内容看，这可能是屯田令的残篇。

②　秦人以急农兼天下：秦国用加紧发展农业的办法统一了天下。

③　孝武以屯田定西域：孝武帝刘彻通过在西北边境屯田的办法，稳定了西域的局势。先代之良式：这是先代治理国家的好方式。

与荀彧书（一）①
建安元年（196 年）

自志才亡后②，莫可与计事者。汝颍固多奇士③，谁可以继之？

【注释】

①　荀彧，字文若，颍川颍阴（今河南许昌）人。永汉元年（189 年）举孝廉，拜守宫令。董卓之乱后，一度追随冀州牧韩馥。袁绍打败韩馥。占据冀州后，也想重用荀彧。但荀彧自度袁绍不能成大事，于是于初平二年（191 年）离开袁绍，投奔曹操，自此成了曹操的重要谋士和助手。荀彧

曾多次向曹操推荐人才。曹操这封信就是要荀彧继续推荐人才。这是现存的曹操写给荀彧的第一封信。

②志才：戏志才，颍川人，经荀彧推荐为曹操的重要谋士，但遗憾的是戏志才英年早逝。

③汝颍：汝南郡治所在平舆（今河南省汝南县东南），颍川郡治所在阳翟（今河南省禹州市）。

上 器 物 表①
建安元年（196 年）

臣祖腾，有顺帝赐器②。今上四石铜铛四枚，五石铜铛一枚③，御物有纯银粉铫一枚④，药杵臼一具⑤。

【注释】

①曹操迎献帝都许后，宫中缺少器物用品，曹操把原来皇帝赏赐给其祖父的一些器物，献给皇室使用，并写了这份奏章。

②腾：曹操的祖父曹腾。顺帝赐器：曹腾侍奉顺帝刘保时，刘保赏赐给他的器物。

③铛：用于温热食物的器具，有环，像盆，平底。这里是指大镬，即煮饭的大锅。四石、五石是指镬的容量。

④御物：皇帝所用的器物。粉铫：取粉用具。

⑤药杵臼：将药材加工成粉剂或药泥的器具。

奏上九酝酒法①

臣县故令南阳郭芝②，有九酝春酒。法用面三十斤，流水五石，腊月二日渍曲，正月冻解，用好稻米，漉去曲滓，便酿法饮。曰譬诸虫，虽久多完③。三日一酿，满九斛米止。臣得法酿之，常善；其上清滓亦可饮。

若以九酝苦难饮，增为十酿，差甘易饮，不病④。今谨上献。

【注释】

① 九酝酒：即九酝春酒。这是曹操献给皇帝的九酝春酒的制作方法。

② 臣县：指曹操的家乡谯县（今安徽省亳州市谯城区）；故令：过去的县令。

③ 面：疑为曲，即酿酒的酒曲，面、曲，古字形相近，由下文"腊月二日清曲"可知。曰謽诸虫，虽久多完：謽，通辟，除；完，完好，不变质。

④ 差甘易饮，不病：差，较；不病，预防生病。

手书与吕布①
建安二年（197 年）

山阳屯送将军所失大封②。国家无好金，孤自取家好金更相为作印③。国家无紫绶，自取所带紫绶以籍心④。将军所使不良。袁术称天子，将军上之而使不通章⑤。朝廷信将军，使复重上⑥，以相明忠诚。

【注释】

① 建安二年，袁术在淮南称帝，遣使拉拢割据徐州的吕布。吕布扣留了袁术的使者，上缴书信。曹操利用吕布与袁术的矛盾，为了东征袁术，争取吕布中立，以献帝的名义重封吕布为平东将军，派都尉奉车持诏书、印绶和曹操的这封亲笔信去见吕布。

② 大封：皇帝的封诏和印绶。建安元年，献帝封吕布为平东将军、平陶侯，诏书和印绶被使者在经山阳屯时丢失。

③ 国家：皇家的别称。孤：古代王侯自己的谦称。曹操这时是武平侯，所以可以称孤。

④ 籍：通藉，慰藉。

⑤ 袁术：袁绍的堂弟（一说袁绍同父异母的弟弟）割据扬州的军阀，

图谋称帝，拉拢吕布。吕布知道袁术必败，向朝廷作了报告。但所派使者没有把他的奏章报上去。上，向上报告。

⑥使复重上：让你再上奏章。

与荀彧书（二）①
建安三年（198年）

一

贼来追吾，虽日行数里，吾策之②，到安众，破绣必矣③。

【注释】

①建安三年三月，曹操再攻张绣，包围穰城（今河南邓州）。闻袁绍将袭许都，四月曹操还师，张绣追击。五月刘表援张绣之兵驻扎安众（今河南镇平县东南），欲断曹操后路。曹操虽前后受敌，但还是在安众破刘表、张绣两军。此前远在许都的荀彧等人对曹操很担心，于是曹操给荀彧写了这封信，回答了荀彧等人的疑惑。这是现存的曹操写给荀彧的第二封信。

②策：计划，策划。

③绣：即张绣，依附于刘表的割据势力。

二

虏遏吾归师①，而与吾死地战②，吾是以知胜矣。

【注释】

①虏：对敌方的蔑称。

②死地：处在只有拼死作战才能生存的境地。曹军到安众，前后受敌，使敌人大意，没有连夜攻击曹营，曹军则连夜挖地道运走军械粮草，并设伏兵。天明，敌军以为曹操逃跑了，全力来追，结果遭到曹操伏兵的猛烈

攻击而大败。

掩获宋金生表①
建安四年（199 年）

臣前遣讨河内，获嘉诸屯②，获生口③，辞云④：河内有一神人宋金生，令诸屯皆云鹿角不须守⑤，吾使狗为汝守。不从其言者，即夜闻有军兵声⑥，明日视屯下，但见虎迹。臣辄部武猛都尉吕纳⑦，将兵掩捉得生口，辄行军法。

【注释】

① 建安四年四月，曹操派兵攻打眭固。进军中意外地捉住了一位以装神弄鬼扰乱军心、名叫宋金生的人。这是处决宋金生后，写给皇上的奏章。

② 遣讨河内，获嘉诸屯：遣讨，征伐；河内，郡名，治所在怀县（今河南武陟西南）；获嘉，隶属于河内郡的一个县（今河南获嘉）；诸屯，营屯，即军营。

③ 获生口：抓获俘虏。

④ 辞：俘虏的口供。

⑤ 鹿角：军事上的防御设施。形似鹿角，把削尖的棍棒、树枝埋在地上，以阻止敌人的进攻和行进。

⑥ 军兵声：军队行动时兵器相撞发出的声音。

⑦ 辄部：立即部署。

与 钟 繇 书①
建安五年（200 年）

得所送马，甚应其急。关右平定，朝廷无西顾之忧，足下之勋也②。昔萧何镇守关中，足食成军，亦适当尔③。

【注释】

① 建安二年，曹操任钟繇为司隶校尉，督率关中诸军，稳定了关中形势。建安五年，曹操与袁绍会战于官渡，兵少粮缺，钟繇送来战马两千余匹，支援前线。曹操写了这封充满感激之情的信。

② 关右：泛指函谷、潼关以西地区。马腾、韩遂割据西京，威胁朝廷。钟繇镇守关中，招抚流民，恢复生产，争取马、韩暂时归顺朝廷，解除了曹操的西顾之忧，可以集中兵力决战袁绍。

③ 尔：同耳，语气助词。

上言破袁绍①
建安五年（200 年）

大将军邺侯袁绍②，前与冀州牧韩馥③，立故大司马刘虞④，刻作金玺⑤，遣故任长毕瑜诣虞⑥，为说命禄之数⑦。又绍与臣书云："可都鄄城⑧，当有所立。"擅铸金银印，孝廉计吏⑨，皆往诣绍。从弟济阴太守叙与绍书云⑩："今海内丧败，天意实在我家，神应有征，当在尊兄。南兄⑪，臣下欲使即位，南兄言，以年则北兄长，以位则北兄重。便欲送玺，会曹操断道⑫。"绍宗族累世受国重恩，而凶逆无道，乃至于此。辄勒兵马⑬，与战官渡。乘圣朝之威，得斩绍大将淳于琼等八人首，遂大破溃。绍与子谭轻身并走⑭，凡斩首七万余级，辎重财物巨亿⑮。

【注释】

① 建安五年，曹操与袁绍在官渡会战，最终曹操打破袁军，袁绍率八百骑兵，逃到河北。这是战后曹操写给献帝的捷报。

② 曹操将大将军一职让给袁绍后，袁绍名义上一直担任此职。不过由于袁绍不在许都，所以大将军就成了名誉职务。邺侯是袁绍的爵位，邺，即邺城，在今河北省临漳县西南邺镇村一带。

③ 冀州牧韩馥：冀州，当时九州之一，辖区包括现在的河北省中南部，

河南省北部，山东省西部的几个县。韩馥是当时主要的地方军阀和割据势力之一。

④大司马刘虞：东汉皇族，原任幽州牧，董卓专权时任命他为大司马。不过这也是个虚职，刘虞没有到任。后来袁绍、韩馥打算立他为帝，被他拒绝了，最后在征伐军阀公孙瓒时，被公孙瓒杀害。

⑤金玺：金印，是皇上的专用印章。

⑥故：以前的；任长：任县（今属河北省）的最高长官；诣虞：到刘虞所在的地方见刘虞。

⑦命禄：天命禄位。数：规律，必然性。

⑧鄄城：今属山东省，袁绍计划建都鄄城，立刘虞为帝。

⑨金银印：百官所用之印。古代皇帝，按照官职大小，分别赐给金印、银印和铜印。计吏：州郡里的属官。

⑩叙：袁叙，袁绍的从弟，时任济阴郡太守。

⑪南兄：袁术。因其长期在南方割据扬州，并图谋在寿春称帝，故称南兄。

⑫北兄：袁绍。因袁绍长期在北方割据，故称北兄。以年：按照年龄；以位：按照地位。会：遇到；断道，阻断道路。

⑬辄勒：立即统率。

⑭轻身并走：空身仓皇逃走。

⑮凡：共。首级：古代以斩敌首多少论功晋级，因此后来称斩下的人头为首级。辎重：军用器械和物资的总称。巨亿：十亿以上，言其极多。

为徐宣议陈矫下令①
建安五年（200年）

丧乱以来，风教凋薄②，谤议之言，难用褒贬③。自建安五年以前，一切勿论，其以断前诽议者④，以其罪罪之⑤。

① 徐宣、陈矫都是曹操的部下，同为司空掾属。二人不睦，陈矫娶本族女为妻，徐宣经常在大庭广众之下诽议陈矫。曹操为此下了这道命令，认为同族结婚，属于风教一类的错误，有其社会原因，不要总抓住不放，提出对过去的错误，"一切勿论"这一重要原则。

② 丧乱：灾祸和动乱，这里指董卓之乱以后，连年战乱。风教凋薄：风俗教化衰败。

③ 谤议：诽谤批评。褒贬：评论好坏。

④ 断前：规定的时间界限之前。

⑤ 罪：前一个罪是指诽议者给别人加的罪名，后一个罪是动词，治罪。

加枣祗子处中封爵并祀祗令 ①

建安六年（201 年）

故陈留太守枣祗，天性忠能 ②。始共举义兵，周旋征讨 ③。后袁绍在冀州，亦贪祗 ④，欲得之。祗深附托于孤，使领东阿令。吕布之乱，兖州皆叛，惟范、东阿完在 ⑤，由祗以兵据城之力也。后大军粮乏，得东阿以继，祗之功也。及破黄巾定许，得贼资业，当兴立屯田 ⑥，时议者皆言当计牛输谷，佃科以定 ⑦。施行后，祗白以为傶牛输谷，大收不增谷，有水旱灾除，大不便 ⑧。反复来说，孤犹以为当如故，大收不可复改易。祗犹执之，孤不知所从，使与荀令君议之 ⑨。时故军祭酒侯声云："科取官牛，为官田计。如祗议，于官便，于客不便。" ⑩ 声怀此云云，以疑令君 ⑪。祗犹自信，据计画还白，执分田之术 ⑫。孤乃然之，使为屯田都尉，施设田业 ⑬。其时岁则大收，后遂因此大田 ⑭，丰足军用，摧灭群逆，克定天下，以隆王室，祗兴其功。不幸早没，追赠以郡，犹未副之 ⑮。今重思之，祗宜受封，稽留至今，孤之过也 ⑯。祗子处中，宜加封爵，以祀祗为不朽之事 ⑰。

【注释】

① 枣祗是随曹操起兵讨伐董卓的将领，对巩固兖州根据地起到了重大作用。都许后，他建议兴办屯田，被任为屯田都尉，为解决军需做出显著成绩。他死后，追封为陈留太守。根据他的功绩，曹操下了这道命令，给他的儿子枣处中封爵。

② 陈留：郡名，在今河南开封东南，与曹操的家乡接壤。忠能：忠诚且有才能。

③ 义兵：正义之师。这里指初平元年（190 年），东部州郡联合讨伐董卓的部队。

④ 贪：单方追求。

⑤ 东阿：古县名，在今山东省阳谷县阿城镇。汉代万户以上的县，长官称令；不足万户的县，长官称长。吕布之乱：兴平元年（194 年），陈留太守张邈和曹操部将陈宫，趁曹操东征陶谦之机，迎吕布为兖州牧，兖州境内除鄄城、东阿、范县之外，尽投吕布。

⑥ 破黄巾定许：建安元年（196 年）曹操镇压汝南、颍川黄巾军后，迎献帝迁都许县。得贼资业：从黄巾军手中缴获了耕牛、农具等生产资料，这是曹操兴办屯田的基础。

⑦ 计牛输谷：按照农民（屯田客）租用官牛的多少，计算所应缴纳的租谷。以：通已，当时计牛输谷的方案已经定下来。

⑧ 白：陈述。僦：租赁。大收：丰收。大不便：（对国家）很不利。

⑨ 执：坚持。荀令君：尚书令荀彧。

⑩ 侯声：时任军祭酒（军中首席参谋）。侯声认为按照租用官牛的多少来计算征收租粮，是为公家屯田的发展着想，如果按照枣祗的意见办理，只对国家有利，对屯田客不利。客，从事屯田的农民。

⑪ 云云：如此，这样。以疑令君：使荀彧难以决断。

⑫ 分田之术：是枣祗的计租办法，即按照产量分成比例，计算征收租粮。

⑬ 然之：同意，批准。施设田业：兴办屯田事宜。枣祗被任命为屯田都尉（郡太守一级的屯田专职长官）。

⑭ 时岁大收：当年（197年）丰收。大田：扩大屯田。

⑮ 追赠以郡：枣祗死后，被授予陈留郡太守职衔。副：相称。

⑯ 重思：重新考虑。稽留：拖延，耽搁。

⑰ 封爵：皇帝按照功劳分别封给公、侯、伯、子、男不同的爵位，按照爵位享有不同的食邑，而且可以世袭。所以如果给枣祗的儿子处中封了爵位，就可以使枣祗的祭祀永远地延续下去了。

军　谯　令 ①
建安七年（202 年）

吾起义兵，为天下除暴乱。旧土人民，死丧略尽，国中终日行②，不见所识，使吾凄怆伤怀。其举义兵以来，将士绝无后者，求其亲戚以后之③，授土田，官给耕牛，置学师以教之。为存者立庙，使祀其先人。魂而有灵，吾百年之后何恨哉④！

【注释】

① 建安七年正月，曹操驻军家乡谯县，慰问将士及其乡亲，发布了这道命令。

② 旧土：故乡。国中：域中。

③ 求其亲戚以后之：将士死后，没有后代的，找其亲戚家的孩子做后代。

④ 百年之后：死后。

祀故太尉桥玄文 ①
建安七年（202 年）

故太尉桥公，诞敷明德，泛爱博容②。国念明训，士思令谟③。灵幽体翳，邈哉晞矣④！吾以幼年逮升堂室，特以顽鄙之姿，为大君子所纳⑤。增荣益观，皆由奖助，犹仲尼称不如颜回，李生之厚叹贾复⑥。士死知己，怀此无忘⑦。

又承从容约誓之言："殂逝之后，路又经由，不以斗酒只鸡过相沃酹，车过三步，腹痛勿怪⑧。"虽临时戏笑之言，非至亲之笃好，胡肯为此辞乎？匪谓灵忿，能诒己疾⑨，怀旧惟顾⑩，念之凄怆。奉命东征，屯次乡里，北望贵土⑪，乃心陵墓。裁致薄奠，公其尚飨⑫！

【注释】

①桥玄：汉末名臣，位列三公，素以清廉、刚正闻名。曹操没有出仕前，曾经拜会过桥玄，受到桥玄的赞扬，认为汉末即将天下大乱，而能够平定天下，收拾残局的只有曹操。并与曹操戏言：以后如果曹操路过自己的坟墓，而不用斗酒只鸡拜祭，车过三步，将会让曹操肚子疼。建安七年曹操驻军谯县，想起了这位恩人，于是写了这篇祭文，派专人赴谯县近邻睢阳（今河南省商丘市南）桥玄墓祭拜。

②诞敷：广泛传播。明德：完美的德操。博容：胸怀宽大，包容万物。

③国念明训：皇家怀念你的谆谆教导。士思令谟：士人思念你高超的谋略。

④幽灵体翳：灵魂归阴间，身躯埋葬在土里。翳：遮蔽。邈哉晞矣：邈，远；露水干了称晞，引申为消失、死亡。

⑤逮升堂室：逮：达到；升堂室，升堂入室，表示关系亲密。大君子：对桥玄的敬称。

⑥增荣：增添荣光。益观：增长见识。李生厚叹贾复：贾复少年时就学于舞阴李生，李生叹其才智，谓其为将相之才。贾复成年后，追随光武帝南征北战，任都护将军，素以勇猛闻名。光武帝即位后，任执金吾，封冠军侯，建武二年（26 年）加封穰、朝阳二县。后又因镇压赤眉农民起义军有功，而位列三公。

⑦士死知己：士为知己者死。怀此无忘：心里记着这句话，一直没忘。

⑧殂逝：死去。沃酹：以酒洒地表示祭奠。

⑨匪谓灵忿，能诒己疾：不是说怕你的灵魂生气，降给我疾病。匪：通非；诒：给予。

⑩ 怀旧：怀念从前的友谊。

⑪ 奉命东征：建安六年，曹操奉命东征刘备。屯次：驻扎军队。北望贵土：睢阳在谯县北，故曰北望，贵土是对桥玄家乡睢阳的敬称。

⑫ 裁致薄奠：备送微薄的奠礼。尚飨：希望死者来享用祭品。这是祭文末尾的格式化用语。

举泰山太守吕虔茂才令^①

建安七年（202 年）

夫有其志，必成其事，盖烈士之所徇也。卿在郡以来，禽奸讨暴^②，百姓获安，躬蹈矢石，所征辄克。昔寇恂立名于汝、颍，耿弇建策于青、兖^③，古今一也。举茂才，加骑都尉，典郡如故^④。

【注释】

① 该篇亦题《褒扬泰山太守吕虔令》。吕虔任城（今山东济宁市）人，曾自率家兵，随曹操平定兖州，以吕虔领泰山郡太守。吕虔配合夏侯渊镇压了济南、乐安的黄巾军，后又督青州诸郡兵马东征莱。吕虔任泰山太守十余年，后封益寿亭侯，迁徐州刺史，加威虏将军。举茂才：原为举秀才，因避光武帝讳，改称举茂才。

② 徇：通殉，从死。禽：通擒。

③ 寇恂立名于汝、颍：刘秀占领河内后，以寇恂为河内太守。他输送粮饷，为镇压绿林农民起义军立功。后历任汝南、颍川两郡太守，因功封雍奴侯。耿弇建策于青、兖：耿弇跟随刘秀在青州、兖州时，曾多次建议刘秀攻取战略要地邯郸，后封建德大将军。

④ 加骑都尉，典郡如故：骑都尉，太守一级的京城禁卫军军职，是一种荣誉军衔。

修 学 令 ①
建安八年（203 年）

丧乱以来，十有五年，后生者不见仁义礼让之风②，吾甚伤之③。其令郡国各修文学④，县满五百户置校官，选其乡之俊造而教学之⑤，庶几先王之道不废⑥，而有以益于天下。

【注释】

① 为了改变因长期战争而导致的世风日下的状况，曹操下达了这道命令。

② 丧乱以来：指自 189 年，董卓乱政以来。后生：青少年。

③ 吾甚伤之：我很伤感，引申为担忧，害怕。

④ 郡国：郡和诸侯国。文学：汉代以前为文化学术的总称，这里修文学是指修建学校，发展教育。

⑤ 俊造：德才兼备的俊杰。

⑥ 先王之道：从前圣明君王的文武之道，这里指传统文化和知识。

请爵荀彧表 ①
建安八年（203 年）

一

臣闻虑为首功，谋为赏本，野绩不越庙堂②，战多不逾国勋③。是故曲阜之锡，不后营丘④；萧何之土，先于平阳⑤。珍策重计，古今所尚⑥。侍中守尚书令彧⑦，积德累行，少长无悔，遭世纷扰，怀忠念治⑧。臣自始举义兵，周游征伐，与彧戮力同心，左右王略⑨，法言授策，无施不效。彧之功业，臣由以济，用披浮云，显光日月⑩。陛下幸许⑪，彧左右机近，忠恪祗顺^⑫，如履薄冰，研精极锐，以抚庶事^⑬。天下之定，或之功也。宜享高爵，以彰元勋^⑭。

【注释】

① 荀彧，曹操最倚重的谋士。建安八年七月，曹操上表列举荀彧前后所建立的功劳，请封荀彧为万岁亭侯。

② 虑为首功：策划的功劳居于首位。谋为赏本：出谋献计是奖赏的本源。野绩：野战的功绩。不越庙堂：不越，不超过；庙堂：宗庙和朝廷，引申为筹划决策。

③ 战多不逾国勋：多次战功不能超过立国的功劳。

④ 曲阜之锡：周公旦在朝内辅佐，被封于曲阜为鲁公。锡：赐。不后：不落后于，不次于。营丘：大将姜尚封于营丘为齐公。

⑤ 萧何之土，先于平阳：汉高祖建国，论功行赏，萧何功居第一，平阳侯曹参功居第二，萧何功在建国，曹参功在作战。萧何的封地大于曹参的封地。

⑥ 珍策重计：珍贵的策略和重大的筹谋。尚：尊崇。

⑦ 侍中：皇帝侍从顾问官。守：主管。尚书令：掌管奏章文书的官员。

⑧ 无悔：没有过错。怀忠念治：心怀忠诚，思虑治世。

⑨ 戮力：合力。左右王略：帮助制定朝廷决策。

⑩ 济：成功。披：拨开，驱除。

⑪ 幸：皇帝所到。

⑫ 左右机近：在皇帝身边掌握机要。忠恪祗顺：忠诚敬顺。

⑬ 如履薄冰：心怀恐惧，小心谨慎。履：踏，走。研精极锐：凡事研究精当，极为深刻。抚：安抚；庶事：老百姓的事。

⑭ 彰：表扬。元勋：大功。

二

守尚书令荀彧，自在臣营，参同计画，周旋征伐，每皆克捷，奇策密谋，悉皆共决^①。及彧在台^②，常私书往来，大小同策^③。《诗》美腹心^④，《传》贵庙胜^⑤，勋业之定，彧之功也。而臣前后独荷异宠^⑥，心所不安。彧与臣事通功并，宜进封赏，以劝后进者^⑦。

【注释】

①悉：全。

②在台：尚书令在尚书台工作，尚书台又称中台，所有大臣的奏章，都要经过尚书台，才能到达皇上手里。

③大小同策：大小事务，一同谋划。

④《诗》美腹心：《诗·周南·兔罝》："赳赳武夫，公侯腹心。"意思是赞美公侯有才干出众的心腹之人。

⑤《传》贵庙胜：《孙子·计篇》："夫未战而庙算胜者，得算多也。"意思是作战之前，最重要的是要在谋划上先胜过敌人。

⑥独荷异宠：单独蒙受特别的恩宠。

⑦劝：勉励。

与荀彧书（三）^①
建安八年（203 年）

与君共事以来，立朝廷，君之相为匡弼^②，君之相为举人^③，君之相为建计，君之相为密谋，亦以多矣。夫功未必皆野战也，愿君勿让。

【注释】

①曹操上表封荀彧为万寿亭侯，荀彧说自己没立战功，压下表章未奏。曹操因此给荀彧写了这封信，进行劝说。这是现存的曹操写给荀彧的第

三封信。

②匡弼：纠正和辅佐。

③举人：荐举人才。荀彧先后向曹操荐举了戏志才、郭嘉、荀攸、钟繇等人，故荀彧以知人著称。他所举荐的人才，都对曹操的统一大业起到了重要作用。

败军抵罪令①
建安八年（203 年）

《司马法》："将军死绥。"②故赵括之母，乞不坐括③。是古之将者，军破于外，而家受罪于内也。自命将征行④，但赏功而不罚罪，非国典也⑤。其令诸将出征⑥，败军者抵罪⑦，失利者免官爵。

【注释】

①为了整顿军法，提升士气，增强部队的战斗力，在建安八年春大破袁谭、袁尚军，回到许都后，发布了这道重要的治军命令。

②《司马法》：古代兵书，作者田穰苴，春秋末年齐国人，因其曾任大司马，因而人称司马穰苴，他写的兵书就叫《司马法》《司马穰苴兵法》等名。将军死绥：将军死于绥。绥：畏缩退却。

③赵括之母，乞不坐括：赵括虽熟读兵法，但无实战经验。赵王以赵括为帅抗秦，赵括的母亲上书劝阻，赵王不听，因此赵括的母亲请求赵王，不要因为赵括打了败仗而连坐家人。乞：请求；坐：连坐。

④命将征行：派遣将领，出征作战。这里是指自曹操带兵打仗以来。

⑤国典：国家的法律制度。

⑥其：表命令的语助词，没有实际意义。

⑦抵罪：依法治罪。

论吏士能行令 ①

建安八年（203 年）

议者或以军吏虽有功能，德行不足堪任郡国之选 ②。所谓"可与适道，未可与权" ③。管仲曰："使贤者食于能则上尊，斗士食于功则卒轻于死，二者设于国则天下治。" ④ 未闻无能之人，不斗之士，并受禄赏，而可以立功兴国者也。故明君不官无功之臣，不赏不战之士；治平尚德行，有事赏功能 ⑤。论者之言，一似管窥虎欤 ⑥！

【注释】

① 随着朝廷实际管控区域的不断扩大，曹操从军中选拔了一大批有战功、有才干的将吏担任地方各级行政长官，从而有效控制地方政权。当时有些人对此议论纷纷，认为这些军队出身的官吏，虽然有战功，但德行不足以任郡国长官。为了统一认识，排除阻力，曹操下达这道令文，批驳了上述观点。

② 堪任：胜任。郡国之选：指担任地方行政长官。

③ 可与适道，未可与权：《论语·子罕》："可与适道，未可与立；可与立，未可与权。"意思是说，能够与他一起取得成功的人，未必能与他一同事事依礼而行；能够与他一同事事依礼而行的人，未必能够与他一同通达权变。

④ 管仲曰："使贤者食于能则上尊，斗士食于功则卒轻于死，二者设于国则天下治。"：使贤能的人凭才能得到俸禄，在上位的人就会受到尊崇；战士凭功劳得到奖赏，士兵作战就不怕死。国家实行这两条，就能治理好天下。食：俸禄。斗士：战士。

⑤ 治平尚德行，有事赏功能：国家太平的时候，崇尚德行；战乱的时候，奖励有功劳、有才能的人。

⑥ 一似管窥虎：从竹管里看老虎，未见全貌。意为那些议论者，看问

题不全面。

破袁尚上事 ①
建安九年（204 年）

臣前上言逆贼袁尚还，即厉精锐讨之 ②。今尚人徒震荡，部曲丧守 ③，引兵遁亡。臣陈军被坚执锐，朱旗震耀，虎士雷噪。望旗眩精 ④，闻声丧气，投戈解甲，翕然沮坏 ⑤。尚单骑迸走 ⑥，捐弃伪节、钺铁、大将军邟乡侯印各一枚，兜鍪万九千六百二十枚 ⑦，其矛楯弓戟，不可胜数。

【注释】

① 袁尚：袁绍的小儿子。袁绍死后，袁尚继领袁绍的残部，盘踞在以邺城为中心的河北部分地区。曹操利用袁尚与其兄袁谭相互攻伐的时机，包围了邺城。建安九年七月，大破袁尚，八月攻克邺城，基本上消灭了袁绍的残余势力。这是在击败袁尚后，写给皇上的奏章，以报告此事。

② 袁尚还：建安九年二月，袁尚出兵攻打在平原（今山东平原西）的袁谭。曹操包围邺城后，袁尚率兵万人，回救邺城。厉：通励。

③ 震荡：动荡。

④ 眩精：失魂落魄，精神迷乱。

⑤ 翕然：全然。沮坏：败坏，崩溃。

⑥ 单骑：单人匹马。迸走：急迫逃跑。

⑦ 捐弃：丢弃。伪节：非法的符节。节：符节，将领领兵的凭证。钺铁：古代军法用以斩杀罪犯的斧子。这里指征伐专杀的凭证。邟乡：在今河南汝州市东。兜鍪：头盔。

蠲河北租赋令①
建安九年（204 年）

河北罹袁氏之难，其令无出今年租赋②。

【注释】

① 建安九年八月，曹操攻下邺城后，献帝令曹操领冀州牧。在袁绍集团统治下，河北地区农业生产受到严重破坏。为恢复生产，争取民心，曹操下令免除河北租赋一年。蠲：免除，减去。

② 罹：遭受。其：表示命令的语助词，无意义。

抑 兼 并 令①
建安九年（204 年）

"有国有家者，不患寡而患不均，不患贫而患不安。"②袁氏之治也，使豪强擅恣③，亲戚兼并；下民贫弱，代出租赋，衒鬻家财，不足应命④。审配宗族，至乃藏匿罪人，为逋逃主⑤；欲望百姓亲附，甲兵强盛，岂可得邪！其收田租亩四升，户出绢二匹，绵二斤而已⑥，他不得擅兴发，郡国守相明检察之⑦，无令强民有所隐藏，而弱民兼赋也⑦。

【注释】

① 东汉后期，土地兼并非常严重，造成大批农民破产流亡，特别是袁绍治下的河北，土地兼并更为严重。为了打击豪强地主，抑制土地兼并，以取得人民的拥护，曹操占领冀州后，立即下达了这道命令。

②《论语·季氏》："不患贫而患不均，不患寡而患不安。"

③ 擅恣：任意放纵，胆大妄为。

④ 衒鬻：变卖。

⑤审配：河北大豪强，袁绍的重要谋士，曹操攻克邺城后被杀，并抄没了其家产。逋逃主：收留逃亡罪犯的窝主。

⑥升、匹、斤：曹操规定的租赋，每亩地交粟四升（每升约合现在1886克），每户（不论人口多少，所以过去的人不愿分家）出绢二匹（每匹约合现在六市尺），绵二斤（每斤约合现在224.14克）。

⑦兴发：巧立名目多收。郡国守相：郡守和国相。

整齐风俗令 ①
建安十年（205 年）

阿党比周，先圣所疾也 ②。闻冀州俗，父子异部，更相毁誉 ③。昔直不疑无兄，世人谓之盗嫂 ④；第五伯鱼三娶孤女，谓之挝妇翁 ⑤。王凤擅权，谷永比之申伯 ⑥；王商忠议，张匡谓之左道 ⑦：此皆以白为黑，欺天罔君者也 ⑧。吾欲整齐风俗，四者不除 ⑨，吾以为羞。

【注释】

① 曹操领冀州牧后，下达了这道命令，整顿社会风气，革除社会弊病。

② 阿党：结成私党。比周：拉拢勾结。疾：痛恨。

③ 异部：不属于一派。毁誉：相互败坏对方的声誉。

④ 直不疑：西汉文帝时的中大夫，有人诋毁他与嫂子私通，直不疑说：我从来就没有哥哥。

⑤ 第五伯鱼：第五是复姓，伯鱼是字，名伦。光武帝时随淮南王入朝觐见光武帝，刘秀问伯鱼：听说你为官吏时打岳父？伯鱼回答说：我三次娶的妻子，都是死去父亲的孤女。挝：打。妇翁：岳父。

⑥ 王凤：西汉成帝的舅父。任大司马、大将军、领尚书事，独断专权。谷永想投靠王凤，就上奏章吹捧王凤好比周宣王的大臣申伯，因此谷永被王凤提拔为光禄大夫。

⑦ 王商：西汉成帝时任丞相。因不满王凤专权而被陷害致死。张匡：

成帝时任大中大夫，为迎合王凤，上书成帝，诬陷王商"执左道以乱政"。左道：歪门邪道，左门旁道。

⑧欺天罔君：欺骗上天，蒙蔽君主。

⑨四者：指前述"结党营私、父子相毁、无中生有、颠倒黑白"四种恶习。

请封荀攸表①

建安十年（205 年）

军师荀攸，自初佐臣，无征不从，前后克敌，皆攸之谋也②。

【注释】

①荀攸：字公达，荀彧的侄儿。原任黄门侍郎，因谋诛董卓入狱。董卓死后，出狱弃官回家。后任任城相，迁蜀郡太守，因道路阻隔没能到任。建安元年，由荀彧举荐，跟随曹操，任军师，帮助曹操出谋划策，贡献很大。因此，曹操上表请封荀攸为陵树亭侯。

②从内容上看，这几句话应该是奏章的一部分。

手书答朱灵①

建安十年（205 年）

兵中所以为危险者，外对敌国，内有奸谋不测之变。昔邓禹中分光武军西行，而有宗歆、冯愔之难，后将二十四骑还洛阳②。禹岂以是减损哉！来书恳恻，多引咎过③，未必如所云。

【注释】

①朱灵：原为袁绍部将，投曹操后因功拜后将军，封高唐亭侯。曹操派朱灵带领新兵，前往许南，途中中郎将程昂反叛，朱灵斩杀程昂后，向曹操报告，表示自责和痛心。曹操接到报告后，给他写了这封回信，进行

安抚。

②邓禹中分光武军西行，而有宗歆、冯愔之难，后将二十四骑还洛阳：东汉光武帝刘秀分兵二万给邓禹，让邓禹去镇压赤眉农民起义军。邓禹派部将宗歆、冯愔守枸邑（在今陕西省中部，1964年改名旬邑县），二人争权，冯愔杀了宗歆，又攻邓禹。后来邓禹被赤眉农民起义军打败，只带领二十四骑回到宜阳。曹操信中讲洛阳，有误。

③恳恻：很痛心。咎过：过错。

明　罚　令①
建安十一年（206年）

闻太原、上党、西河、雁门，冬至之后百有五日皆绝火寒食，云为介子推②。子胥沉江，吴人未有绝水之事③，至于子推独为寒食，岂不偏乎④？且北方沍寒之地，老少羸弱，将有不堪之患⑤。令到，人不得寒食，若犯者，家长半岁刑，主吏百日刑，令、长夺一月俸⑥。

【注释】

①曹操于建安十一年初，西征袁绍的外甥高干，三月占领并州（今山西太原市西南），当时并州下辖的太原、上党、西河、雁门四郡流行一种风俗：冬至后105天的寒食节前后三天，都不烧火，而吃冷食。曹操认为这个风俗对人们的身体健康有害，因此要禁止这样的习俗，发布了这道禁令。

②介子推：又作介之推，春秋时晋国人。他曾随晋文公流亡国外。晋文公回国执政后，大赏从属，但忘记了介子推。介子推没有得到赏赐，就带上老母亲隐于绵山（今山西介休市东南介山）。后来晋文公想起了介子推，想把他请下山来，重加赏赐，但介子推誓死不出绵山。为了逼介子推出来，晋文公下令放火烧山，结果介子推被烧死在一棵柳树下。这一天是冬至后的105天，人们为了纪念介子推，就在冬至后105天设立了寒食节。该节因与清明节相近，后为清明节代替。

③子胥沉江：伍员，字子胥，春秋时楚国焦（今安徽省亳州市东南）人。因父兄被楚王冤杀而逃到吴国，任吴国大夫。曾帮助吴王阖闾攻破楚国，振兴吴国，立有大功。后因劝吴王拒绝越国求和，停止伐齐而被吴国继任国王夫差赐死，沉尸江中。

④子推独为寒食：单单为介子推而吃冷食。

⑤冱寒：严寒冰封的景象。羸弱：瘦弱。不堪之患：无法承受的祸患。

⑥令、长：县令、县长。

求　言　令①
建安十一年（206年）

一

夫治世御众，建立辅弼，戒在面从②。《诗》称"听用我谋，庶无大悔"③，斯实君臣恳恳之求也④。吾充重任，每惧失中⑤，频年以来，不闻嘉谋，岂吾开延不勤之咎邪⑥？自今以后，诸掾属、治中、别驾⑦，常以月旦各言其失⑧，吾将览焉。

【注释】

①为了广开言路，曹操下达了这篇令文，要求部属向他提意见，并使之制度化。

②治世御众：治理国家管理百姓；辅弼：宰相，这里指辅佐大臣；面从：当面顺从，背后使坏。

③《诗》：《诗经》。悔：灾祸。

④斯：这。恳恳：诚恳，恳切。

⑤失中：出偏差。

⑥开延：开门请进。意指虚心接受意见。

⑦掾属：东汉时，三公府分曹（部、处）治事，各曹主管官员正职称掾，

副职称属。这里指曹操丞相府的官员。治中：官名，州刺史（牧）的助理，专门管理文书。别驾：官名，州刺史（牧）的佐吏，主官视察辖区时，别驾另乘驿车随行，故名别驾。

⑧ 月旦：每月的第一天。

二

自今诸掾属、侍中、别驾①，常以月朔各进得失②，纸书函封，主者朝常给纸函各一⑳。

【注释】

① 侍中：丞相属官，侍从皇帝左右出入宫廷，应对顾问。

② 月朔：即月旦。

③ 纸书函封：写在纸上，装入封套加封。主者：主管人员。朝：朝会。

表乐进于禁张辽①
建安十一年（206 年）

武力既弘②，计略周备，质中性一③，执守节义。每临战攻，常为督率，奋强突固④，无坚不陷，自援枹鼓⑤，手不知倦。又遣别征⑥，统御师旅，抚众则和⑦，奉令无犯，当敌制决⑧，靡有遗失。论功纪用⑨，宜各显宠。

【注释】

① 曹操用人，唯才是举，不讲门第出身。特别注意从基层选拔有实际工作经验，有才能，有功劳的人，赋予重任，信任不疑，大胆使用。建安十一年，他表乐进为折冲将军，于禁为虎威将军。乐进、于禁都是因功从部队基层逐级提拔上来的猛将。张辽原是吕布的部将，后投降曹操，屡立战功，特别是合肥保卫战，一战而成千古名将。

附录　曹操文选

② 武力：战斗力。这里指武艺和力量。弘：大。

③ 质中性一：品质忠诚，秉性专一。

④ 奋强突固：奋勇突破固守的敌人。

⑤ 援：拿着。枹：鼓槌。

⑥ 别征：分别领兵出征。

⑦ 抚众：安抚将士。和：和睦。

⑧ 当敌：面对敌人。制决：裁断决定。

⑨ 论功纪用：根据功劳的大小而授奖和任用。

封功臣令①

建安十二年（207 年）

吾起义兵，诛暴乱，于今十九年②，所征必可，岂吾功哉？乃贤士大夫之力也。天下虽未悉定③，吾当要与贤士大夫共定之；而专飨其劳④，吾何以安焉！其促定功行封⑤。

【注释】

① 曹操取得西征并州和东征管承的胜利后，立即准备北征乌桓。为了鼓舞将士士气，一鼓作气拿下乌桓，曹操下了这道封功臣令，一次晋封二十余人为列侯，以下各依次受封。

② 于今十九年：曹操自 189 年在陈留起兵，讨伐董卓起，至这次大封功臣，前后共计十九年。

③ 虽：尚，因字形相近而娱。

④ 飨：通享，享有。

⑤ 其：表命令的语气助词。促：赶快。

分租与诸将掾属令 ①

建安十二年（207 年）

昔赵奢、窦婴之为将也，受赐千金，一朝散之②，故能济成大功，永世留声。吾读其文，未尝不慕其为人也。与诸将士大夫共从戎事，幸赖贤人不爱其谋，群士不遗其力，是以夷险平乱③，而吾得窃大赏，户邑三万④。追思赵、窦散金之义，今分所受租与诸将掾属及故戍于陈、蔡者⑤，庶以畴答众劳，不擅大惠也⑥。宜差死士之孤，以租谷及之⑦。若年殷用足，租奉毕入⑧，将大与众人悉共飨之⑨。

【注释】

① 曹操为了鼓励将士奋勇杀敌，调动各方面的积极性，除了封赏功臣外，还把自己封地的租赋收入，分给将领、属官、入伍早的士兵以及死难将士的遗孤。并以命令的形式，要求他们无条件接受。

② 赵奢：战国时期赵国的名将。因大破秦军，赵王给予很大的封赏，他把所得的封赏全部分给部下。窦婴：汉景帝时平定七国之乱的大将军。他将所得千斤赏金，全部放在廊檐下让部下自己取用。

③ 夷：消除，铲平。

④ 窃：私自，私下，谦辞。户邑三万：曹操的食邑有武平、阳夏、柘、苦四县共三万户。这三万户所交的租赋都归曹操所有。

⑤ 故戍于陈、蔡者：戍，驻守防卫。陈、蔡即今河南淮阳，上蔡一带。这里指早年随曹操起兵，在陈、蔡一带作战和驻防的士卒。

⑥ 畴：通酬。擅：独揽，独享。

⑦ 差：分等级。孤：孤儿，遗孤。

⑧ 年殷：年景殷实，即年成丰收。用足：财政充足。租奉：租赋俸禄。毕入：全部收入。

⑨ 大：事物过半，即一半以上。

请增封荀彧表 ①

建安十二年（207 年）

　　昔袁绍作逆，连兵官渡 ②。时众寡粮单，图欲还许。尚书令荀彧，深建宜住之便，远恢进讨之略 ③，起发臣心 ④，革易愚虑，坚营固守，徼其军实 ⑤；遂摧扑大寇 ⑥，济危以安。绍既破败，臣粮亦尽，将舍河北之规，改就荆南之策 ⑦。彧复备陈得失，用移臣议，故得反旆冀土，克平四州 ⑧。向使臣退军官渡，绍必鼓行而前 ⑨，敌人怀利以自百，臣众怯沮以丧气 ⑩，有必败之形，无一捷之埶 ⑪。复若南征刘表，委弃兖、豫 ⑫，饥军深入，逾越江、沔 ⑬，利既难要，将失本据 ⑭。而彧建二策，以亡为存，以祸为福，谋殊功异 ⑮，臣所不及。是故先帝贵指踪之功，薄搏获之赏 ⑯；古人尚帷幄之规，下攻拔之力 ⑰。原其绩效，足享高爵 ⑱，而海内未喻其状，所受不侔其功 ⑲，臣诚惜之。乞重平议，增畴户邑 ⑳。（《后汉书·荀彧传》）

【注释】

　　① 早在建安八年，曹操就表封荀彧为万寿亭侯，食邑一千户。建安十二年，大封功臣，又增封荀彧食邑一千户，合计二千户。这份请封表的文字，《三国志·魏书》和《后汉书》所录有所不同，现分别辑入，以供参考。

　　② 连兵：陈兵。官渡：古地名，在今河南中牟东北黄河南岸。

　　③ 深建宜住之便，远恢进讨之略：深：深刻。建：建议。宜住：应该坚守不撤。便：有利。远：远见。恢：恢弘，发扬。略：方略，计划。

　　④ 起发：启发。

　　⑤ 徼其军实：徼，拦截。军实：军需给养，这里指火烧乌巢。

　　⑥ 摧扑：摧毁，打倒。大寇：较大的敌寇，这里指袁绍，袁绍是当时最大的军阀割据势力。

　　⑦ 舍河北之规，改就荆南之策：官渡之战后，由于缺少粮食，袁绍新败，曹操打算暂停进攻河北，向南攻伐荆州。荀彧认为应一鼓作气，拿下河北，

如果现在南征，袁绍集结残余势力，乘虚袭击后方，那就麻烦大了。荆南：荆州，因荆州在南方，故称荆南。

⑧ 反旆冀土，克平四州：回师河北，平定了冀、青、并、幽四州。旆：通旆，旗帜。

⑨ 向使：假使，假设，倘使。鼓行：鸣鼓行进。

⑩ 怀利以自百：因为胜利而勇气猛增百倍。怯沮：畏怯，沮丧。

⑪ 埶：势的古字。

⑫ 委弃：抛弃。兖、豫：兖州、豫州。

⑬ 江、沔：长江、沔水。

⑭ 要：通邀，求得。

⑮ 谋殊功异：谋略很不寻常，功劳与众不同。

⑯ 先帝：指刘邦。指踪之功：刘邦建国后行赏，以萧何为首功，武将中有人不服，刘邦以打猎为例，说：追捕野兽的是猎犬，指示追捕目标和判断野兽踪迹的是猎人。诸君的功劳跟猎犬一样，而萧何的功劳则跟猎人一样。

⑰ 帷幄：军用帐幕。规：计划。刘邦称赞张良：运筹于帷幄之中，决胜于千里之外。

⑱ 原：根据。其：代词，指荀彧。绩效：功绩和作用。

⑲ 海内：国内。侔：相等，相称。

⑳ 乞：请求。平议：平，通评；议，判。畴：通酬。

又　文

昔袁绍侵入郊甸①，战于官渡。时兵少粮尽，图欲还许，书与彧议，彧不听臣。建宜住之便，恢进讨之规，更起臣心，易其愚虑，遂摧大逆，覆取其众。此彧睹胜败之机，略不世出也②。及绍破败，臣粮亦尽，以为河北未易图也，欲南讨刘表。彧复止臣，陈其得失，臣用反旆，遂吞凶族，克平四州。向使臣退于官渡，绍必鼓行而前，有倾覆之形，无克捷之势。

后若南征，委弃兖、豫，利既难要，将失本据。或之二策，以亡为存，以祸致福，谋殊功异，臣所不及也。是以先王贵指踪之功，薄搏获之赏；古人尚帷幄之规，下攻拔之捷，前所赏录，未副或巍巍之勋。乞重平议，畴其户邑。（《三国志·魏书·荀彧传》）

【注释】

①郊甸：古代国都城外百里之内称郊，郊外称甸。官渡距许都百里之外，故称郊甸。

②胜败之机：胜败的关键。不世出：不是每代都有。

报荀彧（二）①
建安十二年（207 年）

君之策谋，非但所表二事②。前后兼冲，欲慕鲁连先生乎③？此圣人达节者所不贵也④。昔介子推有言："窃人之财，犹谓之盗。"况君密谋安众，光显于孤者以百数乎⑤！以二事相还而复辞之，何取谦亮之多邪⑥！

【注释】

①曹操表增封荀彧，荀彧谦让，曹操又写这封信，进行劝说。

②所表二事：指《请增封荀彧表》中所说二事。

③兼冲：谦逊退让。鲁连：鲁仲连，战国时齐人。秦攻赵，魏王派人劝赵王尊秦为帝，受到鲁仲连的驳斥。后秦兵败退，鲁仲连再三推让，不受封赏。后来他又帮助齐军劝燕将弃守聊城，齐王想封赏他，他逃封去了海上。

④圣人达节：有最高道德的人，能进能退，能上能下，俱合于节义。曹操劝荀彧要向圣人那样通达，不守死理。

⑤密谋：周密谋划。安众：安置众事。光显：荣耀。

⑥谦亮：谦逊退让。

请追增郭嘉封邑表 ①

建安十二年（207 年）

臣闻褒忠宠贤，未必当身②，念功惟绩，恩隆后嗣③。是以楚宗孙叔，显封厥子④，岑彭既没，爵及支庶⑤。诚贤君殷勤于清良，圣祖敦笃于明勋也⑥。故军祭酒洧阳侯颍川郭嘉⑦，立身著行，称茂乡邦⑧，与臣参事，尽节为国。忠良渊淑，体通性达⑨。每有大议，发言盈廷⑩，执中处理，动无遗策⑪。自在军旅，十有余年，行同骑乘，坐共幄席⑫。东禽吕布，西取眭固⑬，斩袁谭之首，平朔土之众⑭。逾越险塞，荡定乌丸⑮，震威辽东，以枭袁尚⑯。虽假天威，易为指麾⑰，至于临敌，发扬誓命⑱，凶逆克殄，勋实由嘉⑲。臣今日所以免戾，嘉与其功⑳。方将表显，使赏足以报效㉑，薄命夭殒，不尽美志㉒。上为陛下悼惜良臣，下自毒恨丧失奇佐㉓。昔霍去病蚤死，孝武为之咨嗟㉔；祭遵不究功业，世祖望柩悲恸㉕。仁恩降下，念发五内㉖。今嘉陨命，诚足怜伤㉗。宜追增加封，并前千户㉘；褒亡为存，厚往劝来也㉙。

【注释】

① 郭嘉：曹操的重要谋士。初投袁绍，见袁绍不能成事，经荀彧推荐投奔曹操，任司空军师祭酒（首席参谋），时年二十七岁。他帮助曹操灭吕布、败袁绍、平乌桓。自柳城回朝途中，三十八岁的郭嘉病死。原来已经封郭嘉为洧阳亭侯，食邑二百户。郭嘉死后，曹操认为应增加郭嘉的封邑，给献帝上了这份奏章。有的版本题为"令"，不当，应为"表"。

② 褒：褒奖。当身：自身，本人。

③ 惟：思念。隆：丰厚。后嗣：后代。

④ 宗：尊崇。孙叔：即孙叔敖，春秋时期楚国人，官居令尹。致力于兴修水利，发展生产，使楚国富强。死后楚庄王以寝丘（今河南沈丘东南）四百户封给其子。显：显扬。厥：代词，指孙叔敖。

⑤岑彭：光武帝的大将，因战功卓著，死后光武帝将其长子岑尊、次子岑淮各封为侯。支庶：妻妾所生的孩子，妻生子谓支，妾生子谓庶。

⑥贤君：指楚庄王。殷勤：关心。清良：贤臣。圣祖：光武帝刘秀。敦笃：厚待。明勋：显著的功劳，代指功臣。

⑦军祭酒：军师祭酒。洧阳亭侯，郭嘉生前的封爵。亭侯是最低级别的侯爵，其上依次为乡侯、关侯、县侯。

⑧著行：德行显著。称茂：声誉美好。

⑨忠良渊淑：忠诚善良，知识渊博，品质良好。体通性达：天性通达，即通晓事理。

⑩大议：重要的会议。发言盈廷：满庭议论纷纷。廷，通庭。

⑪执中：恰当。动无遗策：付诸实施，没有失策。

⑫帷席：军帐坐席。

⑬禽：通擒。建安三年，曹操东征吕布，在下邳将吕布包围。出于其他考虑，曹操曾打算撤围。后采纳郭嘉的建议，加紧围攻，将吕布擒杀。西取眭固：建安四年，根据郭嘉的意见，曹操遣曹仁西征河南沁阳，消灭了降伏于袁绍的原农民起义军将领眭固。

⑭斩袁谭之首：袁绍死后，其子袁谭、袁尚相互攻伐，曹操采纳郭嘉的建议，促使其内讧，然后各个击破，并于建安十年初，夺取冀州，擒杀袁谭。朔土：北方，这里指冀州。

⑮乌丸：即乌桓。指当时居住在河北北部和辽西的少数民族。建安十年，袁绍之子袁尚、袁熙率袁氏集团残余势力投奔乌桓。建安十二年曹操北征三郡乌桓，曹操依据郭嘉的意见，以轻骑奇袭，大获全胜。

⑯威震辽东：辽东是幽州的一个郡。曹操打败乌桓后，袁尚、袁熙投奔辽东。辽东太守公孙康慑于曹军的声威和势力，将二袁斩杀，献首级于曹操。枭：枭首。

⑰假天威：借助天子的威望。指麾：即指挥。麾，古代军队中用于指挥的旗子。

⑱临敌：临阵作战。发扬誓命：宣扬告诫将士的命令。

⑲ 凶逆：凶恶的逆贼。克殄：能够消灭。殄：消灭。

⑳ 戾：罪过。嘉与其功：其中有郭嘉的功劳。

㉑ 方将表显：正要上表表扬。报效：报答功绩，即赏赐与功绩相符。

㉒ 夭殒：早逝。

㉓ 毒恨：痛心。奇佐：出众的助手。

㉔ 霍去病：西汉武帝的大将，在抗击匈奴中，战功卓著，封冠军侯，死时年仅二十三岁。蚤：通早。孝武：汉武帝的谥号。咨嗟：叹息。

㉕ 祭遵：东汉光武帝的大将，任征虏将军，封颍阳侯。因西征死于军中。不究功业：没有完成的功业。世祖：光武帝刘秀。

㉖ 五内：腹内五脏，内心。

㉗ 陨：通殒。

㉘ 并前千户：连同以前的封邑（两百户），共一千户。

㉙ 褒亡为存：褒奖死者，是为了激励活着的人。

与荀彧书追伤郭嘉①
建安十二年（207年）

（一）

郭奉孝年不满四十，相与周旋十一年，险阻艰难，皆共罹之②。又以其通达，见世事无所凝滞③，欲以后事属之④。何意卒尔失之⑤，悲痛伤心。今表增其子满千户，然何益亡者？追念之感深。且奉孝乃知孤者也，天下人相知者少，又以此痛惜，奈何奈何！

（二）

追惜奉孝，不能去心。其人见时事兵事⑥，过绝于人⑦。又人多畏病，南方有疫，常言："吾往南方，则不生还。"然与共论计，云当先定荆⑧。此为不但见计之忠厚，必欲立功分，弃命定⑨。事人心乃尔⑩，何得使人忘之！

【注释】

①郭嘉是荀彧推荐给曹操的。郭嘉死后，曹操先后给荀彧写了这两封信，追念郭嘉。

②罹：遭遇忧患、不幸。

③凝滞：固结不动，阻塞不通。这里是指郭嘉遇事能够通达权变，快速决断，不迟疑。

④后事：身后之事。属：嘱，托付。意为曹操有意让郭嘉接自己的班。

⑤何意：哪里想到。卒尔：突然。

⑥时事：政治形势。兵事：军事。

⑦过绝：远远超过。

⑧然与：然而与他讨论军国大事时，他却说应先平定荆州。定荆：平定荆州。

⑨见计忠厚：他提出的见解谋略，没有私心（没考虑他到南方则不生还的个人身体状况）。立功分：立功尽职。分，职分。弃命定：放弃命定，不惜生命。

⑩事人心乃尔：事奉别人的心意竟然这样（不惜自己的生命）。

告涿郡太守令 ①

建安十二年（207年）

故北中郎将卢植②，名著海内，学为儒宗③，士之楷模，乃国之桢干也④。惜武王入殷，封商容之闾⑤；郑丧子产，而仲尼陨涕⑥。孤到此州，嘉其余风⑦。《春秋》之义，贤者之后，有异于人⑧。敬遣丞掾⑨，修坟墓，并致薄酹⑩，以彰厥德⑪。

【注释】

①曹操北征乌桓，还师途中过涿郡（今河北涿州），派人祭奠卢植，并给涿郡太守写了这道令文。

② 卢植：曾任博士，后任北中郎将，尚书。因反对董卓废帝，被罢官逃回故里涿县。

③ 儒宗：儒学宗师。

④ 桢干：古时候，用土筑墙，两端的立木谓桢，中间的夹板谓干，引申为国家的栋梁。

⑤ 武王入殷，封商容之闾：周武王姬发攻入殷都朝歌（今河南淇县），灭殷而建立周王朝。商容：殷的大夫，因劝谏殷纣王，而遭贬斥。闾：里巷。

⑥ 子产：春秋时郑国的大夫，以贤明著称。对他的死仲尼落泪。陨：落。

⑦ 余风：遗留的影响。

⑧《春秋》之义：《春秋》里讲的道理。《春秋》，鲁国编年史。贤者之后，有异于人：对待贤者的后代，不能和对待一般人一样（要给予特别照顾）。

⑨ 丞掾：丞相府主管官员。

⑩ 醊：祭祀时，把酒洒在地上。

⑪ 厥：其，指示代词。

表论田畴功 ①
建安十二年（207年）

文雅优备，忠武又著，和于抚下，慎于事上 ②。量时度理，进退合义 ③。幽州始扰，胡、汉交萃 ④，荡析离居，靡所依怀 ⑤。畴率宗人避难于无终山 ⑥，北拒卢龙，南守要害 ⑦，清静隐约 ⑧，耕而后食，人民化从，咸共资奉 ⑨。及袁绍父子威力加于朔野 ⑩，远结乌丸，与为首尾 ⑪，前后召畴，终不陷挠 ⑫。后臣奉命，军次易水 ⑬，畴长驱自到，陈讨胡之势 ⑭，犹广武之建燕策，薛公之度淮南 ⑮。又使部曲持臣露布，出诱胡众 ⑯，汉民或因亡来，乌丸闻之震荡 ⑰。王旅出塞，途由山中九百里 ⑱，畴率兵五百，启导山谷 ⑲，遂灭乌丸，荡平塞表 ⑳。畴文武有效 ㉑，节义可嘉，诚应宠赏，以旌其美。

【注释】

① 田畴：右北平无终（今天津蓟州区）人。初为幽州牧刘虞的从事，刘虞被公孙瓒杀害后，公孙瓒和袁绍相继统治幽州，田畴率领族人逃到山中避难，并多次拒绝袁绍父子的召命和利诱。曹操北征乌桓时，他主动出山，积极协助曹操平定乌桓。曹操也很看重田畴的志向和才干，举他为茂才，任蓨县令。在北征乌桓的路上，遇上雨季，沿海道路不通。田畴建议出卢龙塞，由山间小路进军，并率人充当向导，出其不意地给乌桓以致命袭击，对平定乌桓，做出了巨大贡献。事后曹操论功行赏，表封田畴为亭侯，食邑五百户。

② 和于抚下，慎于事上：对下能够和谐相处，勤于安抚；对上能够谨慎对待，忠于职守。

③ 量时度理，进退合义：分析时事，把握事理。合义：符合规义，引申为处置事情周全适当。

④ 幽州始扰：幽州开始动乱。胡、汉交萃：萃，通悴，引申为困苦，即胡人、汉人都遭受到苦难。

⑤ 荡析离居：流离失所。靡所依怀：没有依靠。

⑥ 宗人：族人。无终山：在今河北玉田县西北。

⑦ 拒：控制，抗拒。卢龙：古塞名，在今河北迁西县喜峰口附近的古长城上。要害：险要的据点。

⑧ 隐约：穷困俭朴。

⑨ 人民化从：人民经过教化而服从。咸：都。资奉：供给物资。

⑩ 朔野：北方大地。朔，北方。

⑪ 与为尾首：相互勾结在一起。

⑫ 陷挠：指袁绍父子多次征召，田畴始终没有屈节应召。

⑬ 军次：军队驻扎。易水：在今河北省西部。

⑭ 长驱自到：自己远道赶来。陈：陈述。

⑮ 广武之建燕策：西汉初赵国李左车，封广武君。韩信灭赵后，打算进攻燕、齐，向李左车问计。李左车建议不要马上进兵，而用"先声后实"

的策略：分别派出使者，威胁劝降燕、齐两国。韩信用这个办法，取得圆满成功。薛公之度淮南：西汉初淮南王英布反叛朝廷，刘邦问计于原楚国令尹薛公，薛公估计没有远见的英布必然夺取吴和下蔡，最后退守越和长沙，其结果必败。后来事实果如薛公所料。

⑯ 部曲：部下。露布：不加封缄的文书，一般为檄文、捷报等紧急文书。诱：劝导。

⑰ 汉民或因亡来：当时那里的汉民大多是被胡人掳去的，趁这个机会逃回原籍。亡，逃亡。

⑱ 途由山中九百里：军队出卢龙塞，经白檀（今河北滦平东北）、平岗（今辽宁喀喇沁左旗），东向柳城（今辽宁朝阳南），全是很少有人行走的山间小路，总长九百余里。

⑲ 启：开路。导：导引。

⑳ 塞：塞外，一般指长城之外。

㉑ 文武有效：出谋划策，带兵打仗，成效显著。

授崔琰东曹掾教 ①
建安十三年（208 年）

君有伯夷之风 ②，史鱼之直 ③，贪夫慕名而清 ④，壮士尚称而厉 ⑤，斯可以率时者已 ⑥。故授东曹，往践厥职 ⑦。

【注释】

① 崔琰：汉末名士。先为袁绍征召，后为曹操征召，任曹丕的师傅。建安十三年曹操任丞相，任崔琰为东曹掾。教：上对下的训示，通知。

② 伯夷：见《度关山》注 ⑪。素以廉洁清正闻名，而受到孟子的称赞。曹操以此赞誉崔琰清廉有志。

③ 史鱼：字子鱼，春秋时卫国的大夫。卫灵公用人不当，史鱼坚决反对，死后遗命不于正室治丧，以示"尸谏"。

④ 贪夫慕名而清：有贪心的人，因为羡慕你的名声而变得清廉。

⑤ 壮士尚称而厉：壮士因推崇你而自勉。厉，通励。

⑥ 斯：代词，这。率时：当代的表率。

⑦ 往践厥职：前去担任这个职务。厥：指示代词。

宣示孔融罪状令①

建安十三年（208 年）

太中大夫孔融既伏其罪矣②，然世人多采其虚名，少于核实，见融浮艳③，好作变异，眩其诳诈，不复察其乱俗也。此州人说平原祢衡受传融论④，以为父母与人无亲，譬如瓶器⑤，寄盛其中；又言若遇饥馑，而父不肖，宁赡活余人⑥。融违天反道，败伦乱理，虽肆市朝⑦，犹恨其晚。更以此事列上，宣示诸军将校掾属，皆使闻见。

【注释】

① 孔融：孔子第二十代孙。初任北海相，治军理政无建树，曹操慕其名，召入朝中任少府、太中大夫。他自恃高门望族，又有文名，对曹操多有非议和讥讽。建安十三年曹操以大逆不道罪杀了孔融。孔融被杀后，朝野议论很大，为此曹操又发了此令，宣示孔融的罪状。

② 太中大夫：皇帝的顾问官。伏罪：正法。

③ 少：缺少。浮艳：浮华艳丽，意指孔融文采虽好，但夸夸其谈，自我浮夸，做表面文章。

④ 此州：指豫州。平原：郡名，属青州管辖。祢衡：当时以狂妄闻名，与孔融交好，孔融将其推荐给曹操。祢衡对朝野官员逐个辱骂，并当面羞辱曹操。曹操将其送给刘表，刘表又将其送给黄祖，因羞辱黄祖被杀。受传融论：接受和宣传孔融的言论。

⑤ 瓶器：一种大肚子小口的陶器。

⑥ 不肖：不正派，不仁慈。赡：供给，供养。

⑦肆市朝：肆，陈列；市朝，大街上，这里指刑场。

表刘琮令①
建安十三年（208 年）

楚有江、汉山川之险，后服先强②，与秦争衡，荆州则其故地③。刘镇南久用其民矣④。身没之后，诸子鼎峙⑤，虽终难全，犹可引日⑥。青州刺史琮，心高志洁，智深虑广，轻荣重义，薄利厚德，蔑万里之业，忽三军之众⑦，笃中正之体，敦令名之誉⑧，上耀先君之遗尘，下图不朽之余祚⑨，鲍永之弃并州⑩，窦融之离五郡⑪，未足以喻也。虽封列侯一州之位，犹恨此宠未副其人⑫；而比有笺求还州⑬。监史虽尊，秩禄未优⑭。今听所执⑮，表琮为谏议大夫，参同军事⑯。

【注释】

①建安十三年曹操南讨荆州，荆州割据军阀刘表病死，幼子刘琮继位投降。曹操将刘琮调任青州刺史。刘琮请求仍回荆州，于是曹操又改封刘琮为谏议大夫参同军事。

②后服先强：安定时候他后归顺，动乱时他先起来。

③荆州则其故地：荆州原来属于楚国。

④刘镇南：即刘表。刘表任荆州牧、镇南将军。

⑤诸子鼎峙：孩子们之间对峙。刘表立幼子刘琮为继承人，长子刘琦外出任江夏太守。刘表死后二子对立。

⑥犹可引日：还可以延续一段时间。

⑦蔑：蔑视。忽：轻视。

⑧笃、敦：看重。令名：美名。

⑨遗尘：遗留的基业。余祚：留给子孙的福荫。

⑩鲍永：东汉初鲍永在并州割据。光武帝即位，他遣散兵将，归顺光武帝。

⑪ 窦融：原来是酒泉、金城、张掖、武威、敦煌五郡割据势力的首领，光武帝即位，他弃五郡归顺光武帝。

⑫ 宠：荣耀。副：相称。

⑬ 比：最近，近日。笺：书信。还州：刘琮要求回到荆州。

⑭ 监史：刺史。秩禄：俸禄，工资待遇。

⑮ 今听所执：现在同意他的要求。

⑯ 谏议大夫：朝中谏官，秩禄高，但无实权。

下 荆 州 书 ①
建安十三年（208 年）

不喜得荆州，喜得蒯异度耳 ②。

【注释】

① 这是曹操取得荆州以后，给荀彧信中的一句话，表明曹操重视人才超过一切。

② 蒯异度：蒯越。原是何进的东曹掾，何进失败后，投奔刘表，成了刘表的重要谋士。刘表死后，蒯越劝说刘琮献地投降曹操，本人也受到曹操的重用。

为张范下令 ①
建安十三年（208 年）

邴原名高德大 ②，清规邈世 ③，魁然而峙 ④，不为孤用。闻张子颇欲学之 ⑤，吾恐造之者富，随之者贫也 ⑥。

【注释】

① 邴原：北方有影响的名士。曹操征召，托病不就。张范也是名士，

欲效法邴原。出于爱惜人才，曹操下了这道规劝令，希望他不要学习邴原，出来为自己所用。

② 邴原名高德大：邴原在曹操的一再争取下，后来还是到了曹操那里任职，先为东阁祭酒，转任曹丕的长吏，让曹丕执师礼。建安十九年随曹操南征病死。名高德大：德高望重。

③ 清规：清高的规范。邈世：超脱世俗。

④ 魁然：高大杰出的样子。峙：耸立。

⑤ 张子：对张范的敬称。

⑥ 造：开创。富：引申为收获大。随之者贫：跟着学的人少有收获。

与孙权书①
建安十三年（208 年）

一

近者奉辞伐罪②，旌麾南指③，刘琮束手④。今治水军八十万，方与将军会猎于吴。

【注释】

① 这是曹操兵不血刃占领荆州后，写给孙权的信，希望孙权能像刘琮那样识时务。第二封信写于赤壁之战后，将赤壁之战的真相公之于世。

② 奉辞伐罪：尊奉皇帝的命令，讨伐有罪者。

③ 旌麾：军旗。

④ 刘琮束手：刘琮不作无谓的抵抗，献地投降。

二

赤壁之役①，值有疾病，孤烧船自退，横使周瑜虚获此名②。

赤壁之困，过云梦泽中 ③，有大雾，遂使失道。

【注释】

① 赤壁之役：曹操占领荆州后，继续前进。孙权、刘备联军在赤壁（山名，即今湖北赤壁市，赤矶山。赤壁市，原名蒲圻县，1998 年更名为赤壁市。一说在今湖北嘉鱼县东北，长江南岸）抗击曹操，用火攻，逼迫曹操烧船自退。

② 横：意外。周瑜：时任吴水军都督，是赤壁之战吴军的最高指挥官。

③ 云梦泽：在南郡华容县（今湖北潜江市西南）。

爵封田畴令 ①
建安十四年（209 年）

蓨令田畴 ②，志节高尚 ③，遭值州里戎、夏交乱 ④，引身深山，研精味道 ⑤，百姓从之，以成都邑。袁贼之盛，命召不屈 ⑥。慷慨守志，以徼真主 ⑦。及孤奉诏征定河北，遂服幽都 ⑧，将定胡寇，特加礼命 ⑨。畴即受署，陈建攻胡蹊路所由，率齐山民，一时向化 ⑩。开塞导送，供承使役，路近而便，令虏不意 ⑪。斩蹋顿于白狼 ⑫，遂长驱于柳城 ⑬，畴有力焉。及军入塞 ⑭，将图其功，表封亭侯，食邑五百，而畴恳恻，前后辞赏。出入三载，历年未赐，此为成一人之高，甚违王典 ⑮，失之多矣。宜从表封，无久留吾过 ⑯。

【注释】

① 建安十二年，曹操表封田畴为亭侯，食邑五百户。田畴请求坚决不要封赏，曹操接受了他的请求。后来曹操认为论功行赏是国家的制度，应该贯彻执行，于是又下了这道封令。

② 蓨县：古县名，在今河北景县南。田畴初归曹操时，被曹操举为茂才，任蓨县令。实际上田畴一直随军东征，没有到任。

③ 志节：志向节操。

④ 戎、夏交乱：戎，指乌桓，夏，指公孙瓒等汉人。乌桓和公孙瓒等

汉人相互作乱，田畴率族人到无终山避乱。

⑤ 研精味道：研究和体味精微的哲理。

⑥ 命召不屈：袁绍父子五次征召，授予将军印，田畴始终不为所动，坚不受命。

⑦ 徼：通邀，寻求。真主：真正能够相托付的主人。

⑧ 幽都：当时袁绍的次子袁熙为幽州牧，曹操经过长时间的攻伐，平定了幽州。这里是指田畴归顺曹操。

⑨ 特加礼命：指举田畴为茂才，任蓨县令。

⑩ 受署：接受任命。蹊路：山间小路。向化：归顺。

⑪ 虏：对敌人的蔑称，这里指乌桓。

⑫ 蹋顿：乌桓首领。白狼：山名，在今辽宁喀喇沁左翼蒙古族自治县。

⑬ 柳城：当时乌桓的中心要城。

⑭ 及军入塞：大军回师进入卢龙塞。

⑮ 王典：国家的法律。

⑯ 宜从表封：应当接受从前的表封。久留吾过：曹操认为，他上次同意田畴谢封，只是成全一个人的清高名声，却严重违背了国家的法律，对国家有很大的损失，所以是自己的过错，应该纠正过来，不要使自己的过错再继续下去。

决议田畴让官教①
建安十四年（209 年）

昔夷、齐弃爵而讥武王②，可谓愚暗，孔子犹以为"求仁得仁"③。畴之所守，虽不合道，但欲清高耳。使天下悉如畴志，即墨翟兼爱尚同之事④，而老聃使民结绳之道也⑤。外议虽善⑥，为复使令司隶以决之⑦。

【注释】

① 曹操《爵封田畴令》下达后，田畴上书陈诚，誓死不受。曹操先后四次，

催促田畴接受表封，田畴仍旧不接受。这时有人弹劾田畴"狷介违道苟立小节"，宜免官加刑。曹操认为这件事已经过去很长时间了，如何处置，让曹丕协同大臣进行讨论。曹丕认为田畴辞封与当年子文辞禄、申胥逃赏一样，应该不要夺他的志向，以成全他的气节。荀彧、钟繇都赞同曹丕的意见。最后曹操还是同意了大家的意见，接受了田畴的谢封之志，拜其为议郎。

②夷、齐弃爵而讥武王：孤竹君的两个儿子伯夷和叔齐，互相让国，弃国逃走。他们反对武王伐纣，逃到首阳山上，不食周粟而饿死，曹操认为这是愚蠢，不明事理。

③求仁得仁：《论语·述而》记载，子贡问孔子：伯夷、叔齐是什么样的人？孔子说是古代的贤人。子贡问，他有怨恨么？孔子说：求仁而得仁，又有什么可怨恨的呢。

④墨翟兼爱尚同：墨翟，即墨子。战国初期的思想家。兼爱尚同是他提出的政治理想，即博爱、平等思想。

⑤老聃使民结绳：老聃即老子，春秋时期的思想家，道家学派的创始人。老子在政治上提出"小国寡民"的复古思想，幻想人类社会能恢复到结绳记事的年代。

⑥外议虽善：即曹丕和大臣关于成全田畴之志的意见虽然较好。

⑦司隶：即司隶校尉，管理京都地区相当于州刺史一级的地方官，并有权对京都所有官吏进行监察。

存恤吏士家室令①
建安十四年（209年）

自倾以来②，军数征行，或遇疫气，吏士死亡不归，家室怨旷③，百姓流离，而仁者岂乐之哉？不得已也。其令死者家无基业不能自存者，县官勿绝廪④，长吏存恤抚循⑤，以称吾意。

①长期作战和疫病，使大批将士伤亡，建安十四年三月，曹操在其家乡谯县治水军，七月率水军进驻合肥。为了鼓舞士气，下令抚恤死亡吏士的家属。存恤：体恤，周济。

②自倾以来：自董卓乱政以来。倾，倾覆，指朝廷被劫。

③怨旷：怨女旷夫，这里指夫妻不能团圆。

④廪：粮仓，这里指政府供给口粮。

⑤存恤抚循：抚恤慰问。

表论张辽功①
建安十四年（209年）

登天山②，履峻险，以取兰、成，荡寇功也③。

【注释】

①袁绍的部将陈兰勾结梅成在灊（今安徽霍山东北）、六（今安徽六安北）叛乱，曹操派张辽等前去讨伐。叛众拒守山高路险的天柱山，张辽攻上天柱山，斩陈兰、梅成，尽虏其众。曹操表论其功，并给予增邑、假节的封赏。

②天山：天柱山。

③荡寇：指张辽，此时张辽任荡寇将军。

与 韩 遂 教①
建安十四年（209年）

谢文约②：卿始起兵时，自有所逼，我所具明也③。当早来，共匡辅国朝④。

【注释】

① 韩遂与马腾是凉州一带的割据势力。马腾子马超与韩遂结盟共抗曹操。曹操采取争取韩遂、孤立马超的策略，建安十四年韩遂派部将阎行去见曹操，曹操表阎行为犍为郡太守，让他带回这封给韩遂的信。

② 文约：韩遂的字。

③ 具：通俱，完全。

④ 国朝：以刘协为皇帝的朝廷。

以蒋济为扬州别驾令 ①
建安十四年（209年）

季子为臣，吴宜有君 ②，今君还州 ③，吾无忧矣。

【注释】

① 建安十四年七月，曹操率水军进驻合肥后，把扬州治所迁至合肥，以温恢为刺史，蒋济为别驾（刺史的助理）。蒋济：楚国平阿（今安徽怀远县北）人，后官居太尉。

② 季子为臣，吴宜有君：季子，季札，春秋时吴国公子。《公羊传》说："以季子为臣，则吴宜有君者也。"君，君子，贤人。

③ 还州：蒋济曾任扬州治中。

辟蒋济为丞相主簿西曹属令 ①
建安十四年（209年）

舜举皋陶，不仁者远 ②；臧否得中，望于贤属矣 ③。

【注释】

① 蒋济任扬州别驾后，有人诬告他谋叛，曹操不信，反而更加重用他。

辟，由丞相聘请。丞相主簿：丞相府中管理文书与各曹事务的官员。西曹属：丞相府主管人事工作的副职。

②舜举皋陶，不仁者远：举，选拔；皋陶，舜选拔的掌管刑法的官员，他大公无私，所以《论语·颜渊》说："舜有天下，选于众，举皋陶，不仁者远矣。"

③贤属：贤明的属官。

求 贤 令①
建安十五年（210年）

自古受命及中兴之君②，曷尝不得贤人君子与之共治天下者乎③！及其得贤也，曾不出闾巷，其幸相遇哉？上之人求取之耳④。今天下尚未定，此特求贤之急时也。"孟公绰为赵、魏老则优，不可以为滕、薛大夫。"⑤若必廉士而后可用，则齐桓其何以霸世⑥！今天下得无有被褐怀玉而钓于渭滨者乎⑦？又得无有盗嫂受金而未遇无知者乎⑧？二三子其佐我明扬仄陋⑨，唯才是举，吾得而用之。

【注释】

①赤壁受挫，使曹操深感事业艰难，只有不断壮大自己的力量，才能实现统一大业的理想。而壮大自己的力量，关键是人才，为了解决人才不足的问题，于是下了这道令。

②受命：古代开国皇帝都说自己是受命于天，因此受命指开国皇帝。中兴：由衰落而重新振兴。

③曷尝：哪有，何尝。曷，通何。

④曾：往往。闾巷：古代城市二十五家为一里，里门称闾。巷，城内的小街道。

⑤孟公绰为赵、魏老则优，不可以为滕、薛大夫：语出《论语·宪问》。孟公绰是鲁国的大夫，赵、魏指晋国赵、魏两大家族。老：大夫的家臣。优：

172

才力有余。滕、薛：鲁国附近的小国。

⑥齐桓：齐桓公，春秋五霸之一。他建立霸业，得力于管仲。管仲有治国之才，但不是廉士。

⑦得：难道，真的。被褐怀玉：披粗布短衣，怀揣宝玉，比喻怀有奇才的人。钓于渭滨者：指姜尚，这里指用人不拘出身门第。

⑧盗嫂受金：汉丞相陈平，年轻时品行不好，曾经与嫂子私通，并接受过贿赂。无知：魏无知，魏无知把陈平推荐给刘邦，刘邦说：有人说陈平盗嫂受金。魏无知说：你所说的是"行"，而我推荐的是"才"，当今楚汉相争，最需要的是人才，盗嫂受金算得了什么？刘邦于是大胆使用陈平。

⑨二三子：指左右僚属。明扬仄陋：发现和推举地位低下的或被埋没的人才。

让县自明本志令①

建安十五年（210年）

孤始举孝廉②，年少，自以本非岩穴知名之士③，恐为海内人之所见凡愚④，欲为一郡守，好作政教，以建立名誉⑤，使世士明知之。故在济南⑥，始除残去秽，平心选举⑦，违迕诸常侍⑧。以为豪强所忿，恐致家祸，故以病还⑨。

去官以后，年纪尚少，顾视同岁中⑩，年有五十，未名为老，内自图之⑪，从此却去二十年⑫，待天下清，乃与同岁中始举者等耳⑬。故以四时归乡里，于谯东五十里筑精舍⑭，欲秋夏读书，冬春射猎，求底下之地⑮，欲以泥水自蔽⑯，绝宾客往来之望，然不能得如意。后征为都尉⑰，迁典军校尉⑱，意遂更⑲，欲为国讨贼立功，欲望封侯作征西将军，然后题墓道言"汉故征西将军曹侯之墓"，此其志也。

而遭值董卓之难，兴举义兵⑳。是时合兵能多得耳㉑，然常自损，不欲多之；所以然者，多兵意盛，与强敌争，倘更为祸始㉒。故汴水之战数千㉓，后还到扬州更募，亦复不过三千人，此其本志有限也。

后领兖州，破黄巾三十万众^㉔。又袁术僭号于九江^㉕，下皆称臣，名门曰"建号门"，衣被皆为天子之制，两妇预争为皇后。志计已定，有人劝术使遂即帝位，露布天下^㉖。答言："曹公尚在，未可也。"后孤讨禽其四将^㉗，获其人众，遂使术穷亡解沮，发病而死^㉘。及至袁绍居河北^㉙，兵势强盛，孤自度势^㉚，实不敌之，但计投死为国，以义灭身，足垂于后^㉛。幸而破绍，枭其二子^㉜。又刘表自以为宗室^㉝，包藏奸心，乍前乍却，以观世事^㉞，据有当州^㉟，孤复定之，遂平天下^㊱。身为宰相^㊲，人臣之位已极，意望已过矣^㊳。今孤言此，若为自大，欲人言尽，故无讳耳^㊴。设使国家无有孤，不知当几人称帝，几人称王。

或者人见孤强盛，又性不信天命之事，恐私心相评，言有不逊之志^㊵，妄相忖度，每用耿耿^㊶。齐桓、晋文所以垂称至今日者，以其兵势广大，犹能奉事周室也。《论语》云："三分天下有其二，以服事殷，周之德可谓至德矣！"^㊷夫能以大事小也^㊸。昔乐毅走赵^㊹，赵王欲与之图燕^㊺，乐毅伏而垂泣^㊻，对曰："臣事昭王，犹事大王；臣若获戾，放在他国^㊼，没世然后已^㊽，不忍谋赵之徒隶^㊾，况燕后嗣乎^㊿！"胡亥之杀蒙恬也^㉛，恬曰："自吾先人及至子孙，积信于秦三世矣^㉒；今臣将兵三十万，其势足以背叛，然自知必死而守义者，不敢辱先人之教以忘先王也。"孤每读此二人书，未尝不怆然流涕也^㉓。

孤祖父以至孤身，皆当亲重之任^㉔，可谓见信者矣^㉕；以及子桓兄弟^㉖，过于三世矣。孤非徒对诸君说此也，常以语妻妾^㉗，皆令深知其意。孤谓之言："顾我万年之后，汝曹皆当出嫁^㉘，欲令传道我心，使他人皆知之。"孤此言皆肝鬲之要也^㉙。所以勤勤恳恳叙心腹者，见周公有《金縢》之书以自明^㉚，恐人不信之故。

然欲孤便尔委捐所典兵众，以还执事^㉛，归就武平侯国^㉜，实不可也。何者？诚恐已离兵为人所祸也。既为子孙计，又己败则国家倾危，是以不得慕虚名而处实祸，此所不得为也。前朝恩封三子为侯^㉝，固辞不受，今更欲受之^㉞，非欲复以为荣，欲以为外援为万安计。孤闻介推之避晋封^㉟，申胥之逃楚赏^㊱，未尝不舍书而叹，有以自省也。奉国威灵，仗钺征伐⑥，推弱以克强，处小而禽大⑥，意之所图，动无违事⑥，心之所虑，何向不济⑦，遂荡平天下，不辱主命，可谓天助汉室，非人力也。然封兼四县，食户三万⑦，何德堪之！江湖未静，不可让位；至于邑土⑦，可得而辞。今上还阳夏、柘、苦三县户二万⑦，但食武平万户，且以分损谤议，少减孤之责也⑦。

【注释】

① 本文也题《自明本志令》或《述志令》。曹操统一北方后，政权逐渐巩固。随着权势的增长，同朝内旧势力的矛盾也逐渐加大。而此时孙权、刘备、马超又形成联合抗曹之势。曹操内外政敌一致以曹操准备废汉自立为由，攻击曹操，企图以此来动摇曹操的政治基础。为了反击敌人，曹操写了这份回忆录式的令文，表明自己的志向和拥汉的决心。

② 举孝廉：孝廉是东汉选拔官吏的一种方式，满二十万户的郡，每年推举孝顺父母、廉洁端正者一人为孝廉，由朝廷任命官职，一般从郎任起。曹操二十岁时被推举为孝廉。

③ 岩穴知名之士：隐居的名士。岩穴，山洞，指隐居的地方。历史上有些有才能的人，常隐居山林，以为清高，而官府为了表示重视人才，也常礼遇他们，请他们出山做官。汉末此风更盛，有些人便借隐居来抬高身价，以待召聘。

④ 所见凡愚：被看作平庸无能的人。

⑤ 郡守：郡太守。好作政教：好好振兴政治和教化。

⑥ 济南：济南国。汉代封国和郡并存，地位相等。国相的地位相当于郡太守。中平元年（184年），三十岁的曹操出任济南相。

⑦ 除残去秽：除去残秽。残秽比喻腐朽污浊势力。平心选举：公平地选拔任用官吏。曹操任济南相后先后奏免了八名因为依附豪强权贵，贪赃枉法的县官，还大量拆除祠庙，禁止淫祀，政治为之一新，奸宄之徒逃亡他郡。

⑧ 常侍：即中常侍，皇帝亲信的侍从官，东汉多以宦官担任。当时有"十

常侍"，影响很大。

⑨ 以病还：中平四年（187 年），曹操调任东郡太守，曹操未接受，托病辞职还乡。

⑩ 顾视：看周围。同岁：同一年举孝廉的人。

⑪ 未名：没说。内自图之：自己心中考虑。

⑫ 却去：退去，意为再过二十年。

⑬ 始举者：指五十岁才被举孝廉的人。

⑭ 精舍：房子不大，但很别致。

⑮ 底下之地：地势低洼。

⑯ 以泥水自蔽：用泥水隔阻道路把自己隐蔽起来。

⑰ 都尉：郡的最高武官。

⑱ 迁：升任。典军校尉：掌管近卫军的西园新军八校尉之一。

⑲ 意遂更：主意、志向改变。

⑳ 董卓之难，兴举义兵：董卓祸乱洛阳后，关东各州郡高举"义兵"大旗，联合发兵讨伐董卓。曹操也招募五千义兵参加讨董。董卓挟献帝迁都长安，纵火烧了洛阳及周边数百里的房屋。

㉑ 合兵：集合兵力，这里指招兵。

㉒ 多兵意盛：兵多了欲望就大。倘：也许。祸始：祸端。

㉓ 汴水之战：初平元年（190 年），讨董联军各怀私心，相互观望不前，只有曹操孤军西进。当时曹操只有数千人，在汴水（今河南荥阳西南索河）与董卓的部将徐荣遭遇，苦战一整天，曹军伤亡惨重，曹操本人为流矢所伤。徐荣也看到了义军的战斗力，不敢久留，迅速西撤。

㉔ 曹操于兴平二年（195 年）被正式任命为兖州牧。领：领有，统治。初平三年（192 年）黄巾军攻入兖州，杀刺史刘岱，曹操时任兖州东郡太守，接管兖州军政大权，发兵镇压黄巾军，收编黄巾军三十余万，从中挑选精锐组成"青州兵"。破降：击溃收降。

㉕ 袁术僭号于九江：袁术割据九江郡（治所在今安徽寿县），辖今安徽、河南淮河以南，湖北黄冈以东，江西全省。建安二年（197 年）称帝。僭号，

盗用天子名号。

㉖ 露布：宣布，布告。

㉗ 禽其四将：建安二年九月，曹操讨伐袁术，擒斩袁术大将桥蕤、李丰、梁纲、乐就等，袁术从此一蹶不振。禽，通擒。

㉘ 穷亡解沮：穷于逃亡，军队在逃亡中解散。袁术在逃亡途中发病吐血而死。

㉙ 袁绍居河北：袁绍是当时北方最强大的割据势力，占有冀、青、并、幽四州。河北，黄河以北。

㉚ 度势：对双方实力的评估。

㉛ 投死：为了国家甘愿自投死地。足垂于后：可以使名声传于后世。

㉜ 枭其二子：建安五年，袁绍大败，回冀州后病死。其子袁谭、袁尚互为火并，曹操各个击破，于建安十年斩杀袁谭，建安十二年消灭袁尚。

㉝ 刘表：远支皇族，初平元年任荆州刺史。

㉞ 乍前乍却，以观世事：忽进忽退，观望形势。

㉟ 当州：荆州。

㊱ 定：平定。遂平天下：夸张的说法。

㊲ 宰相：丞相。东汉不设丞相，实行三公分权。建安十三年废三公制，恢复西汉丞相制，曹操任丞相。

㊳ 意望已过：已经超过原来的意愿。

㊴ 讳：隐讳，忌讳，引申为谦虚。

㊵ 不逊之志：有对皇上不恭顺的打算，意指废汉自立。

㊶ 妄相忖度：胡乱猜测。每用耿耿：常常因此心中不安。

㊷ 齐桓、晋文：齐桓公、晋文公春秋五霸中的两位霸主。垂称：留传好名声。"《论语》云"这段引文出自《论语·泰伯》，是孔子赞美周文王的话。服事，侍奉；至德，最高品德。

㊸ 以小事大：强大的诸侯侍奉弱小的天子。

㊹ 乐毅走赵：乐毅，战国时燕昭王的大将，曾率领燕、秦、赵、韩、魏五国军队，攻占齐国七十余城，因功封昌国（今山东淄博东南）君。燕

惠王即位，齐国使用反间计，乐毅被燕惠王罢免，乐毅出走赵国。

㊺图燕：商量攻打燕国。

㊻伏而垂泣：趴在地上哭泣。

㊼获戾：获罪。放：流放。

㊽没世然后已：到死为止。

㊾徒隶：服劳役的罪犯。

㊿燕后嗣：燕王的后代。

51胡亥之杀蒙恬：蒙恬是秦始皇的名将。秦始皇统一六国后，他率三十万大军北击匈奴，并修筑长城。秦始皇死后，二世胡亥即位，在丞相李斯、中车府令赵高的唆使下，篡改遗诏，赐死蒙恬。

52积信于秦三世：蒙恬的祖父蒙骜、父蒙武和蒙恬都是秦国的名将。积信：指三世连续受到秦王的信用。

53怆然：悲伤。

54亲重之任：能亲近皇帝而又有重要的职务。曹操的祖父曹腾曾任中常侍大长秋，封费亭侯；父曹嵩曾任太尉；曹操任丞相。

55见信：被信任。

56子桓兄弟：曹操的儿子曹丕，字子桓，这里指曹丕及其弟弟。

57语：告诉。

58万年之后：死后。汝曹：你们。出嫁：改嫁。

59肝鬲之要：肝鬲，同肝膈，犹言肺腑，心。要，要紧之言。

60《金縢》之书：周武王姬发病重，其弟周公旦写祷文向祖先祈祷，请求代姬发而死。这篇祷文放在金縢（用金属封固的柜子）里。武王死后，成王姬诵年幼，由周公旦摄政。周公旦的政敌造谣说周公旦将废成王自立，周公旦为避嫌而出居东郡(今河南洛阳)。后来成王打开了金縢，发现了祷文，明白了周公旦的心迹，亲自接回周公旦。这里曹操以周公自喻。

61便尔：就这样。委捐：放弃。典：掌管。执事：管事的人员。

62就武平侯国：到封邑武平去生活。

63朝恩：朝廷的恩惠。封三子为侯：封曹植为平原侯，曹据为范阳侯，曹林为饶阳侯。

㉔ 更：改变想法。

㉕ 介推：即介子推，见《明罚令》注 ②。

㉖ 申胥：申包胥，春秋时楚国大夫。吴军攻占楚国都城，申包胥到秦国请兵救楚，在宫廷痛哭七昼夜，终使秦国发兵救楚。楚王返回都城后，封赏申包胥，申包胥逃走拒赏。

㉗ 仗钺征伐：代天子征伐。

㉘ 推弱克强：以弱克强。处小禽大：以小擒大。

㉙ 意之所图：心里所想的。动无违事：行动的结果没有与设想相违背的。

㉚ 济：成功。

㉛ 封兼四县：封地兼有四县。食户三万：享用三万户人家的租赋。

㉜ 邑土：城邑和土地。

㉝ 上还：交还。阳夏，今河南太康；柘，今河南柘城北；苦县，今安徽亳州市谯城区西北。

㉞ 分损谤议：减少一些诽谤和议论。

转邴原为五官长史令 ①
建安十六年（211 年）

子弱不才，惧其难正 ②，贪欲相屈，以匡励之 ③。虽云利贤，能不恋恋 ④！

【注释】

① 建安十六年，曹丕被任命为五官中郎将，统领皇帝的侍卫，保卫京城和皇家的安全。曹操调邴原任五官中郎府的长史（府内总管），并让曹丕执弟子礼。

② 恐其难正：担心他不走正道。

③ 匡励：纠正和勉励。

④ 利贤：重用贤良的人。

下令增封杜畿秩 ①
建安十六年（211 年）

河东太守杜畿，孔子谓"禹，吾无间然矣"②。增秩中二千石③。

【注释】

① 杜畿：荀彧推荐给曹操的才能之士。高幹反并州以后，曹操任杜畿为河东（今豫西、晋西南一带）太守。杜畿到任后，安定地方，恢复秩序，发展生产，成绩突出。建安十六年七月，曹操西征盘踞在关中的马超、韩遂，九月平定关中。杜畿以本郡的人力物力，满足了本次战争的军需。所以曹操下令给杜畿增秩，以示奖励。秩：俸禄。

② 禹，吾无间然矣：语出《论语·泰伯》，意思是说：对于禹，我没有什么可挑剔的。间然，找空隙，挑剔。

③ 中二千石：太守的俸禄本是二千石（实际是一百二十石），增加为中二千石（实际是一百八十石）。中，二分之一，即在原来的基础上再增加二分之一。

止省东曹令 ①
建安十七年（212 年）

日出于东，月盛于东②，凡人言方③，亦复先东，何以省东曹?

【注释】

① 曹操任丞相后，拜毛玠为东曹掾。东曹是丞相府主管人事的机构，负责二千石以上官员的任免。另外还有西曹，主管丞相府内官员的任免。毛玠为人清正廉洁，不徇私情，遭人忌恨。建安十七年机构精简，忌恨毛玠的人趁机向曹操报告："旧西曹为上，东曹为次，宜省东曹"。曹操了

解其中缘由，为了表示对毛玠信任，下了这道命令，保留东曹而裁省了西曹。省，裁省。

②盛：兴盛，引申为最明亮。

③方：方位。

与王脩书①
建安十七年（212 年）

君澡身浴德②，流声本州③，忠能成绩，为世美谈④，名实相副，过人甚远⑤。孤以心知君，至深至熟，非徒耳目而已也⑥。察观先贤之论⑦，多以盐铁之利，足赡军国之用⑧。昔孤初立司金之官⑨，念非屈君，余无可者⑩。故与君教曰⑪："昔遏父陶正，民赖其器用，及子妫满，建侯于陈⑫；近桑弘羊，位至三公。此君元龟之兆先告者也⑬。"是孤用君之本言也⑭，或恐众人未晓此意。

自是以来，在朝之士，每得一显选⑮，常举君为首，及闻袁军师众贤之议⑯，以为不宜越君。然孤执心将有所底⑰，以军师之职，闲于司金⑱，至于建功，重于军师。孤之精诚⑲，足以达君；君之察孤，足以不疑。但恐傍人浅见，以蠡测海⑳，为蛇画足㉑，将言前后百选，辄不用之㉒，而使此君沉滞冶官㉓。张甲李乙，尚犹先之㉔，此主人意待之不优之效也㉕。孤惧有此空声冒实㉖，淫蛙乱耳。假有斯事，亦庶钟期不失听也㉗；若其无也，过备何害㉘！

昔宣帝察少府萧望之才任宰相㉙，故复出之，令为冯翊。从正卿往，似于左迁㉚。上使侍中宣意曰㉛："君守平原日浅，故复试君三辅，非有所间也㉜。"孤揆先主中宗之意㉝，诚备此事㉞。既君崇勋业以副孤意㉟。公叔文子与臣俱升，独何人哉㊱？

【注释】

①汉武帝开始实行盐铁官营，到东汉和帝时取消。曹操在建安十年平

定冀州后，为了保证军队和国家的需要，恢复盐铁官营，聘王脩为司空掾，行司金中郎将（掌管铸造钱币、兵器和农具的官员）。建安十七年，王脩给曹操写报告，认为自己任职七年，没有作为，要求调动工作，其实是说七年没有提拔，有些想法。曹操接到王脩的报告后，给他写了这封信，并提升他为魏郡太守，再升任大司农郎中令（掌管赋税和国家财政收支）、太常（九卿之一，掌管宗庙礼仪）等职。

②澡身浴德：洗净身体，沐浴在道德之中，即立身清正，道德高尚。

③流声本州：名声在本州到处传扬。本州，王脩的家乡青州。

④忠能：忠诚又有才干。美谈：赞美。

⑤过人：超过一般人。

⑥非徒耳目而已：不只是道听途说。

⑦先贤之论：前代贤人所论。这里指桑弘羊等人的理论。桑弘羊：汉武帝、汉昭帝的重臣盐铁官营的倡导者，写有《盐铁论》。

⑧军国之用：用经营盐铁的收益，支付国家和军队的开支。

⑨初立司金官：曹操于建安十年开始恢复盐铁官营，设立司金中郎将管理此事。

⑩念非屈君，余无可者：不是想委屈你，只是没有找到担任此职更合适的人选。

⑪教：上对下的谕示。

⑫过父陶正：过父是周武王时的陶正。陶正是国家专门从事主管陶器生产的官员。陶正领导陶工为人们提供了丰富的陶器。因为他的功劳，其儿子妫满被封为陈侯。

⑬近桑弘羊，位至三公：桑弘羊参加制定并积极实施盐铁专卖政策，增加了国家的收入，巩固了中央集权。汉昭帝时桑弘羊任御使大夫，即副丞相，与丞相、太尉合称三公，是西汉中央政府最高的职位。元龟之兆：元龟是长达一尺二寸（约合现在七寸多）的龟。古代皇帝于出征、任命文武大臣时，以元龟壳占卜定吉凶。这里是暗示王脩将要被提拔。

⑭本言：本意。

⑮ 显选：选拔人担任显要的职务。意思是说，每一次选拔重要的官员，首先想到的就是你。

⑯ 袁军师：袁涣，时任丞相府军师祭酒。众贤：各位贤臣。

⑰ 执心：坚持原来的想法。厎：同砥，磨刀石，坚硬，引申为有主见。

⑱ 闲：大。

⑲ 精诚：真诚。

⑳ 以蠡测海：用瓠瓢测量海水，比喻以短见去测度别人。蠡，瓠瓢。

㉑ 为蛇画足：比喻做不该做的事。

㉒ 百选：多次选拔。辄：每。

㉓ 沉滞：原地不动。

㉔ 张甲李乙：某人某人。先：超过。

㉕ 效：证明。

㉖ 空声：不真实的话，假话。

㉗ 斯事：此事。庶：期望。钟期：钟子期，俞伯牙的知音。失听：听错。

㉘ 过备何害：多加预防，有何害处。

㉙ 宣帝：西汉宣帝刘询。他看到担任少府（九卿之一）官职的萧望之有宰相之才，就有意识地先把他调出去做地方官。

㉚ 冯翊：即左冯翊。西汉首都长安及其附近划分为三个行政区域：京兆尹、左冯翊、右扶风，其级别与郡相同。萧望之本来是正卿，外调做左冯翊，好像是左迁（降级）。

㉛ 上：皇上。

㉜ 守平原日浅：任平原郡太守时间短。三辅：即京兆尹、左冯翊、右扶风分管京城及附近地方，合称三辅。

㉝ 揆：揣测。先主：去世的皇帝。中宗：宣帝的庙号，代指宣帝。

㉞ 诚备此事：确实准备做这件事。

㉟ 既：通冀，希望。

㊱ 公叔文子：春秋时卫国大夫公孙拔，推荐他的家臣僎为大夫，一同上朝，死后谥号贞惠文子。独：反问句语气助词。

留 荀 彧 表 ①

建安十七年（212 年）

臣闻古之遣将，上设监督之重②，下建副二之任③，所以尊严国命，谋而鲜过者也④。臣今当济江，奉辞伐罪⑤，宜有大使，肃将王命⑥。文武并用，自古有之。使持节侍中守尚书令万岁亭侯荀彧⑦，国之望臣，德洽华夏⑧，既停军所次⑨，便宜与臣俱进，宣示国命，威怀丑虏⑩。军礼尚速⑪，不及先请，臣辄留彧⑫，依以为重。

【注释】

① 建安十七年十月，曹操南征孙权，上表请荀彧到曹操重要的军事基地，他的故乡谯郡劳军。劳军结束，部队开始向南开拔，曹操又上此表，请求将荀彧留在军中，随军南征，并报告了留荀彧的理由。

② 上设监督之重：古时候帝王派大将统帅军队出征，常常再派一名重要大臣代表帝王监军。

③ 副二之任：辅佐，助手。

④ 尊严国命，谋而鲜过：设监督，配助手的目的，是为了尊重和严格执行国家的命令，帮助周密谋划，从而减少决策错误。

⑤ 济江：渡江。奉辞伐罪：奉令讨伐有罪的人，这里指孙权。

⑥ 肃将：严肃地对待（王命）。

⑦ 使持节：被授予可以杀二千石以下官员的权力。持节，被授予可以杀无官位者的权力。守：主管。尚书令：总管朝廷政务及奏章的长官。

⑧ 望臣：有威望的大臣。

⑨ 军所次：军队驻扎地。

⑩ 威怀丑虏：用武力使敌人归顺。丑虏，敌人。

⑪ 军礼：军队的制度。尚：崇尚，讲究。

⑫ 辄：就。

让 九 锡 表 ①

建安十八年（213年）

臣功小德薄，忝宠已过②，进爵益土③，非臣所宜；九锡大礼，臣所不称。惶悸征营④，心如炎灼⑤，归情写实⑥，冀蒙听省⑦。不悟陛下复诏褒诱⑧，喻以伊、周⑨，未见哀许⑩。臣闻事君之道，犯而勿欺⑪；量能处位，计功受爵⑫，苟所不堪⑬，有殒无从⑭，加臣待罪上相⑮，民所具瞻⑯，而自过谬，其谓臣何⑰？

【注释】

① 建安十八年五月，汉献帝策封曹操为魏公，仍领冀州牧，加九锡。为了表示谦让，曹操写了这份奏章。九锡：古代帝王赐于重要大臣的九种器物。献帝赐曹操的九锡为：车马、礼服、乐舞、朱户（府门用红颜色）、纳陛（屋檐下可以修台阶）、虎贲（警卫武士）三百人、红色弓矢、铁钺、秬鬯（祭祀用的美酒）。

② 忝宠：有辱宠爱，谦辞。

③ 进爵益土：晋升爵位，增加封地。

④ 惶悸征营：惶悸，惶恐害怕。征营，内心不安。

⑤ 心如炎灼：心如火烤。

⑥ 归情写实：用书面报告真实的想法和心情。

⑦ 冀蒙听省：希望（皇帝）能够听取这个意见，重新考虑。

⑧ 褒诱：褒奖劝导。

⑨ 喻以伊、周：伊尹，辅佐商汤灭夏建商的贤臣；周公姬旦，周武王的弟弟，辅佐武王灭殷建周，又辅佐成王巩固了西周王国。

⑩ 未见哀许：没有批准自己的哀求。

⑪ 犯而勿欺：犯：冒犯，谏争。勿欺：不能欺骗。

⑫ 量能处位，计功受爵：估量自己的能力担任职务，估计自己的功劳

接受封赏爵位。

⑬ 不堪：不能够，不可以。

⑭ 有殒无从：宁死不能接受。

⑮ 待罪：任职的谦称。

⑯ 具瞻：老百姓都在看着。具，通俱。

⑰ 过谬：过分奖赏任用。其：代词，指老百姓。

辞 九 锡 令
建安十八年

夫受九锡，广开土宇，周公其人也 ①。汉之异姓八王者，与高祖俱起布衣 ②，创定王业，其功至大，吾何可比之？

【注释】

① 夫：发语词。土宇：封国内的土地。

② 汉之异姓八王：即韩信（齐王、韩王）、彭越、英布、吴芮、臧荼、张耳、卢绾等人。布衣：出身微贱。献帝策命曹操时说："魏国置丞相以下群卿百寮，皆如汉初诸侯王之制。"所以曹操说诸侯王功劳至大，自己不能与他们相提并论。

上书谢策命魏公
建安十八年（213 年）

臣蒙先帝厚恩，致位郎署 ①，受性疲怠，意望毕足，非敢希望高位，庶几显达 ②。会董卓作乱，义当死难，故敢奋身出命，摧锋率众，遂值千载之运，奉役目下 ③。当二袁炎沸侵侮之际 ④，陛下与臣寒心同忧。顾瞻京师，进受猛敌，常恐君臣俱陷虎口，诚不自意能全首领 ⑤。赖祖宗灵祐，丑类夷灭，得使微臣窃名其间。陛下加恩，授以上相，封爵宠禄，丰大弘后，生平之愿，实不望也。口与心计，幸且待罪，保持列侯，遗付子孙，自托圣世，永无忧责。不意陛下乃发盛意，开国备锡，以贶愚臣[6]，地比齐、鲁[7]，礼同藩王[8]，非臣无功所宜膺据[9]。归情上闻，不蒙听许，严诏切至，诚使臣心俯仰逼迫[10]。伏自惟省，列在大臣，命制王室，身非已有，岂敢自私。遂其愚意，亦将黜退，令就初服[11]。今奉疆土，备数藩翰[12]，非敢远期，虑有后世；至于父子，相誓终身，灰躯尽命，报塞厚恩。天威在颜[13]，悚惧受诏。

【注释】

① 郎署：议郎官署，180 年，二十六岁的曹操被征为议郎。议郎是备皇帝顾问的官员。

② 庶几：似乎，接近。

③ 值千载之运：遇到千载难逢的机会。奉役目下：为皇帝服役直到现在。

④ 二袁：袁绍、袁术。炎沸：烈火烧，沸水浇。

⑤ 首领：头颅。

⑥ 贶：赏赐。

⑦ 齐、鲁：周武王封姜尚于齐，周成王封周公旦长子伯禽于鲁。

⑧ 礼同藩王：享受藩王一样的礼遇。藩王，朝廷以一定的地区封给诸侯王立国，使之成为王朝的屏障。藩，藩篱。

⑨ 膺：接受。据：拥有。

⑩ 心俯仰逼迫：心中左右为难。

⑪ 初服：做官以前的衣服。这里引申为撤职。

⑫ 藩翰：屏障和支柱。

⑬ 天威在颜：面对天子的威严。

下 州 郡[1]
建安十八年（213 年）

昔仲尼之于颜子[2]，每言不能不叹[3]，既情爱发中，又宜率马以骥[4]。

今吾亦冀众人仰高山，慕景行也^⑤。

【注释】

① 平虏将军刘勋本是曹操宠信的权贵，曾向河东太守杜畿索取大枣，被杜畿拒绝。刘勋犯法处死后，曹操发现了杜畿杜绝刘勋的信，赞叹说："杜畿可谓'不媚于灶'者也。"（语出《论语·八佾》：王孙贾问曰："与其媚于奥，宁媚于灶，何谓也？"奥：屋内的主神；灶：灶神）因此向各郡发了这个通报，希望大家向杜畿学习。下：下达。

② 颜子：颜回。

③ 叹：赞美。

④ 率马以骥：在马群里挑出好马，意为杜畿是众人的表率。

⑤ 仰高山，慕景行：语出《诗·小雅·车辖》："高山仰止，景行行之。"仰慕和效法有德行的人。

以杜畿为尚书仍镇河东令^①
建安十八年（213年）

昔萧何定关中^②，寇恂平河内^③，卿有其功^④。间将授卿以纳言之职^⑤，顾念河东，吾股肱郡，充实之所^⑥，足以制天下，故且烦卿卧镇之^⑦。

【注释】

① 曹操建立魏国，任命杜畿为尚书。但河东郡经过杜畿的多年治理，社会安定，经济繁荣，又地处魏国的边境，地位十分重要。因此曹操仍让杜畿镇守河东。

② 萧何定关中：楚汉相争，萧何辅佐刘邦。他长期留守关中，为前线运输士兵粮饷，对战争取得胜利，起到了关键作用。

③ 寇恂平河内：刘秀占领河内后，任寇恂为太守。河内在寇恂的治理下，迅速实现了社会安定，经济发展的目标，为刘秀的军队提供了大量的粮饷。

④卿有其功：卿：君对臣的爱称。其：指萧何、寇恂。

⑤间：最近。纳言：尚书的代称。

⑥股肱：大腿和胳膊。充实：富足殷实。

⑦卧镇：西汉武帝时，汲黯任东海（现山东郯城北）太守，经常病卧室内，但该郡却治理得很好。武帝召他为淮阳（今河南淮阳西）太守，汲黯以病相辞。武帝说：我只想借重你的威望，让你躺着治理淮阳。这里指曹操借重杜畿。

议复肉刑令 ①
建安十八年（213 年）

安得通理君子达于古今者，使平斯事乎 ②？昔陈鸿胪以为死刑有可加于仁恩者 ③，正谓此也。御史中丞申其父之论乎 ④？

【注释】

①汉文帝下令废除墨（脸上刺字）、劓（割鼻子）、刖（截脚大趾）三种肉刑，改为笞（打背）三百代劓，笞五百代刖。曹操认为，把没有死罪的人活活打死打残，还不如恢复肉刑。于是令御史中丞陈群主持讨论。当时有两种意见：一种认为笞刑名轻实重，应改为肉刑；一种认为战争尚未结束，肉刑闻之可畏，会吓跑归附者，所以不可恢复肉刑。曹操最后权衡利弊，没有恢复肉刑。

②平：通评。

③陈鸿胪：陈群的父亲陈纪，曾任大鸿胪（主管朝觐天子礼仪的官员）。陈纪认为汉文帝废止肉刑，是"仁恩"之举。

④御史中丞：御史台首长。陈群时任此官。

辨卫臻不同朱越谋反论 ^①

建安十八年（213 年）

孤与卿君共同举事 ^②，加钦令问 ^③。始闻越言，固自不信。及得荀令君书 ^④，具亮忠诚 ^⑤。

【注释】

① 朱越谋反，诬陷卫臻同谋。曹操不信。经过荀彧调查，最后做出了正确结论。卫臻，汉献帝的黄门侍郎。

② 卿君：卫臻的父亲卫兹，曹操陈留起兵时，得到了卫兹的资助和参与。汴水之战时战死。

③ 令问：通令闻，好声望。

④ 荀令君：对荀彧的敬称。

⑤ 具亮：完全清楚。

杨阜让爵报 ^①

建安十九年（214 年）

君与群贤共建大功，西土之人以为美谈 ^②。子贡辞赏，仲尼谓之止善 ^③，君其剖心以顺国命。姜叙之母，劝叙早发，明智乃尔 ^④。虽杨敞之妻，盖不过此 ^⑤。贤哉贤哉！良史记录，必不坠于地矣 ^⑥。

【注释】

① 杨阜，建安十八年任凉州刺史韦康的参军。马超率领羌、胡侵扰陇右各郡县，杨阜在冀城(今甘肃甘谷县西北)固守八个月。后来韦康开城迎降，杨阜到历城（今甘肃成县北）向抚夷将军姜叙求得援兵，联合冀城将士，趁马超出城之机，将马超拒之城外，最终击败马超，平定陇右。建安十九年，

曹操论功行赏，封杨阜等十一人为列侯。杨阜上书辞让，这是曹操写给杨阜的回信。报：回信。

② 西土：陇右，今甘肃六盘山以西，黄河以东地区。

③ 子贡：孔子的学生，名端木赐。鲁国法律规定，鲁国人从其他诸侯国赎回奴隶，可以到政府领回所用的钱。子贡赎回奴隶却不要报酬。所以孔子批评他的行为是"止善"，即阻止善行。

④ 姜叙：杨阜的亲戚，任抚夷将军，驻历城。杨阜去求援，姜叙的母亲让姜叙早日发兵。

⑤ 杨敞之妻：西汉司马迁的女儿嫁给杨敞。大将军霍光废昌邑王，使大司农田延年通知杨敞，杨敞不知所措，杨敞的妻子代杨敞表示支持大将军的决定。

⑥ 坠于地：被埋没。

戒子植①

建安十九年（214 年）

吾昔为屯丘令②，年二十三。思此时所行，无悔于今。今汝年亦二十三矣，可不勉欤！

【注释】

① 建安十九年七月，曹操南征孙权，派第四子曹植留守魏都邺城。临行前告诫曹植这些话。曹植，字子建，建安文学的代表人物之一，素以才高著称。

② 屯丘：古县名，位于今河南清丰县西南。

悼荀攸令①
建安十九年（214 年）

孤与荀公达周游二十余年，无毫毛可非者。

荀公达真贤人也，所谓"温良恭俭让以得之"②。孔子称"晏平仲善与人交，久而敬之"③，公达即其人也。

【注释】

① 荀攸：字公达，荀彧的侄子，是荀彧推荐给曹操的重要谋士，任尚书令。建安十九年七月，南征途中病故。曹操非常痛惜，下了这道令，不久即追封荀攸为敬侯。

② 温良恭俭让以得之：语出《论语·学而》，子贡认为自己的恩师温良恭俭让，所以到哪个国家，都能受到欢迎。温良恭俭让，温和、善良、恭谨、俭朴、谦逊。

③ 晏平仲善与人交：语出《论语·公冶长》，是孔子赞美晏婴的话，说晏婴会交朋友，相交越久，朋友越敬重他。

夏侯渊平陇右令①
建安十九年（214 年）

宋建造为乱逆三十余年，渊一举灭之，虎步关右，所向无前。仲尼有言："吾与尔不如也。"②

【注释】

① 夏侯渊：曹操的同乡好友，曹操初起义兵时的主要支持者和参与者。建安十九年，奉曹操之命，讨伐割据凉州三十余年的地方豪强宋建，一举大败宋建，将宋建斩杀，从而平定陇右。这是嘉奖令。

② 吾与尔不如也：语出《论语·公冶长》，是孔子夸赞颜回的话。

假为献帝策收伏后 ①

建安十九年（214 年）

皇后寿，得由卑贱 ②，登显尊极，自处椒房 ③，二纪于兹 ④。既无任、姒徽音之美 ⑤，又乏谨身养己之福；而阴怀妒害，苞藏祸心，弗可以承天命、奉祖宗。今使御使大夫郗虑持节策诏 ⑥，其上皇后玺绶 ⑦，退避中宫 ⑧，迁于它馆。呜呼伤哉，自寿取之！未至于理 ⑨，为幸多焉。

【注释】

① 建安五年（200 年），皇后伏寿给其父伏完写密信，要其设法除掉曹操。伏完将此信交予荀彧看后，没敢行动，就压下来了。伏完去世五年后，即建安十九年，曹操知道了此事，于是以献帝的名义，将伏寿废黜并将她拘禁。假：替代。策：策命，诏书。

② 得由卑贱：由卑贱而得位，犹言出身卑贱。

③ 椒房：皇后的居室，用花椒和泥涂墙，故称椒房。

④ 纪：十二年为一纪。

⑤ 任、姒徽音之美：任，太任，周文王的母亲；姒，太姒，周文王的妻子。徽音，美好的德行。

⑥ 持节：拿着符节。节，使者行使权力的凭证。

⑦ 玺绶：帝王的印和系印的丝带。这里指皇后的印。上：上交，交出。

⑧ 中宫：正宫，皇后的住所。

⑨ 理：法，指法办，逮捕入狱。

敕有司取士勿废偏短令 ^①

建安十九年（214 年）

夫有行之士，未必能进取，进取之士，未必能有行也。陈平岂笃行^②，苏秦岂守信邪^③？而陈平定汉业，苏秦济弱燕。由此言之，士有偏短，庸可废乎^④？有司明思此义，则士无遗滞^⑤，官无废业矣^⑥。

【注释】

①这是曹操给各主管部门下达的关于选拔人才的命令。有司：有关部门。偏短：缺点。勿废偏短，即不因为一个人才有某些缺点而不被任用。

②陈平岂笃行：（刘邦的大臣）陈平原来就有和嫂子私通的丑闻，又有接受贿赂的恶行。

③苏秦岂守信：战国时的纵横家苏秦，游说六国联合抗秦，劝齐国归还燕国十城。

④庸：难道。

⑤遗滞：丢弃，遗落。

⑥废业：无法建立功业。

选军中典狱令 ^①

建安十九年（214 年）

夫刑，百姓之命也。而军中典狱者或非其人^②，而任以三军死生之事^③，吾甚惧之。其选明达法理者，使持典刑。

【注释】

①典狱：主管刑狱的官员。

②非其人：不是适宜的人。

③三军：全军。

报蒯越书①
建安十九年（214年）

死者反生，生者不愧②。孤少所举，行之多矣③。魂而有灵，亦将闻孤此言也。

【注释】

①蒯越：原是刘表的谋士，后归附曹操。他在建安十九年病逝，临终将家人托付给曹操照管。这是曹操的回信。

②死者反生，生者不愧：语出《公羊传·僖公十年》："使死者反生，生者不愧乎其言，则可谓信矣。"意为假使死去的人复活，活着的人无愧于他的嘱托。

③孤少所举，行之多矣：我年轻时所推举的人，很多都是这样做的。

以高柔为理曹掾令①
建安十九年（214年）

夫治定之化②，以礼为首；拨乱之政，以刑为先。是以舜流四凶族③，皋陶作士④；汉祖除秦苛法⑤，萧何定律⑥。掾清识平当⑦，明于宪典，勉恤之哉⑧！

【注释】

①建安十九年十二月丞相府设置理曹（主管刑罚的部门），任命高柔为理曹掾。高柔：初随高干，后归曹操，长期从事刑罚工作，素以执法公正、狱无积案著称。

②治定之化：国家安定时的教化。引申为治国。

③ 舜流四凶族：传说舜曾经把鲧、共工、驩兜、三苗分别流放或处死。

④ 皋陶作士：皋陶是舜时执掌刑罚的官员；作士，当执法官。

⑤ 汉祖除秦苛法：秦朝法律严苛，汉高祖废除秦律，公布约法三章。

⑥ 萧何定律：刘邦建汉，任萧何为丞相。萧何对秦律进行改造，定汉律九章。

⑦ 清识平当：认识问题清楚明白，处理问题公平得当。

⑧ 勉恤：勉，努力；恤，体恤。

合肥密教①
建安二十年（215 年）

若孙权至，张、李将军出战②，乐将军守③，护军勿得与战④。

【注释】

① 建安二十年二月，曹操西征张鲁，派张辽、乐进、李典率七千人驻守合肥。曹操派护军（监督作战的官员）薛悌持这道"密教"，前往合肥督战。密教封皮上写有"贼至乃发"四字。八月孙权领兵十万包围合肥，张辽等按照密教令行事，结果大胜。

② 张、李将军：指张辽、李典。二人均为猛将，故令其出战。

③ 乐将军：乐进行事持重，故令其守城。

④ 护军勿得与战：薛悌是文官，故不让其参战。

春 祠 令①
建安二十一年（216 年）

议者以为祠庙上殿当解履②，吾受锡命，带剑不解履上殿。今有事于庙而解履上殿，是尊先公而替王命，敬祖父而简君主③，故吾不敢解履上殿也。又临祭就洗④，以手拟水而不盥。夫盥以洁为敬，未闻拟而不盥之礼，且“祭神如神在”，故吾亲受水而盥也[5]。又降神礼讫，下阶就坐而立[6]，须奏乐毕竟，似若不衎烈祖[7]，迟祭不速讫也。故吾坐俟乐阕送神乃起也[8]。受胙纳袖[9]，以授侍中[10]，此为敬恭不终实也[11]。古者亲执祭事，故吾亲纳于袖，终抱而归也。仲尼曰：“虽违众，吾从下。”[12]诚哉斯言也[13]。

【注释】

①春祠：春祭。曹操平定汉中后，于建安二十一年二月回到邺城，庆功祭祀于宗庙，发布此令，意在说明春祭仪式应予改革。

②解履：脱去鞋子。

③简：慢待，不尊重。

④就洗：在洗上浇水洗手。洗，古代盥洗用的青铜器皿。

⑤祭神如神在：语出《论语·八佾》：“祭如在，祭神如神在。”祭祀祖先的时候，好像祖先真在那里；祭祀神的时候，好像神真在那里。

⑥坐：通座。这里指主祭人行完降神礼，走下台阶，在座位前站立。

⑦衎：和乐。烈祖：对祖先的敬辞。烈，光明。

⑧俟乐阕送神：等待乐章送神曲奏完。

⑨胙：祭祀用的肉。纳袖：祭祀后将肉分给参与祭祀的人。

⑩侍中：皇帝的侍从官。

⑪终实：自始至终，诚心诚意。

⑫虽违众，吾从下：语出《论语·子罕》：“拜下，礼也；今拜乎上，泰也。虽违众，吾从下。”孔子认为，臣见君，应该先在堂下磕头，然后再到堂上磕头。现在只在堂上磕头，是倨傲的表现。虽然和大家不同，但我还是主张先在堂下磕头。

⑬诚哉斯言：这话实在对呀。斯言，这话。

赐死崔琰令①

建安二十一年（216 年）

琰虽见刑②，而通宾客，门若市人③，对宾客虬须直视④，若有所瞋⑤。

【注释】

①曹操晋魏王，崔琰任尚书。杨训是崔琰举荐的，他上表称赞曹操的功德，当晋魏王。有人说杨训言辞不当，崔琰看了杨训的奏章，写回信说："省表，事佳耳，时乎时乎，会当有变时。"有人将崔琰的话告诉了曹操，曹操大怒说：谚语说，生女耳！耳非佳语。会当有变时，意有不逊，认为崔琰有心诽谤，罚崔琰为徒隶。后又有人对曹操说：崔琰对处罚不服。曹操派人去看，见崔琰辞色不挠。于是下了这道令。其实曹操确实误解了崔琰。

②见刑：见，被；刑，罚崔琰为徒隶。

③门若市人：门前如同大街，人来人往。

④虬须：卷曲的胡子。

⑤瞋：发怒时睁大眼睛。

与和洽辩毛玠谤毁令①

建安二十一年（216 年）

今言事者白玠不但谤吾也，乃复为崔琰觖望②。此损君臣恩义，妄为死友怨叹，殆不可忍也。昔萧、曹与高祖并起微贱，致功立勋，高祖每在屈笮③，二相恭顺，臣道益彰④，所以祚及后世也⑤。和侍中比求实之⑥，所以不听，欲重参之耳⑦。

【注释】

①和洽：曹操定荆州时任丞相府掾属，建安二十一年任侍中。毛玠，

任丞相府东曹掾，曹操的重要谋士之一。崔琰死，毛玠内心不满，有人告发毛玠见犯人妻子被没为官奴，说过"使天不雨者盖此也"。曹操大怒，将毛玠下狱。毛玠要求与告发者对质。和洽向曹操申辩说，毛玠一向行为可靠，应该核实案情。曹操不听，下了这道令。但口头对和洽说："所以不考，欲两全玠及言事者耳。……方有军事，安可受人言便考之邪？"后来将毛玠撤职了事。

②触望：怨恨，不满意。

③屈笮：困迫，窘迫。

④益彰：更加彰显。

⑤祚：福。

⑥比求实之：接连请求核实这件事。

⑦参：弹劾。担任监察职务的官员，检举官吏的罪状。

举贤勿拘品行令 ①
建安二十二年（217 年）

昔伊挚、傅说出于贱人②，管仲，桓公贼也③，皆用之以兴。萧何、曹参，县吏也④，韩信、陈平负侮辱之名⑤，有见笑之耻，卒能成就王业，声著千载。吴起贪将⑥，杀妻自信，散金求官，母死不归，然在魏，秦人不敢东向，在楚则三晋不敢南谋⑦。今天下得无有至德之人放在民间，及果勇不顾，临敌力战；若文俗之吏⑧，高才异质，或堪为将守⑨；负侮辱之名，见笑之行，或不仁不孝而有治国用兵之术：其各举所知，勿有所遗。

【注释】

①这是曹操继《求贤令》《敕有司取士勿废偏短令》之后，发布的第三道求贤令。反映了晚年的曹操依旧求贤若渴的心情。

②伊挚、傅说：二人原来是奴隶。伊挚，即伊尹，辅佐商汤灭夏建立商朝。傅说，商王武丁执政时的宰相。

③管仲：名夷吾，春秋时的政治家。管仲原来跟随齐桓公之兄公子纠，在齐桓公和公子纠争夺君位的斗争中，管仲差一点没把齐桓公射死，所以说管仲曾是齐桓公的敌人。贼，是对敌人的蔑称。

④萧何、曹参：汉初丞相，都是县吏出身。

⑤韩信、陈平负侮辱之名：韩信少年落魄，曾受胯下之辱；陈平盗嫂受金。

⑥吴起：战国时期卫国人。鲁国国君想任用他为将军，但因为他的妻子是齐国人而对吴起有所怀疑。吴起杀掉自己的妻子换来了鲁国的信任，做了鲁将，打败了齐国。他年轻时为了当官，花光了家产，立誓不做卿相不还乡，所以母死不归。就是这样一个污点重重的人，先后辅佐鲁国、魏国、楚国，建立了卓著功勋。

⑦三晋：赵、魏、韩原来是晋国的三家世卿，后来分晋各自立国，故称三晋。南谋：吴起为楚相，魏、赵、韩三国不敢向南进犯楚国。

⑧文俗之吏：从事普通文墨工作的士吏。

⑨将守：将军、太守。

使辛毗曹休参治下辨令 ①
建安二十二年（217 年）

昔高祖贪财好色，而良、平匡其过失 ②，今佐治、文烈忧不轻矣。

【注释】

①辛毗：字佐治，曹操的谋士，任丞相长史。曹休：字文烈，曹操的族侄，当时任骑都尉。建安二十二年，刘备派张飞、吴兰进驻下辨（今甘肃成县西），曹操派曹洪迎敌。曹洪贪财好色，所以曹操又派辛毗、曹休去参与治理。这反映了曹操知人善任的用人思想。

②良、平：张良、陈平，实际是张良和樊哙。刘邦入咸阳后，曾欲享

有秦宫里的财宝和宫女，经张良、樊哙劝说，刘邦下令封存财宝库府，还军灞上。

曹植私开司马门下令①
建安二十二年（217年）

始者谓子建，儿中最可定大事。

自临菑侯植私出，开司马门至金门，令吾异目视此儿矣②。

【注释】

① 曹植：曹操第四子，也是曹操的儿子中，最有才华的，所以曹操说"儿中最可定大事"。但是在洛阳，他趁曹操不在家，私自乘车行驰御道（皇帝专用道路），开司马门出至金门，严重违反禁令。因此曹操处死公车令，又先后下了这道令和《又下诸侯长史令》《立太子令》，以加强对儿子的管束。司马门：王宫的外门。因在宫墙内有司马官守卫，故称司马门。

② 金门：王宫宫墙的门，门外有金马，故称金门。金门在里，司马门在外。曹植是开司马门从宫外沿御道向宫内行驰。这在当时是重大事件。

又下诸侯长史令①
建安二十二年（217年）

诸侯长史及帐下吏，知吾出，辄将诸侯行意否②？从子建私开司马门来，吾都不复信诸侯也。恐吾适出，便复私出，故摄将行③，不可恒使吾以谁为心腹也④！

【注释】

① 诸侯长史：诸侯指曹操封侯的诸子，长史是封侯儿子府中的总管。

② 辄：每每。将：带领。意为你们知道我要出发，并且知道我是否会

带领诸侯同行。

③摄：拉，拽，阻止。

④不可恒使吾以谁为心腹也：不要老是让我感到不知谁是可以信任的（儿子）。

立 太 子 令
建安二十二年（217年）

告子文①：汝等悉为侯，而子桓独不封②，而为五官中郎将③，此是太子可知矣。

【注释】

①子文：曹操的儿子曹彰的字。曹操的长子曹昂，在攻打张绣战役中战死，三子曹彰是一员武将，平生志愿是当将军，二子即曹丕，四子曹植，一介书生。所以曹操立太子一事，专门告诉曹彰。

②子桓：曹丕的字。

③五官中郎将：统领皇帝的侍卫，负责保卫京城和皇帝的安全。（曹丕还是副丞相）

敕王必领长史令①
建安十八年—二十二年（213—217年）

领长史王必，是吾披荆棘时吏也②。忠能勤事，心如铁石，国之良吏也。蹉跌久未辟之③，舍骐骥而弗乘，焉遑遑而更求哉？故教辟之，已署所宜，便以领长史统事如故。

【注释】

①此令颁布的具体时间不详。曹操晋魏公以后，曾任命王必为丞相府

长史，留守许昌。建安二十三年正月，太医令吉本等叛乱，烧王必营，王必负伤不治身亡。从令文内容看，这之前王必已经担任过长史职务，可能中间改任其他职务，所以曹操才再次任命他担任丞相府长史。因此此令颁布的时间当在建安十八年到二十二年之间。

②披荆棘：指艰苦创业。自建安三年曹操东征吕布时起，王必追随曹操长达二十多年，当时王必任主簿。

③蹉跌：本意为摔倒，跌跤，引申为仕途坎坷。辟：汉制规定中央三公和地方州牧郡守可以自行征聘僚属，称为辟。

诸 儿 令 ①

建安二十年—二十二年（215—217 年）

今寿春、汉中、长安，先欲使一儿各往督领之，欲择慈孝不违吾令，亦未知用谁也。儿虽小时见爱，而长大能善②，必用之。吾非有二言也，不但不私臣吏，儿子亦不欲有所私。

【注释】

①寿春面对的是孙权，汉中面对的是刘备，长安是西汉故都，三地都是战略要地，所以曹操准备各派一个儿子前往镇守。本令的具体时间不详，但从汉中为曹操所有来推断，当在建安二十年—二十二年。

②能善：有才能，品德好，德才兼备。

赡给灾民令 ①

建安二十三年（218 年）

去冬天降疫疠，民有凋伤，军兴于外，垦田损少，吾甚忧之。其令吏民男女：女年七十已上无夫子，若年十二已下无父母兄弟，及目无所见，手不能作，足不能行，而无妻子父兄产业者，廪食终身②。幼者至十二止。

贫穷不能自赡者，随口给贷③。老耄须待养者④，年九十已上，复不事，家一人⑤。

【注释】

① 建安二十二年冬，黄河流域发生疫疠，曹操令对灾民进行救济。赡：供给。

② 已：通以。廪食：由官府供给口粮。

③ 随口给贷：按人口贷给粮食。

④ 老耄：八十岁为耄，这里泛指老人。

⑤ 复不事：免除劳役。家一人：一家一人。

终 令①
建安二十三年（218 年）

古之葬者，必居瘠薄之地。其规西门豹祠西原上为寿陵②，因高为基，不封不树③。《周礼》冢人掌公墓之地④，凡诸侯居左右以前，卿大夫居后，汉制亦谓之陪陵⑤。其公卿大臣列将有功者，亦陪寿陵，其广为兆域⑥，使足相容⑦。

【注释】

① 这是曹操为安排自己的墓地而下的令。

② 规：规划。西门豹：战国时期魏国人，任邺县令时兴修水利，发展生产，破除迷信，政绩显著。死后人们为之立祠纪念。原：地势较高而广阔平坦的土地。寿陵：帝王生前所建的坟墓。

③ 不封不树：不堆高大的坟丘，坟丘周围不栽墓林。

④ 冢人：周代掌管王公大臣墓葬的官员。

⑤ 陪陵：功臣死后，葬在帝王陵的旁边或附近叫陪陵。

⑥ 兆域：兆域，指墓地的范围很大。兆，古代数字单位，即亿。

⑦ 使足相容：使墓地范围能够容得下陪陵的坟墓。

假徐晃节令 ①

建安二十三年（218 年）

此阁道 ②，汉中之险要咽喉也。刘备欲断绝外内以取汉中，将军一举克夺贼计，善之善者也 ③。

【注释】

① 建安二十三年，刘备欲夺取汉中，攻阳平关（故址在今陕西勉县西白马河入汉水处），派一支军队去断马鸣阁栈道。曹操的大将徐晃击败敌军，守住栈道，为此曹操传令嘉奖。假：凭借；节：凭证。假节：可以自主诛杀违反军令的人。这是曹操赋予徐晃更大权力的象征，也是一种荣誉。

② 此阁道：指马鸣阁栈道，在今四川广元市境内。

③ 善：好。

策 立 卞 后 ①

建安二十四年（219 年）

夫人卞氏，抚养诸子，有母仪之德。今进位王后，太子诸侯陪位群卿上寿 ②，减国内死罪一等 ③。

【注释】

① 曹丕被立为太子后，又封曹丕的生母卞夫人为王后。卞氏，琅玡开阳（今山东临沂北）人。本为歌伎，二十岁时被曹操纳为妾，建安初立为继室。

② 陪位：在旁陪伴。

③ 国内：魏国内。

劳徐晃令①
建安二十四年（219 年）

贼围堑鹿角十重②，将军致战全胜，遂陷贼围③，多斩首虏。吾用兵三十余年，及所闻古之善用兵者，未有长驱径入敌围者也。且樊、襄阳之在围，过于莒、即墨④，将军之功，逾孙武、穰苴⑤。

【注释】

①建安二十四年关羽围襄阳、樊城，曹操派徐晃领兵前去解襄、樊之围。徐晃到襄、樊后，组织兵力猛攻，关羽不敌徐晃，退入设有十重鹿角的营垒。徐晃乘胜直冲敌围，获大胜，襄、樊之围也随之被解。这次战役奠定了以后三国鼎立的基本态势，曹操对此役大加赞赏，发了这道慰问徐晃的命令。劳：慰问。

②围堑：营垒四周有水的壕沟。鹿角：把削尖的棍棒和树枝埋在军营外的地上，形成围栏，以阻止来犯之敌。因木尖像鹿角，故称之为鹿角。

③陷：攻破。

④莒、即墨：莒，今山东莒县；即墨，今山东青岛即墨区。这两地春秋时属齐国。公元前284年，燕将乐毅攻齐，连下七十余城，只有齐将田单驻守的莒县、即墨二城没被攻破。

⑤逾孙武、穰苴：逾，超过；孙武，春秋末年著名军事理论家，《孙子兵法》的著者，吴国名将，先后败楚、齐、晋诸军；穰苴：姓田，春秋时齐国的大夫，著名的军事理论家，因官居司马，故又称司马穰苴，著有《司马穰苴兵法》，受齐景公之命，曾率兵先后打败燕国和晋国的军队，收复了齐国的失地。

以徐奕为中尉令 ①

建安二十四年（219年）

昔楚有子玉，文公为之侧席而坐 ②；汲黯在朝，淮南为之折谋 ③。《诗》称"邦之司直" ④，君之谓与！

【注释】

① 建安二十四年，曹操西征刘备时，魏讽等人在邺城发动叛乱。事后曹操感到必须加强都城治安管理，预防奸邪叛乱。于是任命徐奕为中尉，负责都城治安管理。徐奕为人刚直威严，曾任丞相长史，镇守长安。魏国建立后，任尚书令。

② 子玉：春秋时期楚国名将成得臣，字子玉。他率军与晋文公战于城濮（今山东鄄城西南），兵败自杀。侧席而坐：晋文公因为楚国成得臣的存在而坐不安席。

③ 汲黯在朝：汲黯，汉武帝的大臣，刚正不阿，在朝中连诸侯也惧怕他。淮南为之折谋：淮南王刘安阴谋叛乱，但是因为惧怕汲黯而不敢乱动，谋划一再受挫，后来刘安畏罪自杀。

④ 邦之司直：语出《诗·郑风·羔裘》。邦，国。司，主管。直，正义公平。

与太尉杨彪书 ①

建安二十四年（219年）

操白：与足下同海内大义 ②，足下不遗 ③，以贤子见辅。比中国虽靖 ④，方外未夷 ⑤，今军征事大，百姓骚扰。吾制钟鼓之音 ⑥，主簿宜守 ⑦。而足下贤子，恃豪父之势，每不与吾同怀 ⑧。即欲直绳 ⑨，顾颇恨恨。谓其能改，遂转宽舒，复即宥贷，将延足下尊们大累 ⑩，便令刑之 ⑪。念卿父息之情 ⑫，同此悼楚^⑬，亦未必非幸也。今赠足下锦裘二领，八节银角桃杖一枚^⑭，青毡床褥三具，官绢五百匹，钱六十万，画轮四望通幰七香车一乘^⑮，青㹀牛二头^⑯，八百里骅骝马一匹，赤戎金装鞍辔十副^⑰，铃眊一具^⑱，驱使二人^⑲，并遗足下贵室错采罗縠裘一领^⑳，织成靴一量^㉑，有心青衣二人^㉒，长奉左右^㉓。所奉虽薄^㉔，以表吾意。足下便当慨然承纳，不致往返^㉕。

【注释】

① 建安二十四年秋，曹操出于稳定大局考虑，因故杀了曹植的重要谋士杨修。事后曹操给杨修的父亲杨彪写了这封信，讲明杀杨修的原因，并送了一些礼品，以示慰问。杨彪四代为太尉，社会地位显赫，是豪门势力的代表。这也是曹操在当时就受到上层社会非议的原因。

② 足下：对同辈或社会地位相等者的敬称。

③ 遗：遗弃。

④ 比：近来。靖：安定，平安。

⑤ 方外：域外。夷：平。

⑥ 钟鼓之音：钟和鼓是两种主要乐器，钟鼓之音是乐队定音的基准，也是部队进退的号令。这里指曹操制定的有关规定、制度和法律。

⑦ 主簿：杨修的职务，负责文书簿籍，管理印鉴。

⑧ 同怀：一心。

⑨ 直绳：木工画线的工具，这里指依法纠正过错。

⑩ 延：牵连。尊们：对别人家庭的敬称。累：招来祸患。

⑪ 刑：行刑。

⑫ 父息：父子。

⑬ 悼楚：悲伤痛苦。

⑭ 八节银角桃杖：用银镶角的八节桃木手杖。据说桃木可以辟邪，所以老年人用桃木手杖吉利。

⑮ 画轮四望通幰七香车：彩绘车轮、四面有窗可以观望，车顶和四周悬挂帐幔、用七种香木做成的车子。

⑯ 青特牛：青色的母牛。

⑰ 赤戎金装鞍辔：用红绒和金属装饰的马鞍和笼头。

⑱ 铃眊：缀着铃铛用羽毛做成的装饰品。

⑲ 驱使：车夫。

⑳ 遗：赠送。贵室：对别人妻子的尊称。错采：交错地缀着各色绸带。罗：丝织品的一种。縠：有皱纹的纱。

㉑ 一量：一双。

㉒ 有心青衣：细心的侍女。

㉓ 长奉：长期侍候。

㉔ 所奉：所赠送的礼品。

㉕ 不致往返：意为一定要收下。往返，推来推去。

赐袁涣家谷教 ①

建安二十一年—二十四年（216—219 年）

一、以太仓谷千斛 ②，赐郎中令之家 ③。

二、以垣下谷千斛 ④，与曜卿家。

三、以太仓谷者，官法也；以垣下谷者，亲旧也。

【注释】

① 袁涣：字曜卿，曾任丞相府祭酒。魏国初建，为郎中令，行御史大夫事，推行屯田有成绩。为官清廉正直，死后无积蓄，曹操以两千斛粮食抚恤其家人，并下了前两道教令。因有人问为什么要下两道教令？曹操又下了第三道教令，以说明原委。

② 太仓：京城中的粮仓。斛：古代量器名，当时一斛约合现在 25 市斤。按照当时月俸两千石实际领取一百二十石的比例计算，两千斛实际是一百二十斛，即千市斤。

③ 郎中令：袁涣所任官职，掌管宫殿门户，统率诸郎官，为九卿之一。

④ 垣下：开封东北仓垣城的粮仓，是曹操的私家粮仓。

题识送终衣奁 ①
建安二十五年（220 年）

有不讳②，随时以敛③。金珥珠玉铜铁之物④，一不得送。

【注释】

① 曹操生前按春夏秋冬四季，准备了四套送终的衣服，分别装在四个箱子里。并写了这几句话，作为遗言。由此可以看到曹操生活节俭的作风和倡导薄葬的决心。

② 有不讳：倘或死去。有，倘如，假如。不讳，死。

③ 敛：通殓，尸体入棺。

④ 珥：塞在耳朵里的玉。

遗　令 ①
建安二十五年（220 年）

吾夜半觉小不佳，至明日饮粥汗出，服当归汤。

吾在军中持法是也，至于小愤怒，大过失，不当效也。天下尚未安定，未得尊古也②。吾有头病，自先著帻③。吾死之后，持大服如存时，勿遗④。百官当临殿中者，十五举音⑤，葬毕便除服⑥；其将兵屯戍者，皆不得离屯部；有司各率乃职⑦。敛以时服⑧，葬于邺之西岗上，与西门豹祠相近，无藏金玉珍宝。

吾婢妾与伎人皆勤苦⑨，使著铜雀台⑩，善待之。于台堂上安六尺床，施繐帐⑪，朝晡上脯糒之属⑫。月旦十五日⑬，自朝至午，辄向帐中作伎乐⑭。汝等时时登铜雀台，望吾西陵墓田。余香可分与诸夫人，不命祭⑮。诸舍中无所为，可学作组履卖也⑯。吾历官所得绶⑰，皆著藏中⑱。吾余衣裘，可别为一藏，不能者，兄弟可共分之。

【注释】

① 这是曹操临终前的遗嘱辑录，散见于各书。根据本文的内容推断，可能不是一次完成的。

② 尊古：遵守古代的丧葬制度。按照古制，曹操这一级的葬礼非常烦琐隆重，而且要有大量的贵重陪葬品。曹操认为天下未定，一切应该节俭，简单，不厚葬，不用烦琐的礼节。

③ 著帻：戴头巾。

④ 持：穿。大服：礼服。存时：活着的时候。勿遗：不要忘了。意思是参加葬礼和前来悼念的人，不要穿专门的礼服，就穿平常穿的衣服。

⑤ 十五举音：哭十五声。汉制规定，吊丧官员，早晚各哭十五声，其他时间不得擅哭。曹操把早晚各十五声，改为就一次哭十五声。

⑥ 除服：脱掉孝服。

⑦ 有司：各职能部门的官吏。

⑧ 敛以时服：什么季节去世，入殓时就穿什么季节的衣服（葬服已按照四季各准备一套，分别装在四个箱子里）。

⑨ 伎人：乐队和歌舞艺人。

⑩ 著：安置。铜雀台建于建安十五年，是曹操晚年的娱乐之处。

⑪ 繐帐：用稀疏麻布制的灵幔。

⑫ 朝晡：早晨和下午。脯糒：祭祀用的干肉、干粮。

⑬ 月旦：每个月的第一天。

⑭ 辄：就。伎乐：歌舞。

⑮ 余香不命祭：遗余的熏香不要用于祭祀（我）。

⑯ 作组履：作，制造。组，丝带。履，鞋子。

⑰ 绶：用来拴玉或者印组的丝带。

⑱ 藏中：库里。

奏　事①

今边有急②，则以鸡羽插木檄，谓之羽檄③。

【注释】

① 这是在军事行动中传告紧急情况的一种规定，也是迄今发现的关于鸡毛信的最早的记载。（以下各篇难以考定写作年代，故不注名年份）

② 边有急：边境有紧急情况。这里边是指异地。

③ 木檄：用木板写的檄文。檄是古代用以征召，晓喻或声讨的一种文体。羽檄：用羽毛插在木檄上，表示情况紧急。

内　诫　令①

孤不好鲜施严具②，所用杂新皮韦笥③，以黄韦缘中④。遇乱世无韦笥，乃更作方竹严具，以皂韦衣之⑤，粗布作里，此孤平常所用者也。内中妇曾置严具⑥，于时为之推坏。方今竹严具缘漆甚华好⑦。

百炼利器，以辟不祥⑧，摄服奸宄者也⑨。

吾衣被皆十岁也，岁岁解浣补纳之耳⑩。

今贵人位为贵人⑪，金印蓝绂⑫，女人爵位之极。

吏民多制文绣之服，履丝不得过绛紫金黄丝织履⑬，前于江陵得杂采丝履⑭，以与家⑮，约当着尽此履，不得效作也。

孤有逆气病，常储水卧头⑯，以铜器盛，臭恶。前以银作小方器，人不解，谓孤喜银物，令以木作。

昔天下初平，吾便禁家内不得熏香⑰。后诸女配国家为其香，因此得烧香。吾不好烧香，恨不遂所禁，今复禁不得烧香，其以香藏衣著身亦不得⑲。

房室不洁，听得烧枫胶及蕙草⑳。

【注释】

① 这是曹操告诫他的家人和吏民要力行节俭的令文。从内容看，令文不是一道。

② 鲜施严具：装饰鲜艳的箱子。严具，箱子有盖 能合严，故称严具。

③ 韦笥：用竹苇编制的箱子，内外衬一层熟皮，用来装衣服。韦，熟皮；笥，用竹子或者芦苇编制的箱子或盛食器。杂新：新旧皮子掺杂在一块用。

④ 黄韦缘中：用黄色的皮子镶在中间。

⑤ 皂韦：黑色的兽皮。衣之：罩在外面（防潮防雨）。

⑥ 内中：王宫内，这里指曹操的妻妾。

⑦ 缘漆：涂上漆。华好：漂亮美观。

⑧ 利器：兵器，武器。辟：除去。曹操曾打五把好刀，名"百辟刀"，赐予他的儿子们。

⑨ 奸宄：坏人。

⑩ 解浣：拆洗。补纳：缝补。

⑪ 贵人：妃嫔的称号，东汉时贵人的地位仅次于皇后。建安十八年，献帝聘曹操的三个女儿曹宪、曹华、曹节为贵人。建安十九年伏皇后被黜后，又立曹华为后。这里贵人指曹操的三个女儿。

⑫ 金印蓝绶：绶是系在印环上的丝带，贵人用金印蓝绶。

⑬ 绛紫：红色和紫色。汉代以红色、紫色、金黄色为贵，穿丝织品做的鞋子，不能用这几种颜色。

⑭ 江陵：今湖北荆州市。杂采丝履：多种花色的丝鞋（战利品）。

⑮ 以与家：把他给予家里人。

⑯ 逆气病：气往上冲，出现面红、气短、头疼等症状，要用温水浸头。

⑰ 薰香：即熏香、烧香。把香料放在熏笼中燃着，以其香气净化室内空气和衣被。

⑱ 诸女配国家：指三个女儿配给献帝。

⑲ 藏衣著身：藏在衣服内或者带在身上。

⑳ 枫胶：枫树脂。蕙草：即佩兰。二者燃烧后，均有香味。

礼 让 令 ①

里谚曰："让礼一寸，得礼一尺。"② 斯和经之要矣 ③。
辞爵逃禄 ④，不以利累名，不以位亏德之谓让 ⑤。

【注释】

① 《礼让令》和《清时令》是曹操为了维护官员团结，处理好官员内部相互之间的关系而下的两道令。

② 让：谦让，恭敬。礼：这里指礼貌，礼节。

③ 经之要：经书的旨要。

④ 逃：躲避。

⑤ 以利累名：因为利益而糟蹋了名声。以位亏德：因为官位而损害品德。

清 时 令

今清时 ①，但当尽忠于国，效力王事，虽私结好于他人，用千匹绢、万石谷，犹无所益。

【注释】

① 清时：政治清明的时候。

选 举 令 ①

夫遣人使于四方 ②，古人所慎择也。故仲尼曰："使乎！使乎！"③ 言其难也。

邺县甚大 ④，一乡万数千户，兼人之吏 ⑤，未易得也。

闻小吏或有着巾帻。

魏诸官印，各以官为名，印如汉法，断二千石者章⑥。

国家旧法，选尚书郎⑦，取年未五十者，使文笔真草⑧，有才能谨慎，典曹治事⑨，起草立义，又以曹呈示令、仆讫⑩，乃付令史书之耳⑪，书讫，共省读内之⑫。事本来台郎统之⑬，令史不行知也。书之不好，令史坐之；至于谬误，读省者之责。若郎不能为文书，当御令史⑭，是为牵牛不可以服箱⑮，而当取辨于茧角也⑯。

今诏书省司隶官⑰，钟校尉材智决洞⑱，通敏先觉，可上请参军事，以辅暗政⑲。

谚曰："失晨之鸡，思补更鸣。"⑳昔季阐在白马㉑，有受金取婢之罪，弃而弗问，后以为济北相，以其能故㉒。

【注释】

① 这是散见于各类书中的几句话，辑在一起。因第一句话是讲选举的，所以题《选举令》。

② 使于四方：语出《论语·子路》："使于四方，不能专对；虽多，亦奚以为？"使，出使。

③ 使乎！使乎：语出《论语·问宪》，是孔子称赞使者的话：真是一位好使者呀！

④ 邺县：建安十八年，曹操晋封为魏公，立魏国，都邺县（城）。

⑤ 兼人：一个人能办几个人的事。

⑥ 印如汉法：魏的印章制度和汉朝的印章一样，俸禄在二千石以上的刻官印"某官之章"；二千石（不含二千石）以下的刻官印"某官之印"。断：截至，不含。二千石是九卿和太守的俸禄。

⑦ 尚书郎：尚书令手下的属官，负责起草文书。

⑧ 文笔真草：文，韵文；笔，散文；真，楷书；草，草书。

⑨ 典：管理。曹：内设机构。

⑩ 令、仆：尚书令、尚书仆射为尚书台正副长官。尚书台为中央执行

政务的总机构。讫：完毕。

⑪ 令史：尚书令史，尚书郎以下掌管文书的官员（秘书）。

⑫ 省：审察。内：通纳，上报下发。

⑬ 台郎：尚书郎。

⑭ 御：使用。

⑮ 牵牛不可以服箱：牵牛，牵牛星；服箱，拉车。这里是指不称职，不胜任。

⑯ 茧角：指像茧壳那么小的小牛，即蜗牛。这句话的意思是要分辨牛和蜗牛（名虽为牛其实相差甚远）。

⑰ 省司隶官：省，裁撤；司隶官，司隶校尉。

⑱ 钟校尉：钟繇原任司隶校尉，督率关中诸军。决洞：果断明察。

⑲ 暗政：对自己处理政教的自谦说法。

⑳ 失晨之鸡，思补更鸣：耽误了报晓的鸡，想再叫一声补上。

㉑ 季阐在白马：季阐，白马的地方官；白马县古城，在现在的河南滑县东。

㉒ 能：才能。

鼓　吹　令

孤所以能常以少兵敌众者，常念增战士 ①，忽余事 ②。是以往者有鼓吹而使步行 ③，为战士爱马也；不乐多署吏 ④，为战士爱粮也。

【注释】

① 常念增战士：常常考虑增强士兵的战斗力。

② 忽余事：不大注意其余的事情。忽，忽略。

③ 鼓吹：军乐。

④ 署吏：军队中的文职吏员。不愿多设文职吏员，是为了减少军队中的非战斗人员，节省军粮。

军　策　令①

孤先在襄邑②，有起兵意，与工师共作卑手刀③。时北海孙宾硕来候孤④，讥孤曰："当慕其大者，乃与工师共作刀也？"孤答曰："能小复能大，何苦！"

袁本初铠万领⑤，吾大铠二十领；本初马铠三百具，吾不能有十具。见其少遂不施也，吾遂出奇破之。是时士卒精炼，不与今时等也。

夏侯渊今月贼烧却鹿角，鹿角去本营十五里，渊将四百兵行鹿角，因使士补之。贼山上望见，从谷中卒出，渊使兵与斗，贼遂绕出其后，兵退而渊未至⑥，甚可伤。渊本非能用兵者，军中呼为"白地将军"，为督帅尚不当亲战，况补鹿角乎！

【注释】

① 军策：军事方面的谋略。这三段文字，是曹操多年实战经验的总结。

② 襄邑：古县名，故址在今河南睢县西。

③ 工师：工匠师傅。卑手刀：军用短刀，是早期的匕首。

④ 北海孙宾硕：北海，郡名。孙宾硕，北海人，曾任豫州刺史。候：看望。

⑤ 袁本初：袁绍。铠：古代作战时穿的一种战服，引申为士兵。

⑥ 兵退而渊未至：兵已经退回而夏侯渊未能到达，指夏侯渊已战死。

军　　令①

吾将士无张弓弩于军中②，其随大军行，其欲试调弓弩者，得张之，不得著箭。犯者鞭二百，没入③。吏不得于营中屠杀卖之④，犯令，没所卖，及都督不纠白⑤，杖五十。

始出营，竖矛戟，舒幡旗⑥，鸣鼓。行三里辟矛戟，结幡旗⑦，止鼓。将至营，舒幡旗，鸣鼓，至营讫，复结幡旗，止鼓。违令者髡剪以徇⑧。

军行，不得斫伐田中五果桑柘棘枣⑨。

【注释】

① 曹操在进行统一战争的过程中，坚持依法治军，强调军队必须纪律严明。这篇令文是目前看到的最早的军队"内务条令"，反映出曹操依法治军的思想，和军队行动必须保护社会生产的治军理念。

② 张：拉开。弩：一种有机关装置的弓。无：不可以。

③ 没入：违令者没入官府为奴隶。

④ 之：代词，指上述违令者。

⑤ 纠白：纠正和报告。

⑥ 舒幡旗：展开军旗。因军旗的形状像幡，故称幡旗。

⑦ 辟矛戟，结幡旗：斜扛着矛戟，卷起军旗。

⑧ 髡剪以徇：髡，古代一种剃去头发的刑罚；徇，巡游示众。

⑨ 五果：核果（以核为果，以下同）、肤果、壳果、桧果（松子、柏仁等）、角果，也泛指各种果实。桑柘棘枣：泛指田地里生长的所有植物。

战 船 令

雷鼓一通①，吏士皆严。再通，什伍皆就船②，整持橹棹③，战士各持兵器就船，各当其所。幢幡旗鼓④，各随将所载船。鼓三通鸣，大小战船以次发，左不得至右，右不得至左，前后不得易处⑤。违令者斩。

【注释】

① 雷鼓：雷，通擂。通：一个击打单元，俗称一阵子。据《卫公兵法》载，一通为三百三十三下。

② 什伍：古代军队基层建制，五人为伍，伍有伍长；两伍为什，什有什长。就船：上船。

③ 橹棹：划船的橹和桨。

④ 幢：军队仪仗用的旗子。

⑤ 易处：位置错乱。

步 战 令

严鼓一通，步骑士悉装①；再通，骑上马，步结屯②，三通，以次出之③，随幡所指。住者结屯幡后④，闻急鼓音整阵；斥候者视地形广狭⑤，从四角而立表⑥，制战阵之宜；诸部曲者⑦，各自按部陈兵疏数⑧；兵曹举白⑨。不如令者斩。兵若欲作阵对敌营⑩，先白表⑪，乃引兵就表而阵。临阵皆无諠哗，明听鼓音，旗幡麾前则前，麾后则后，麾左则左，麾右则右。麾不闻令，而擅前后左右者斩。伍中有不进者，伍长杀之；伍长有不进者，什长杀之；什长有不进者，都伯杀之⑫。督战部曲将，拔刃在后，察违令不进者斩之。一部受敌，余部不进救者斩。临战兵弩不可离阵。离阵，伍长、什长不举发，与同罪。无将军令，妄行阵间者斩。临战，阵骑皆当在军两头；前陷，阵骑次之，游骑在后⑬。违令者髡鞭二百。兵进，退入阵间者斩。若步骑与贼对阵，临时见地势，便欲使骑独进讨贼者，闻三鼓音，骑特从两头进战，视麾所指，闻三金音还⑭。此但谓独进战时也。其步骑大战，进退自如法。吏士向阵骑弛马者斩。吏士有妄呼大声者斩。追贼不得独在前在后，犯令者罚金四两。士将战，皆不得取牛马衣物，犯令者斩。进战，各随其号，不随号者，有功不赏。进战，后兵出前，前兵在后，虽有功不赏。临阵，牙门将骑督明受督令⑮，诸部曲都督将吏士，各战时校督部曲⑯，督住阵后，察凡违令畏懦者囗⑰。有急，闻雷鼓音绝后，六音严毕⑱，白辨便出⑲。卒逃归，斩之。一日，家人弗捕之，及不言于吏，尽与同罪。

【注释】

① 悉装：全部装束完毕。

② 骑上马，步结屯：骑兵上马，步兵列队。屯，站到自己的位子上。

③ 以次出之：按次序出发。以，通依。

④ 住者：到达目的地。

⑤ 斥候：古代的侦察兵。

⑥ 从四角而立表：在侦察好的地形四角，立上标志。

⑦ 部曲：所属各部队。

⑧ 陈兵疏数：根据部署把部队疏密有度地摆开就位。

⑨ 兵曹：负责作战部署的机构。举白：报告情况。

⑩ 作阵对敌营：面对敌营布阵。

⑪ 先白表：先报告布阵方案。

⑫ 都伯：带领百人的军官。

⑬ 阵骑：摆成阵势的骑兵。游骑：没有进入阵地的机动骑兵。

⑭ 三金音：打钲或铙三次，是兵退的号令。

⑮ 牙门将：负责接受和传达统帅军令的武官。明受督令：明白准确地接受和传达统帅命令。

⑯ 校督：监督。

⑰ □：缺字，疑为"斩"。

⑱ 六音严毕：六通紧急的鼓声结束。

⑲ 白辨便出：准确明白命令后马上出击。

追称丁幼阳令 ①

昔吾同县有丁幼阳者，其人衣冠良士 ②，又学问材器 ③，吾甚爱之。后以忧恚得狂病 ④，即差愈 ⑤，往来故当共宿之。吾常遣归，谓之曰："昔狂病，傥发作持兵刃，我畏汝。" ⑥ 俱共大笑，辄遣不与共宿。

【注释】

① 丁幼阳：即丁冲。曹操的同乡好友，曾建议曹操迎献帝都许，后任司隶校尉。

② 衣冠良士：优秀的知识分子。衣冠，指士子。

③ 又学问材器：又，通有。材器，通才气。

④恚：愤怒，怨恨。

⑤差愈：痊愈。差，同瘥。

⑥傥：通倘，假如。

与皇甫隆令①

闻卿年出百岁，而体力不衰，耳目聪明，颜色和悦，此盛事也。所服食施行导引②，可得闻乎？若有可传，想可密示封内。

【注释】

①皇甫隆：生卒年月及生平不详，从令文看，是一位长寿者。

②导引：中国传统气功功法之一。

鹖 鸡 赋 序①

鹖鸡猛气②，其斗终无负，期于必死。今人以鹖为冠，象此也。

【注释】

①这篇赋佚久，只存《赋序》中的这几句话。鹖鸡：也叫斗鸡，青鸡。原来是一种野鸡，体格较大，羽呈黄褐色，头上有毛冠，尾羽较长，好斗，从不后退，直至斗死。武士用它的羽毛装饰帽子，象征有鹖鸡的斗争精神。戏剧舞台上，男女武将头盔上插翎子也源于此。

②猛气：勇猛的气概。

第三部分　曹操《孙子兵法》注

《孙子兵法》是中国最古老、最杰出的一部军事著作，历来备受推崇，注家辈出。我们现在所见到的最早的《孙子兵法注》，是曹操的《孙子兵法注》。他对《孙子兵法》十三篇都作了题解，并对各章文字作了注释，是研究曹操思想，特别是曹操的军事思想不可或缺的珍贵资料。

《孙 子 序》①

操闻上古有弧矢之利②，《论语》曰"足兵"③，《尚书》八政曰"师"④，《易》曰"师贞丈人吉"⑤，《诗》曰"王赫斯怒，爰整其旅⑥"，皇帝、汤、武咸用干戚以济世也⑦。《司马法》曰："人故杀人，杀之可也。"⑧恃武者灭，恃文者亡，夫差、偃王是也⑨。圣人之用兵，戢而时动⑩，不得已而用之。吾观兵书战策多矣，孙武所著深矣。孙子者，齐人也，名武，为吴王阖闾作《兵法》一十三篇，试之妇人⑪，卒以为将，西破强楚入郢⑫，北威齐、晋⑬。后百岁余有孙膑，是武之后也⑭。审计重举⑮，明画深图⑯，不可相诬⑰。而但世人未之深亮训说⑱，况文繁富，行于世者，失其旨要，故撰为略解焉⑲。

【注释】

①《孙子》，即《孙子兵法》，春秋末孙武著，是中国古代最著名的一部兵书，也是世界现存最古老的军事理论专著。曹操结合自己的实际军事斗争经验和体会，通过为《孙子》作注，写出了对原著的一些理解和体会。本篇是为《孙子注》而写的序言。

② 弧矢：弓箭。

③ 足兵：语出《论语·颜渊》，子曰："足食，足兵，民信之矣。"意为充足的兵力。

④ 八政：语出《尚书·洪范》，八政为：食（粮）、货（货币）、祀（祭祀）、司空（水利土木建筑）、司徒（民政）、司寇（刑罚）、宾（外交）、师（军事）。

⑤《易》：即《易经》（《周易》），《易·师卦》："师：贞丈人吉，无咎。"师，卦名。贞，正义。丈人，老人，卦辞中"丈人"指军队统帅。吉，吉利，打胜仗。

⑥ 王赫斯怒，爰整其旅：语出《诗经·大雅·皇矣》。密国侵略阮国，周文王赫然大怒，于是整顿军队去讨伐密国。

⑦ 干戚：盾牌和斧子。这里引申为兵器。济世：拯救国家。

⑧《司马法》：古代兵书。战国时，齐威王命大夫整理古代司马（主持军政的官员）所制定的军事制度、法令和论著，因其中包括齐景公名将大司马穰苴的著作，所以旧题"齐司马穰苴撰"，又叫《司马穰苴兵法》。《司马法》共一百五十余篇，今存五篇。"人故杀人，杀之可也"的原文是"是故杀人安人，杀之可也"，意思是：如果杀几个坏人能保卫人民，使人民安定，那么是可以杀掉他们的。

⑨ 夫差、偃王：夫差，春秋时吴国的国王。他依靠武力与齐、晋争霸，不注重内政和外交政策，结果为越王勾践所灭。偃王，即周代的徐偃王。他推行"仁义"而不注重军事，结果当楚国进攻时，无力守卫，以致灭国。

⑩ 戢而时动：把兵器放好，随时准备战争。

⑪ 试之妇人：吴王阖闾同命孙武操练宫女。孙武把她们编为两队，由吴王的两个爱妾当队长。操练时宫女们哄笑不止，孙武下令杀了两个队长，因此再也没有敢哄笑的了，队伍马上变得严肃整齐。

⑫ 西破强楚入郢：吴王阖闾九年（前506年），吴军打败强大的楚军，攻入楚国的都城郢。

⑬ 北威齐、晋：齐、晋都是当时北方的强国。吴王夫差七年（前489年）

吴军北伐，打败齐国，威胁晋国。

⑭ 孙膑：战国时期齐国阿（今山东阳谷东北）人，著名军事家。

⑮ 审计重举：审，周密；计，计划；重，慎重；举，举事，行动。

⑯ 明画深图：精明的计划，精深的谋略。

⑰ 诬：欺骗，蒙蔽。

⑱ 深亮训说：深刻透彻的注释解说。

⑲ 略解：谦辞，指曹操对《孙子》所作的注解。

计 篇 第 一

曹操曰：计者，选将、量敌、度地、料卒、远近、险易，计于庙堂也。

【《孙子兵法》原文】

（一）孙子曰：兵者国之大事，死生之地，存亡之道，不可不察。

（二）故经之以五，校之以计，而索其情①：一曰道，二曰天，三曰地，四曰将，五曰法。道者，令民与上同意者也，可与之死，可与之生，民弗诡也②。天者，阴阳、寒暑、时制也③。地者，高下、远近、险易、广狭、生死也④。将者，智、信、仁、勇、严也⑤。法者，曲制、官道、主用也⑥。凡此五者，将莫不闻，知之者胜，不知者不胜。故校之以计，而索其情⑦。曰：主孰有道？将孰有能⑧？天地孰得⑨？法令孰行⑩？兵众孰强？士卒孰练？赏罚孰明？吾以此知胜负矣。

（三）将听吾计，用之必胜，留之；将不听吾计，用之必败，去之⑪。

（四）计利所听，乃为之势，以佐其外⑫。势者，因利而制权也⑬。

（五）兵者，诡道也⑭。故能而示之不能，用而示之不用，近而示之远，远而示之近。利而诱之，乱而取之，实而备之⑮，强而避之⑯，怒而挠之，卑而骄之⑰，佚而劳之⑱，亲而离之⑲。攻其不备，出其不意⑳。此兵家之胜，不可先传也㉑。

（六）夫未战而庙算胜者，得算多也；未战而庙算不胜者，得算少也。多算胜，少算不胜而况无算乎！吾以此观之，胜负见矣㉒。

【曹操注释】

① 谓下五事七计，求彼我之情也。

② 谓道之以教令。诡者，诡疑也。

③ 顺天行诛，因阴阳四时之制。故《司马法》曰："冬夏不兴师，所以兼爱民也。"

④ 言以九地，形势不同，因时制利也。论在《九地篇》中。

⑤ 将宜五德备也。

⑥ 部曲、旛帜、金鼓之制也。官者，百官之分也。道者，粮路也。主者，主军费用也。

⑦ 同闻五者，将知其变极，即胜也。索其情者，胜负之情。

⑧ 道德智能。

⑨ 天时、地利。

⑩ 设而不犯，犯而必诛。以七事计之，知胜负矣。

⑪ 不能定计，则退而去也。

⑫ 常法之外也。

⑬ 制由权也，权因事制也。

⑭ 兵无常形，以诡诈为道。

⑮ 敌治实，须备之也。

⑯ 避其所长也。

⑰ 待其衰懈也。

⑱ 以利劳之。

⑲ 以间离之。

⑳ 击其懈怠，出其空虚。

㉑ 传，犹泄也。兵无常势，水无常形，临敌变化，不可先传也，故料敌在心，察机在目也。

㉒ 以吾道观之矣。

作战篇第二

曹操曰：欲战必先算其费，务因粮于敌也。

【《孙子兵法》原文】

（七）孙子曰：凡用兵之法，驰车千驷，革车千乘，带甲十万[①]，千里馈粮[②]，则内外之费，宾客之用，胶漆之材，车甲之奉，日费千金[③]，然后十万之师举矣。其用战也贵胜，久则钝兵挫锐，攻城则力屈，久暴师则国用不足。久钝兵挫锐、屈力殚货，则诸侯乘其弊而起[④]。虽有智者，不能善其后矣。故兵闻拙速，未睹巧之久也[⑤]。夫兵久而国利者，未之有也。故不尽知用兵之害者，则不能尽知用兵之利也。

（八）善用兵者，役不再籍，粮不三载[⑥]；取用于国，因粮于敌[⑦]，故军食可足也。

（九）国之贫于师者远输，远输则百姓贫。近师者贵卖，贵卖则百姓财竭[⑧]，财竭则急于丘役[⑨]。力屈、财殚，中原内虚于家。百姓之费，十去其七；公家之费：破车罢马，甲胄矢弩，戟盾蔽橹，丘牛大车，十去其六[⑩]。

（十）故智将务食于敌，食敌一钟，当吾二十钟；萁秆一石，当吾二十石[⑪]。

（十一）故杀敌者，怒也[⑫]；取敌之利者，货也[⑬]。故车战，得车十乘已上，赏其先得者[⑭]，而更其旌旗[⑮]，车杂而乘之，卒善而养之[⑯]，是为胜敌而益强[⑰]。

（十二）故兵贵胜，不贵久[⑱]。

（十三）故知兵之将，民之司命，国家安危之主也[⑲]。

【曹操注释】

① 驰车，轻车也，驾驷马。革车，重车也，言万骑之重。车驾四马，率三万军，养二人主炊家子，一人主保固守衣装，厩二人主养马，凡五人。

附录 曹操文选

步兵十人，重以大车驾牛。养二人主炊家子，一人主守衣装，凡三人也。带甲十万，士卒数也。

②越境千里。

③谓购赏犹在外。

④钝，弊也。屈，尽也。

⑤虽拙，有以速胜。未睹者，言其无也。

⑥籍，犹赋也。言初赋民，而便取胜，不复归国发兵也。始载粮，后遂因食于敌，还兵入国，不复以粮迎之也。

⑦兵甲战具，取用国中，粮食因敌也。

⑧军行已出界，近师者贪财，皆贵卖，则百姓虚竭也。

⑨丘，十六井（每井九百亩，每丘十六井）也。百姓财殚尽而兵不解，则运粮尽力于原野也。十去其七者，所破费也。

⑩丘牛，谓丘邑之牛。大车，乃长毂车也。

⑪六斛四斗为钟。萁，豆秸也。秆，禾藁也。石者，一百二十斤也。转输之法，费二十石得一石。一云：萁，音忌，豆也。七十斤为一石。当吾二十，言远费也。

⑫威怒以致敌死。

⑬军无财，士不来；军无赏，士不往。

⑭以车战能得敌车十乘已上，赏赐之。不言车战得车十乘已上者赏之，而言赏得者何？言欲开示赏其所得车之卒也。陈车之法：五车为队，仆射一人；十车为官，卒长一人；车满十乘，将吏二人。因而用之，故别言赐之，欲使将恩下及也。或曰：言使自有车十乘以上，与敌战，但取有功者赏之；其十乘以下，虽一乘独得，余九乘皆赏之，所以率进励士也。

⑮与吾同也。

⑯不独任也。

⑰益己之强。

⑱久则不利，兵犹火也，不戢将自焚也。

⑲将贤则国安也。

谋攻篇第三

曹操曰：欲攻敌，必先谋。

【《孙子兵法》原文】

（十四）孙子曰：凡用兵之法，全国为上，破国次之①；全军为上，破军次之②；全旅为上，破旅次之③；全卒为上，破卒次之④；全伍为上，破伍次之⑤。是故百战百胜，非善之善者也；不战而屈人之兵，善之善者也⑥。

（十五）故上兵伐谋⑦，其次伐交⑧，其次伐兵⑨，其下攻城⑩。攻城之法为不得已。修橹轒辒、具器械，三月而后成；距闉，又三月而后已⑪。将不胜其忿，而蚁附之，杀士三分之一⑫，而城不拔者，此攻之灾也。故善用兵者，屈人之兵而非战也，拔人之城而非攻也，破人之国而非久也⑬，必以全争于天下，故兵不顿，而利可全，此谋攻之法也⑭。

（十六）故用兵之法，十则围之⑮，五则攻之⑯，倍则分之⑰，敌则能战之⑱，少则能逃之⑲，不若则能避之⑳。故小敌之坚，大敌之擒也㉑。

（十七）夫将者，国之辅也，辅周则国必强㉒，辅隙则国必弱㉓。

（十八）故君之所以患于军者三：不知军之不可以进而谓之进，不知军之不可以退而谓之退，是以縻军㉔；不知三军之事，而同三军之政者，则军士惑矣㉕；不知三军之权，而同三军之任，则军士疑矣㉖。三军既惑且疑，则诸侯之难至矣，是谓乱军引胜㉗。

（十九）故知胜者有五：知可以战与不可以战者，胜；识众寡之用者，胜；上下同欲者，胜㉘；以虞待不虞者，胜；将能而君不御者，胜㉙。此五者，知胜之道也㉚。

（二十）故曰：知彼知己，百战不殆；不知彼而知己，一胜一负；不知彼，不知己，每战必殆。

【曹操注释】

① 兴师深入长驱，距其城郭，绝其内外，敌举国来服为上；以兵击破，

败而得之，其次也。

②《司马法》曰："一万五千五百人为军。"

③五百人为旅。

④一旅已下至一百人也。

⑤百人以下至五人。

⑥未战而战自屈胜，善也。未战而敌自屈服。

⑦敌始有谋，伐之易也。

⑧交，将合也。

⑨兵形已成也。

⑩敌国已收其外粮守城，攻之为下攻也。

⑪修，治也。橹，大楯也。轒辒者，轒床也。轒床其下四轮，从中推之至城下。具，备也。器械者，机关攻守之总名，飞楼云梯之属。距闉者，踊土积高而前，以附其城也。

⑫将忿不待攻城器，而使士卒缘城而上，如蚁之缘墙，杀伤士卒也。

⑬毁灭人国，不久露师也。

⑭不与敌战，而必完全得之，立胜于天下，不顿兵血刃也。

⑮以十敌一，则围之，是将智勇等而兵利钝均也。若主弱客强，操所以倍兵围下邳生擒吕布也。

⑯以五敌一，则三术为正，二术为奇。

⑰以二敌一，则一术为正，一术为奇。

⑱已与敌人众等，善者犹当设伏，奇以胜之。

⑲高壁坚垒，勿与战也。

⑳引兵避之也。

㉑小不能当大也。

㉒将周密，谋不泄也。

㉓形见于外也。

㉔縻，御也。

㉕军容不入国，国容不入军，礼不可以治兵也。

㉖ 不得其人意也。

㉗ 引，夺也。

㉘ 君臣同欲。

㉙《司马法》曰："进退惟时，无曰寡人也。"

㉚ 此上五事也。

形 篇 第 四

曹操曰：军之形也，我动彼应，两敌相察，情也。

【《孙子兵法》原文】

（二十一）孙子曰：昔之善战者，先为不可胜①，以待敌之可胜。不可胜在己②，可胜在敌③。故善战者，能为不可胜，不能使敌之必可胜④。故曰：胜可知，而不可为。不可胜者，守也；可胜者，攻也⑤。守则不足，攻则有余⑥。善守者，藏于九地之下；善攻者，动于九天之上⑦。故能自保而全胜也。

（二十二）见胜不过众人之所知，非善之善者也⑧；战胜而天下曰善，非善之善者也⑨。故举秋毫不为多力，见日月不为明目，闻雷霆不为聪耳⑩。古之所谓善战者，胜于易胜者也⑪。故善战者之胜也，无智名，无勇功⑫。故其战胜不忒。不忒者，其所措必胜，胜已败者也⑬。故善战者，立于不败之地，而不失敌之败也。是故胜兵先胜而后求战，败兵先战而后求胜⑭。善用兵者，修道而保法，故能为胜败之政⑮。

（二十三）兵法：一曰度，二曰量，三曰数，四曰称，五曰胜⑯；地生度，度生量⑰，量生数⑱，数生称⑲，称生胜⑳。

（二十四）故胜兵若以镒称铢，败兵若以铢称镒㉑。

（二十五）胜者之战民也，若决积水于千仞之溪，形也㉒。

【曹操注释】

① 自修理，以待敌之虚懈也。

② 见成形也。

③ 敌有备故也。

④ 藏形也。

⑤ 敌攻己，乃可胜。

⑥ 吾所以守者，力不足也；所以攻者，力有余也。

⑦ 因山川丘陵之固者，藏于九地之下；因天时之变者，动于九天之上。

⑧ 当见未萌。

⑨ 争锋也。

⑩ 易见闻也。

⑪ 原微易胜，攻其可胜，不攻其不可胜也。

⑫ 故兵形未成，胜之无赫赫之功也。

⑬ 察敌必可败，不差忒也。

⑭ 有谋与无虑也。

⑮ 善用兵者。先自修治，为不可胜之道；保法度，不失敌之败乱也。

⑯ 胜败之政，用兵之法，当以此五事称量，知敌之情。

⑰ 因地形势而度之。

⑱ 知其远近广狭，知其人数也。

⑲ 称量敌孰愈也。

⑳ 称量之数，知其胜负所在。

㉑ 轻不能举重也。

㉒ 八尺曰仞，决水千仞，其高势疾也。

势 篇 第 五

曹操曰：用兵任势也。

【《孙子兵法》原文】

（二十六）孙子曰：凡治众如治寡，分数是也①；斗众如斗寡，形名是也②；三军之众，可使必受敌而无败者，奇正是也③；兵之所加，如以碫投卵，虚实是也④。

（二十七）凡战者，以正合，以奇胜⑤。故善出奇者，无穷如天地，不竭如江河⑥。终而复始，日月是也。死而复生，四时是也。声不过五，五声之变，不可胜听也。色不过五，五色之变，不可胜观也。味不过五，五味之变，不可胜尝也。战势不过正奇，正奇之变，不可胜穷也。奇正相生，如环之无端，孰能穷之？

（二十八）激水之疾，至于漂石者，势也；鸷鸟之疾，至于毁折者，节也⑦。是故善战者，其势险⑧，其节短⑨。势如彍弩，节如发机⑩。

（二十九）纷纷云云，斗乱而不可乱也；浑浑沌沌，形圆而不可败也⑪。

（三十）乱生于治，怯生于勇，弱生于强⑫。治乱，数也⑬；勇怯，势也；强弱，形也⑭。

（三十一）故善动敌者，形之，敌必从之⑮；予之，敌必取之⑯；以利动之，以卒待之⑰。

（三十二）故善战者，求之于势，不责于人，故能择人而任势⑱。任势者，其战人也，如转木石。木石之性，安则静，危则动，方则止，圆则行。故善战人之势，如转圆石于千仞之山者，势也⑲。

【曹操注释】

① 部曲为分，什伍为数。

② 旌旗曰形，金鼓曰名。

③ 先出合战为正，后出为奇。

④ 以至实击至虚。

⑤ 正者当敌，奇兵从傍击不备也。

⑥ 自无穷如天地已下，皆以喻奇正之无穷也。

⑦ 发起击敌。

⑧ 险，犹疾也。

⑨ 短，近也。

⑩ 在度不远，发则中也。

⑪ 旌旗乱也。示敌若乱，以金鼓齐之。卒骑转而形圆者，出入有道，齐整也。

⑫ 皆毁形匿情也。

⑬ 以部曲分名数为之，故不乱也。

⑭ 形势所宜。

⑮ 见赢形也。

⑯ 以利诱敌，敌远离其垒，而以便势击其空虚孤特也。

⑰ 以利动敌也。

⑱ 求之于势者，专任权也。不责于人者，权变明也。

⑲ 任自然势也。

虚实篇第六

曹操曰：能虚实彼己也。

【《孙子兵法》原文】

（三十三）孙子曰：凡先处战地而待敌者佚，后处战地而趋战者劳。故善战者，致人而不致于人①。

（三十四）能使敌自至者，利之也②；能使敌不至者，害之也③。故敌佚能劳之④，饱能饥之⑤，安能动之⑥。

（三十五）出其所必趋，趋其所不意⑦。行千里而不劳者，行于无人之地也。攻而必取之，攻其所不守也⑧；守而必固者，守其所不攻也。

（三十六）故善攻者，敌不知其所守；善守者，敌不知其所攻⑨。

（三十七）微乎微乎，至于无形；神乎神乎，至于无声。故能为敌之司命。

（三十八）进而不可御者，冲其虚也；退而不可追者，速而不可及也⑩。故我欲战，敌虽高垒深沟，不得不与我战者，攻其所必救也⑪；我不欲战⑫，虽画地而守之，敌不得与我战者，乖其所之也⑬。

（三十九）故形人而我无形，则我专而敌分；我专为一，敌分为十，是以十攻其一也，则我众而敌寡；能以众击寡者，则吾之所与战者，约矣。

吾所与战之地不可知，不可知，则敌所备者多，敌所备者多，则吾所与战者寡矣⑭。

（四十）故备前则后寡，备后则前寡，备左则右寡，备右则左寡，无所不备，则无所不寡。寡者备人者也，众者使备己者也⑮。

（四十一）故知战之地，知战之日，则可千里而会战。不知战之地，不知战之日，则左不能救右，右不能救左，前不能救后，后不能救前，而况远者数十里，近者数里乎⑯？

（四十二）以吾度之，越人之兵虽多，亦奚益于胜败哉⑰？

（四十三）故曰：胜可为也。敌虽众，可使无斗。

（四十四）故策之而知得失之计，作之而知动静之理，形之而知死生之地，角之而知有余不足之处⑱。

（四十五）故形兵之极，至于无形；无形，则深间不能窥，智者不能谋。

（四十六）因形而错胜于众⑲，众不能知；人皆知我所以胜之形，而莫知吾所以制胜之形⑳；故其战胜不复，而应形于无穷㉑。

（四十七）夫兵形像水，水之形避高而趋下，兵之形避实而击虚，水因地而制流，兵因敌而制胜。故兵无常势，水无常形，能因敌变化而取胜者，谓之神㉒。

（四十八）故五行无常胜，四时无常位，日有短长，月有死生㉓。

【曹操注释】

① 力有余也。

② 诱之以利之。

③ 出其所必趋，攻其所必救。

④ 以事烦之。

⑤ 绝粮道以饥之。

⑥ 攻其所必爱，出其所必趋，则使敌不得不相救也。

⑦ 使敌不得不相往而救之也。

⑧ 出空击虚，避其所守，击其不意。

⑨ 情不泄也。

⑩ 卒往进攻其虚懈，退又疾也。

⑪ 绝其粮道，守其归路，攻其君主也。

⑫ 军不欲烦也。

⑬ 乖，戾也。戾其道，示以厉害，使敌疑也。

⑭ 形藏敌疑，则分离其众备我也。言少而易击也。

⑮ 上所谓形藏敌疑，则分离其众以备我也。

⑯ 以度量知空虚会战之日。

⑰ 越人相聚，纷然无知也。曰：吴、越，仇国也。

⑱ 角，量也。

⑲ 因敌形而立胜。

⑳ 不以一形之胜万形。或曰：不备知也。制胜者，人皆知吾所以胜，莫知吾因敌形制胜也。

㉑ 不重复动而应之也。

㉒ 势盛必衰，形露必败，故能因敌变化，取胜若神。

㉓ 兵无常势，盈缩随敌。

军争篇第七

曹操曰：两军争胜。

【《孙子兵法》原文】

（四十九）孙子曰：凡用兵之法，将受命于君，合军聚众①，交和而舍②，莫难于军争③。军争之难者，以迂为直④，以患为利。故迂其途，而诱之以利，后人发，先人至⑤，此知迂直之计者也。

（五十）故军争为利，军争为危⑥。举军而争利，则不及⑦；委军而争利，则辎重捐⑧。是故卷甲而趋，日夜不处⑨，倍道兼行，百里而争利，则擒三将军⑩，劲者先，疲者后，其法十一而至；五十里而争利，则蹶上将军，其法半至⑪；三十里而争利，则三分之二至⑫。是故军无辎重则亡，无粮食则亡，无委积则亡 ⑬。

（五十一）故不知诸侯之谋者，不能豫交 ⑭；不知山林、险阻、沮泽之形者，不能行军 ⑮；不用乡导者，不能得地利。

（五十二）故兵以诈立，以利动，以分合为变者也 ⑯。

（五十三）故其疾如风 ⑰，其徐如林 ⑱，侵掠如火 ⑲，不动如山 ⑳，难知如阴，动如雷震。

（五十四）掠乡分众 ㉑，廓地分利 ㉒，悬权而动 ㉓。

（五十五）先知迂直之计者胜，此军争之法也。

（五十六）《军政》曰："言不相闻，故为金鼓；视不相见，故为旌旗。"夫金鼓旌旗者，所以一人之耳目也；人既专一，则勇者不得独进，怯者不得独退，此用众之法也。故夜战多火鼓，昼战多旌旗，所以变人之耳目也。

（五十七）故三军可夺气 ㉔，将可夺心。是故朝气锐，昼气惰，暮气归。故善用兵者，避其锐气，击其惰归，此治气者也。以治待乱，以静待哗，此治心者也。以近待远，以佚待劳，以饱待饥，此治力者也。无邀正正之旗，勿击堂堂之陈，此治变者也 ㉕。

（五十八）故用兵之法，高陵勿向，背丘勿逆，佯北勿从，锐卒勿攻，饵兵勿食，归师勿竭，围师遗阙 ㉖，穷寇勿追，此用兵之法也。

【曹操注释】

① 聚国人，结行伍，选部曲，起营为军陈。

② 军门为合门，左右门为旗门，以车为营曰辕门，以人为营曰人门，两军相对为交合。

③ 从始受命，至于交合，军争难也。

④ 示以远，速其道里，先敌至也。

⑤ 迂其途者，示之远也。后人发，先人至者，明于度数，先知远近之计也。

⑥ 善者则以利，不善者则以危。

⑦ 迟不及也。

⑧ 置辎重，则恐捐弃也。

⑨ 不得休息，罢也。

⑩ 百里而争利，非也；三将军皆以为擒。

⑪ 蹶，犹挫也。

⑫ 道近至者多，故无死败也。

⑬ 无此三者，亡之道也。

⑭ 不知敌情谋者，不能结交也。

⑮ 高而崇者为山，众树所聚者为林，坑堑者为险，一高一下者为阻，水草渐洳者为沮，众水所归而不流者为泽。不先知军之所据及山川之形者，则不能行师也。

⑯ 兵一分一合，以敌为变也。

⑰ 击空虚也。

⑱ 不见利也。

⑲ 疾也。

⑳ 守也。

㉑ 因敌而制胜也。

㉒ 分敌利也。

㉓ 量敌而动也。

㉔ 左氏言一鼓作气，再而衰，三而竭。

㉕ 正正，齐也。堂堂，大也。

㉖ 《司马法》曰："围其三面，阙其一面，所以示生路也。"

九变篇第八

曹操曰：变其正，得其所用九也。

【《孙子兵法》原文】

（五十九）孙子曰：凡用兵之法，将受命于君，合军聚众，汜地无舍①，衢地交合②，绝地无留③，围地则谋④，死地则战⑤。

（六十）涂有所不由⑥，军有所不击⑦，城有所不攻⑧，地有所不争⑨，君命有所不受^⑩。

（六十一）故将通于九变之利者，知用兵矣；将不通于九变之利者，虽知地形，不能得地之利矣；治兵不知九变之术，虽知五利，不能得人之用矣^⑪。

（六十二）是故智者之虑，必杂于利害^⑫。杂于利，而务可信也^⑬；杂于害，而患可解也^⑭。

（六十三）是故屈诸侯者以害^⑮，役诸侯者以业^⑯，趋诸侯者以利^⑰。

（六十四）故用兵之法，无恃其不来，恃吾有以待也；无恃其不攻，恃吾有所不可攻也^⑱。

（六十五）故将有五危：必死，可杀也^⑲；必生，可虏也^⑳；忿速，可侮也^㉑；廉洁，可辱也^㉒；爱民，可烦也^㉓。凡此五者，将之过也，用兵之灾也。覆军杀将，必以五危，不可不察也。

【曹操注释】

① 无所依也，水毁曰圮。

② 结诸侯也。

③ 无久止也。

④ 发奇谋也。

⑤ 殊死战也。

⑥ 隘难之地，所不当从；不得已从之，故为变。

⑦ 军虽可击，以地险难久，留之失前利，若得之则利薄，困穷之兵，必死战也。

⑧ 城小而固，粮饶，不可攻也。操所以置华费而深入徐州，得十四县也。

⑨ 小利之地，方争得而失之，则不争也。

⑩ 苟便于事，不苟于君命也。

⑪ 谓下五事也。九变，一云五变。

⑫ 在利思害，在害思利，当难行权也。

⑬ 计敌不能依五地为我害（释：如遇圮地、衢地、绝地、围地、死地，

附录 曹操文选

可使其不为我之害，而为敌之害），所务可信也。

⑭ 既参于利，则亦计于害，虽有患，可解也。

⑮ 害其所恶也。

⑯ 业，事也，使其烦劳，若彼入我出，彼出我入也。

⑰ 令自来也。

⑱ 安不忘危，常设备也。

⑲ 勇而无虑，必欲死斗，不可曲挠，可以奇伏中之。

⑳ 见利畏怯不进也。

㉑ 疾急之人，可忿怒侮而致之也。

㉒ 廉洁之人，可污辱致之也。

㉓ 出其所必趋，爱民者，则必倍道兼行以救之，救之则烦劳也。

行军篇第九

曹操曰：择便利而行也。

【《孙子兵法》原文】

（六十六）孙子曰：凡处军，相敌：绝山依谷①，视生处高②，战隆无登③，此处山之军也。绝水必远水；客绝水而来，勿迎之于水内，令半济而击之，利④；欲战者，无附于水而迎客⑤；视生处高⑥，无迎水流⑦，此处水上之军也。绝斥泽，惟亟去无留；若交军于斥泽之中⑧，必依水草，而背众树，此处斥泽之军也。平陆处易⑨，而右背高，前死后生⑩，此处平陆之军也。凡此四军之利，皇帝之所以胜四帝也⑪。

（六十七）凡军好高而恶下，贵阳而贱阴，养生而处实，军无百疾，是谓必胜。丘陵堤防，必处其阳，而右背之。此兵之利，地之助也⑫。

（六十八）上雨，水沫至，欲涉者，待其定也⑬。

（六十九）凡地有绝涧、天井、天牢、天罗、天陷、天隙⑭，必亟去之，勿近也。吾远之，敌近之；吾迎之，敌背之⑮。

（七十）军行有险阻、潢井、葭苇、山林、蘙荟者，必谨覆索之，此伏奸之所处也^⑯。

（七十一）敌近而静者，恃其险也；远而挑战者，欲人之进也；其所居易者，利也^⑰。

（七十二）众树动者，来也^⑱；众草多障者，疑也^⑲；鸟起者，伏也^⑳；兽骇者，覆也^㉑。尘高而锐者，车来也；卑而广者，徒来也；散而条达者，樵采也；少而往来者，营军也。

（七十三）辞卑而益备者，进也；辞强而进驱者，退也；轻车先出居其侧者，陈也^㉒；无约而请和者，谋也^㉓；奔走而陈兵者，期也^㉔；半近半退者，诱也。

（七十四）杖而立者饥也；汲而先饮者，渴也^㉕；见利而不进者，劳也；鸟集者，虚也；夜呼者，恐也；军扰者，将不重也^㉖；旌旗动者，乱也；吏怒者，倦也；粟马肉食，军无悬甀，不反其舍者，穷寇也；谆谆翕翕，徐与人言者，失众也^㉗；数赏者，窘也；数罚者，困也；先暴而后畏其众者，不精之至也^㉘；来委谢者，欲休息也。兵怒而相迎，久而不合，又不相去，必谨察之^㉙。

（七十五）兵非贵益多也^㉚，惟无武进，足以并力、料敌、取人而已^㉛。夫惟无虑而易敌者，必擒于人^㉜。

（七十六）卒未亲附而罚之，则不服，不服则难用也。卒已亲附而罚不行，则不可用也^㉝。故令之以文，齐之以武，是谓必取^㉞。令素行以教其民，则民服；令不素行以教其民，则民不服。令素行者，与众相得也。

【曹操注释】

① 近水草便利也。

② 生者，阳也。

③ 无迎高也。

④ 引敌使渡。

⑤ 附，近也。

⑥ 水上亦当处其高也；前向水，后当依高而处之。

⑦ 恐溉我也。

⑧ 不得已与敌会于斥泽中。

⑨ 车骑之利也。

⑩ 战便也。

⑪ 黄帝始立，四方诸侯无不称帝，以此四地胜之也。

⑫ 恃满实也。养生向水草，可放牧养畜乘。实，犹高也。

⑬ 恐半涉而水遽涨也。

⑭ 山深水大者为绝涧；四方高，中央下为天井；深山所过，若蒙笼者为天牢；可以罗绝人者为天罗；地形陷者为天陷；山涧道迫狭，地形深数尺，长数丈者为天隙。

⑮ 用兵常远六害，令敌近背之，则我利敌凶。

⑯ 险者，一高一下之地。阻者，多水也。潢者，池也。井者，下也。葭苇者，众草所聚。山林者，众木所居也。翳荟者，可屏蔽之处也。此以上论地形也。以下相敌情也。

⑰ 所居利也。

⑱ 斩伐树木，除道进来，故动。

⑲ 结草为障，欲使我疑也。

⑳ 鸟起其上，下有伏兵。

㉑ 敌广陈张翼，来覆我也。

㉒ 其使来卑辞，使间视之，敌人增备也。

㉓ 诡诈也。

㉔ 陈兵欲战也。

㉕ 士卒之疲劳也。

㉖ 军士夜呼，将不勇也。

㉗ 谆谆，语貌。翕翕，失志貌。

㉘ 先轻敌，后闻其众，则心恶之也。

㉙ 备奇伏也。

㉚ 权力均，一云兵非贵益多。

㉛ 未见便也。

㉜ 厮养足也。

㉝ 恩信已洽，若无刑罚，则骄惰难用也。

㉞ 文，仁也。武，法也。

地形篇第十

曹操曰：欲战，审地形以立胜也。

【《孙子兵法》原文】

（七十七）孙子曰：地形有"通"者，有"挂"者，有"支"者，有"隘"者，有"险"者，有"远"者。我可以往，彼可以来，曰"通"；"通"形者，先居高阳，利粮道，以战则利。可以往，难以返，曰"挂"；"挂"形者，敌无备，出而胜之；敌若有备，出而不胜，难以返，不利①。我出而不利，彼出而不利，曰"支"；"支"形者，敌虽利我，我无出也；引而去之，令敌半出而击之，利。"隘"形者，我先居之，必盈之以待敌；若敌先居之，盈而勿从，不盈而从之②。"险"形者，我先居之，必居高阳以待敌；若敌先居之，引而去之，勿从也③。"远"形者，势均，难以挑战，战而不利④。凡此六者，地之道也；将之至任，不可不察也。

（七十八）故兵有"走"者，有"弛"者，有"陷"者，有"崩"者，有"乱"者，有"北"者。凡此六者，非天之灾，将之过也⑤。夫势均，以一击十，曰"走"；卒强吏弱，曰"弛"⑥；吏强卒弱，曰"陷"⑦；大吏怒而不服，遇敌怼而自战，将不知其能，曰"崩"⑧；将弱不严，教道不明，吏卒无常，陈兵纵横，曰"乱"⑨；将不能料敌，以少合众，以弱击强，兵无选锋，曰"北"⑩。凡此六者，败之道也；将之至任，不可不察也。

（七十九）夫地形者，兵之助也。料敌制胜，计险危远近，上将之道也。知此而用战者必胜，不知此而用战者必败。

（八十）故战道必胜，主曰无战，必战可也；战道不胜，主曰必战，无战可也。故进不求名，退不避罪，唯人是保，而利合于主，国之宝也。

（八十一）视卒如婴儿，故可与之赴深溪；视卒如爱子，故可与之俱死。厚而不能使，爱而不能令，乱而不能治，譬若骄子，不可用也⑪。

（八十二）知吾卒之可以击，而不知敌之不可击，胜之半也；知敌之可击，而不知吾卒之不可以击，胜之半也；知敌之可击，知吾卒之可以击，而不知地形之不可以战，胜之半也⑫。故知兵者，动而不迷，举而不穷。故曰：知彼知己，胜乃不殆；知天知地，胜乃可全。

【曹操注释】

① 宁致人，无致于人。

② 隘形者，两山间通谷也，敌势不可挠我也。我先居之，必前齐隘口，陈而守之，以出奇也。敌若先居此地，齐口陈，勿从也。即半隘陈者从之，而与敌共此利也。

③ 地形险隘，尤不可致于人。

④ 挑战者，延敌也。

⑤ 不料力。

⑥ 吏不能统，故弛坏。

⑦ 吏强欲进，卒弱辄陷，败也。

⑧ 大吏，小将也。大将怒之而不猒服，忿而赴敌，不量轻重，则必崩坏。

⑨ 为将若此，乱之道也。

⑩ 其势若此，必走之兵也。

⑪ 恩不可专用，罚不可独任，若骄子之喜怒对目，还害而不可用也。

⑫ 胜之半者，未可知也。

九地篇第十一

曹操曰：欲战之地有九。

【《孙子兵法》原文】

（八十三）孙子曰：用兵之法，有"散地"，有"轻地"，有"争地"，有"交地"，有"衢地"，有"重地"，有"氾地"，有"围地"，有"死地"①。诸侯自战其地，为"散地"②。入人之地而不深者，为"轻地"③。我得则利，彼得亦利者，为"争地"④。我可以往，彼可以来者，为"交地"⑤。诸侯之地三属⑥，先至而得天下之众者，为"衢地"⑦。入人之地深，背城邑多者，为"重地"⑧。山林、险阻、沮泽，凡难行之道者，为"氾地"⑨。所有入者隘，所从归者迂，彼寡可以击吾之众者，为"围地"⑩。疾战则存，不疾战则亡者，为"死地"⑪。是故"散地"则无战，"轻地"则无止，"争地"则无攻，"交地"则无绝⑫，"衢地"则合交⑬，"重地"则掠⑭，"氾地"则行⑮，"围地"则谋⑯，"死地"则战⑰。

（八十四）所谓古之善用兵者，能使敌人前后不相及，众寡不相恃，贵贱不相救，上下不相收，卒离而不集，兵合而不齐⑱。合于利而动，不合于利而止。敢问："敌众整而将来，待之若何？"⑲曰："先夺其所爱，则听矣。"⑳

（八十五）兵之情主速，乘人之不及，由不虞之道，攻其所不戒也㉑。

（八十六）凡为客之道：深入则专，主人不克；掠于饶野，三军足食；谨养而勿劳，并气积力，运兵计谋，为不可测㉒。投之无所往，死且不北，死焉不得，士人尽力㉓。兵士甚陷则不惧，无所往则固㉔，深入则拘㉕，不得已则斗㉖。是故其兵不修而戒，不求而得㉗，不约而亲，不令而信。禁祥去疑㉘，至死无所之。吾士无余财，非恶货也㉙；无余命，非恶寿也。令发之日，士卒坐者涕沾襟，卧者涕交颐。投之无所往者，诸、刿之勇也㉚。

（八十七）故善用兵者，譬如"率然"；"率然"者，常山之蛇也。击其首则尾至，击其尾则首至，击其中则首尾俱至。敢问："兵可使如'率然'乎？"曰："可。"夫吴人与越人相恶也，当其同舟共济，遇风，其相救也，如左右手。是故方马埋轮，未足恃也㉛；齐勇若一，政之道也；刚柔皆得，地之理也㉜。故善用兵者，携手若使一人，不得已也㉝。

（八十八）将军之事：静以幽，正以治㉞。能愚士卒之耳目，使之无知。易其事，革其谋，使人无识；易其居，迂其途，使人不得虑㉟。帅与之期，如登高而去其梯；帅与之深入诸侯之地，而发其机，焚舟破釜㊱；若驱群羊，驱而往，驱而来，莫知所之。聚三军之众，投之于险㊲，此谓将军之事也。九地之变，屈伸之利，人情之理，不可不察㊳。

（八十九）凡为客之道：深则专，浅则散。去国越境而师者，绝地也；四达者，衢地也；入深者，重地也；入浅者，轻地也；背固前隘者，围地也；无所往者，死地也。

（九十）是故散地，吾将一其志；轻地，吾将使之属㊴；争地，吾将趋其后㊵；交地，吾将谨其守；衢地，吾将固其结；重地，吾将继其食㊶；汜地，吾将进其涂㊷；围地，吾将塞其阙㊸；死地，吾将示之以不活㊹。

（九十一）故兵之情：围则御㊺，不得已则斗㊻，过则从㊼。

（九十二）是故不知诸侯之谋者，不能预交；不知山林、险阻、沮泽之形者，不能行军；不用乡导者，不能得地利㊽。四五者，不知一，非霸、王之兵也㊾。夫霸、王之兵，伐大国，则其众不得聚；威加于敌，则其交不得合。是故不争天下之交，不养天下之权，信己之私，威加于敌，故其城可拔，其国可隳㊿。施无法之赏，悬无政之令，犯三军之众，若使一人[51]。犯之以事，勿告以言；犯之以利，勿告以害[52]。

（九十三）投之亡地然后存，陷之死地然后生。夫众陷于害，然后能为胜败[53]。

（九十四）故为兵之事，在于顺佯敌之意[54]，并敌一向，千里杀将[55]，此谓巧能成事者也[56]。

（九十五）是故政举之日，夷关折符，无通其使[57]；厉于廊庙之上，以诛其事[58]。敌人开阖，必亟入之[59]。先其所爱[60]，微与之期[61]。践墨随敌，以决战事[62]。是故始如处女，敌人开户，后如脱兔[63]，敌不及拒。

【曹操注释】

① 此九地之名也。

② 士卒恋土，道近易散。

③ 士卒皆轻返也。

④ 可以少胜众、弱击强。

⑤ 道正相交错也。

⑥ 我与敌相当，而旁有他国也。

⑦ 先至，得其国助也。

⑧ 难返之地。

⑨ 少固也。

⑩ 前有高山，后有大水，进则不得，退则有碍。

⑪ 不当攻，当先至为利也。

⑫ 相及属也。

⑬ 结诸侯也。

⑭ 畜积粮食也。

⑮ 无稽留也。

⑯ 发奇谋也。

⑰ 殊死战也。

⑱ 暴之使离，乱之使不齐，动兵而战。

⑲ 或问也。

⑳ 夺其所恃之利。若先居利地，则我所欲，必得也。

㉑ 孙子应难以覆陈兵情也。

㉒ 养士并气运兵，为不可测度之计。

㉓ 士死安不得也。

㉔ 在难地心并也。

㉕ 拘，缚也。

㉖ 人穷则死战也。

㉗ 不求索其意，自得力也。

㉘ 禁妖祥之言，去疑惑之计。

㉙ 皆烧焚财物，非恶货之多也；弃财致死者，不得已也。

㉚ 皆持必死之计。

㉛ 方，缚马也；埋轮，示不动也。此言专难不如权巧。故曰：虽方马埋轮，

不足恃也。

㉜强弱一势也。

㉝齐一貌也。

㉞谓清净幽深平正。

㉟愚，误也。民可与乐成，不可与虑始。

㊱一其心也。

㊲险，难也。

㊳人情见利而进，见害而退。

㊴使相及属。

㊵利地在前，当速进其后也。

㊶掠彼也。

㊷疾过去也。

㊸以一士心也。

㊹励志也。

㊺相持御也。

㊻势有不得已也。

㊼陷之甚过，则从计也。

㊽上已陈此三事，而复云者，力恶不能用兵，故复言之。

㊾谓九地之利害。或曰：上四五事也。

㊿霸者，不结成天下诸侯之权也。绝天下之交，夺天下之权，故己威得伸而自私。

(51)犯，用也。言明赏罚，虽用众，若使一人也。

(52)勿使知害。

(53)必殊死战，在亡地无败者。孙膑曰："兵恐不投之死地也。"

(54)佯，愚也。或曰：彼欲进，设伏而退；欲去，开而击之。

(55)并兵向敌，虽千里能擒其将也。

(56)是成事巧者也。一作"是谓巧攻成事"。

(57)谋定，则闭关以绝其符信，勿通其使。

㊸ 诛，治也。

㊹ 敌有间隙，当急入之也。

⑥ 据便利也。

㉑ 后人发，先人至。

㉒ 行践规矩无常也。

㉓ 处女示弱，脱兔往疾也。

火攻篇第十二

曹操曰：以火攻人，当择时日也。

【《孙子兵法》原文】

（九十六）孙子曰：凡火攻有五：一曰火人，二曰火积，三曰火辎，四曰火库，五曰火队。行火必有因①，烟火必素具②。发火有时，起火有日。时者，天之燥也③；日者，月在箕、壁、翼、轸也。凡此四宿者，风起之日也。

（九十七）凡火攻，必因五火之变而应之。火发于内，则早应之于外④。火发而其兵静者，待而勿攻，极其火力，可从而从之，不可从而止⑤。火可发于外，无待于内，以时发之。火发上风，无攻下风⑥。昼风久，夜风止。凡军必知有五火之变，以数守之⑦。

（九十八）故以火佐攻者明，以水佐攻者强。水可以绝，不可以夺⑧。

（九十九）夫战胜攻取，而不修其功者凶，命曰"费留"⑨。故曰：明主虑之，良将修之。非利不动，非得不用，非危不战。主不可以怒而兴师，将不可以愠而至战；合于利而动，不合于利而止⑩。怒可以复喜，愠可以复悦；亡国不可以复存，死者不可以复生⑪。故明君慎之，良将警之；此安国全军之道也。

【曹操注释】

① 因奸人。

② 烟火，烧具也。

③ 燥者，旱也。

④ 以兵应之也。

⑤ 见可而进，知难而退。

⑥ 不便也。

⑦ 数当然也。

⑧ 火佐者，取胜明也。水佐者，但可以绝敌道，分敌军，不可以夺敌蓄积。

⑨ 若水之留，不复返也。或曰：赏不以时，但费留也，赏善不逾日也。

⑩ 不得已而用兵。

⑪ 不得以己之喜怒而用兵也。

用间篇第十三

曹操曰：战者必用间谍，以知敌之情实也。

【《孙子兵法》原文】

（一〇〇）孙子曰：凡兴师十万，出征千里，百姓之费，公家之奉，日费千金。内外骚动，怠于道路，不得操事者，七十万家①。相守数年，以争一日之胜，而爱爵禄百金，不知敌之情者，不仁之至也，非人之将也，非主之佐也，非胜之主也。故明君贤将，所以动而胜人，成功出于众者，先知也。先知不可取于鬼神，不可象于事②，不可验于度③，必取于人，知敌之情者也④。

（一〇一）故用间有五：有因间、有内间、有反间、有死间、有生间。五间俱起，莫知其道，是谓神纪，人君之宝也。因间者，因其乡人而用之。内间者，因其官人而用之。反间者，因其敌间而用之。死间者，为诳事于外，令吾间知之，而传于敌间也。生间者，反报也⑤。

（一〇二）故三军之事，莫亲于间，赏莫厚于间，事莫密于间。非圣智不能用间，非仁义不能使间，非微妙不能得间之实。微哉！微哉！无所不用间也。间事未发，而先闻者，间与所告者皆死。

（一〇三）凡军之所欲击，城之所欲攻，人之所欲杀，必先知其守将、左右、谒者、门者、舍人之姓名，令吾间必索知之。

（一〇四）必索敌人之间来间我者，因而利之，导而舍之，故反间可得而用也⑥。因是而知之，故乡间，内间可得而使也；因是而知之，故死间为诳事可使告敌；因是而知之，故生间可使如期。五间之事，主必知之，知之必在于反间，故反间不可不厚也。

（一〇五）昔殷之兴也，伊挚在夏⑦；周之兴也，吕牙在殷⑧。故惟明君贤将能以上智为间者，必成大功。此兵之要，三军之所恃而动也。

【曹操注释】

①古者八家为邻，一家从军，七家奉之，言十万之师举，不事耕稼者七十万家。

②不可以祷祀而求，亦不可以事类而求也。

③不可以事数度也。

④因人也。

⑤同时任用五间也。

⑥舍，居止也。

⑦伊挚，伊尹也。

⑧吕牙，太公也。

参考文献

[1] 沙金 . 曹操传 [M]. 呼和浩特：内蒙古人民出版社，2004.

[2] 章映阁 . 曹操新传 [M]. 上海：上海人民出版社，1989.

[3] 吕思勉 . 三国历史的教训 [M]. 北京：台海出版社，2017.

[4] 川合康三 . 曹操 [M]. 周东平，译 . 西安：三秦出版社，1989.

[5] 路志霄 . 历史人物传记译注 曹操 [M]. 王立中，唐凌，译 . 北京：中华书局，1983.

[6] 阎璞，杨光远，陈蓉 . 论曹操 [M]. 合肥：安徽文艺出版社，1996.

[7] 夏传才 . 曹操集校注 [M]. 石家庄：河北教育出版社，2013.

[8] 安徽亳县《曹操集》译注小组 . 曹操集译注 [M]. 北京：中华书局，1979.

[9] 曹操 . 曹操集 [M]. 北京：中华书局，2012.

[10] 冉建立 . 曹操雄才伟略的 16 字箴言 [M]. 北京：中国三峡出版社，2011.

[11] 十三所高校《中国文学史》编写组 . 中国文学史 [M]. 南昌：江西人民出版社,1979.

后 记

　　《皖籍思想家文库·曹操卷》历经两年多的编撰和修改，终于与读者见面了。本书系"文库"系列丛书之一。体例和字数都有严格的规定，按照体例要求，本书原由三章构成，其中第三章为"曹操在历史上的地位和影响"。考虑到本书的前两章已就曹操的历史地位和影响表达了笔者的观点，再加上历代对曹操的评价，特别是现代人对曹操的评价文章和著作，可谓汗牛充栋，因此为了不污读者之目，就不再单列章节赘述了。本书在行文过程中，有些论点和事件没有充分展开，而是点到为止，这主要是受篇幅所限，也是为了给读者更多的思考空间。另外有些注释出现多次，这主要是出于方便读者阅读考虑。

　　本书在编撰过程中主要参考了《三国志》《后汉书》《资治通鉴》等典籍和《辞海》等相关工具书，以及一些主要参考书目。

　　还有一些书目没有一一列出，请读者、著者见谅。在此，向参考书目的著作者、编译者、注释者，表示衷心的感谢！

　　本书在编撰的过程中，得到了安徽省社会科学院相关领导和专家，特别是哲学所所长李季林先生的指导和帮助。安徽人民出版社编辑李芳女士为本书的出版做了大量的艰苦细致的工作，在此一并感谢！

　　本书虽经多次修改，但错误和不足还一定不少，敬请专家和读者斧正。